Didier Willery

Ziersträucher

Richtig auswählen und pflegen

mit 650 Farbfotos

Ulmer

Fotonachweis

Alle Fotos stammen vom Autor, außer: Titelbilder: Hans Reinhardt, Heiligenkreuzsteinach
Philippe Ferret: S. 24-8, 51-8, 51-9, 61-6, 61-7, 61-8, 62-7, 66 oben links, 95-1, 95-5, 95-7, 99-8, 103-18, 109-11, 109-12, 110-6, 111-2, 113-7, 113-11, 121-1, 121-3, 121-4, 123-2, 123-5, 126-13, 131-4, 132-14, 132-17, 135-21, 141-4, 143-2, 163-5, 165-10, 165-12, 167-3, 175-3, 181-6, 187-5, 189-9, 193-2, 195-6, 195-7, 195-11, 197-1, 197-3, 205-1, 205-3, 205-5.
Jean Thoby: S. 28-7, 29-3, 29-4, 30-12, 30-14, 30-14.
Frank Beaucourt: S. 54-6, 56-14, 72-6, 91-8.
MAP/N. und P. Mioulane: S. 53-1, 111-5. MAP/Didillon: S. 141-5.
MAP/Descat: S. 28-2, 29-5, 44-3, 53-3, 191-3. MAP/Ossart: S. 191-5.
MAP/Strauss: S. 53-2, 197-2. MAP/Monel: S. 205-2.
MAP/Guerrier: S. 205-6. MAP/Nichols: S. 29-1.

Impressum

Titel der französischen Originalausgabe:
Didier Willery "Arbustes - mode d'emploi", erschienen bei Les Éditions Eugen Ulmer, Paris 2004

Aus dem Französischen von Christiane Schoelzel, Straßburg
Fachberatung: Andreas Bärtels, Waake

Bibliografische Information der Deutschen Bibliothek
Die Deutsche Bibliothek verzeichnet diese Publikation in der Deutschen Nationalbibliografie; detaillierte bibliografische Daten sind im Internet über http://dnb.ddb.de abrufbar.

Wollgrasweg 41, 70599 Stuttgart (Hohenheim)
E-Mail: info@ulmer.de
Internet: www.ulmer.de
Umschlaggestaltung: Wilde②, Stuttgart
Lektorat: Kerstin Hug, Karin Wachsmuth
Herstellung: Gabriele Wieczorek
DTP: Satz+Layout Fruth GmbH, München
Druck und Bindung: Litotipografica Alcione, Trento
Printed in Italy

ISBN-13: 978-3-8001-4897-4
ISBN-10: 3-8001-4897-8

Ich widme dieses Buch Jean-Pierre Hennebelle, dem ich diese zugleich sehr praktische und pragmatische Herangehensweise an die Welt der Sträucher verdanke.

Dank

Ganz besonders herzlich danke ich Prinzessin Sturdza (Garten Vastérival), die mir seit über 15 Jahren gestattet, ihren unglaublichen Garten zu fotografieren und hier zahlreiche „Szenenfotos" von Sträuchern zu reproduzieren, die von Fachleuten in aller Welt bewundert werden.
Ein herzliches Dankeschön gilt auch Mme Guévenaux (Jardins de Maizicourt), Yves Gosse-de-Gorre (Jardins de Séricourt), Jean Lebret (Le Clos du Coudray) und Pascal Garbe dafür, dass sie mir ihre Erfahrung und einige Fotos von außergewöhnlichen Sträuchern in ihrem Garten übermittelt haben.
Nicht zu vergessen Philippe Ferret und Jean Thoby, die sehr großzügig mit ihren Fotos die furchtbaren Lücken in meinem Fotoarchiv ausgefüllt haben.

Didier Willery

Inhaltsverzeichnis

Vorwort

Es ist sicher kein Zufall, dass Sträucher in den Gärten immer häufiger Verwendung finden: Ihre Blüten, ihr Laub, ihre Früchte und manchmal sogar ihre Zweige setzen Farbakzente, die bei minimaler Pflege jedes Jahr aufs Neue zu bewundern sind. Manche bleiben sehr niedrig und ersetzen pflegeaufwändige Pflanzenarrangements, andere wachsen in die Höhe und nehmen sogar die Form kleiner Bäume an – sie können übrigens in kleinen Gärten sehr gut die Rolle von Bäumen übernehmen. Die meisten Ziersträucher sind bestens dafür geeignet, um Beete das ganze Jahr über zu füllen und lebendig zu gestalten.
Ein deutliches Zeichen für die zunehmende Beliebtheit von Ziersträuchern ist das große Angebot der heute im Handel verfügbaren Sorten, in Gärtnereien, traditionellen oder eher spezialisierten Baumschulen, aber auch auf Pflanzenbörsen. Diese Fülle, die viele Hobby- oder Profi-Gärtner verblüfft, gibt uns die Möglichkeit, die Sträucher auszuwählen, die genau dem entsprechen, worauf wir Lust haben. Je genauer wir unsere Wahl treffen, umso weniger Pflege braucht dann der Strauch!
Es fehlte nur ein Handbuch, mit dessen Hilfe wir dieses Vorhaben in die Tat umsetzen und die raren Perlen unter den Dutzenden von Angaben in Katalogen oder unter den Tausenden von Einträgen in klugen Enzyklopädien herausfinden können …
Also haben wir diese „Gebrauchsanweisung" für Sträucher geschaffen, um Ihnen dabei zu helfen, unter über 1600 Arten und Sorten leicht erhältlicher winterharter Sträucher die richtigen und für Ihre Zwecke passenden auszuwählen.

Die verschiedenen Teile dieses Buches entsprechen den verschiedenen Möglichkeiten, nach denen man die Auswahl eines Strauches treffen kann.

- Der erste Teil umfasst 32 „wichtige" Sträucher, deren Namen meist wohlbekannt sind (Forsythie, Rhododendron, Ginster usw.). Hier folgt Ihre Wahl der richtigen Sorte vor allem nach ästhetischen (Farbe, Höhe, Duft ...) bzw. zeitlichen (Blütezeit) Kriterien.
- Die folgenden drei Teile erfassen alle Sträucher nach ihren ästhetischen Eigenschaften (Farben von Blüten, Blättern, Früchten und Zweigen; Düfte und Aromen; Wuchs bzw. Habitus). Wenn Sie also einen Strauch suchen, der im Sommer gelb blüht, finden Sie hier rasch den, den Sie brauchen: groß oder klein, üblich oder außergewöhnlich ...
- Die beiden letzten Teile befassen sich mit den Sträuchern, die sich am besten für schwierige Standorte eignen (extreme Lagen, „schlechte" Böden), oder auch für besondere Verwendungszwecke (wenig Platz, Kübel, Sträuße oder auch Hecken und Zierschnitte). Wir stellen Ihnen immer zuerst die Standard-Sorten des Baumschulsortiments vor, die sich für diese Zwecke eignen, dann ausgefallenere, die es möglich machen, Ihren Garten individuell zu gestalten.

Selbstverständlich werden auch der Schnitt und die Vermehrung nicht vergessen. Die Auskünfte, die Sie über den einen oder anderen Ihrer Sträucher suchen, sind mittels der Listen, auf denen nur die notwendigen Informationen zusammengefasst sind, schnell zu finden (S. 13 und 17).

Da es uns am Herzen lag, einen vollständigen Führer zu schaffen, der attraktiv und leicht benutzbar ist, haben wir ihn mit über 650 Fotos angereichert, die sowohl Details als auch Porträts von Sträuchern zeigen, außerdem ihre Einsatzmöglichkeiten in der Gartenlandschaft. Sie stehen meist auf der rechten Seite und erleichtern so den Einstieg in die Textseiten, bilden aber auch einen praktischen Führer zur visuellen Identifizierung der Pflanzen: Vielleicht finden Sie jetzt endlich den Namen der unbekannten Sträucher in Ihrem Garten?

Anmerkungen zum Verständnis der Pflanzenbeschreibungen

- Maße: 3 m × 2 m = Höhe × Breite
- Wenn die Maße in der Beschreibung einer Sorte nicht aufgeführt werden, unterscheiden sie sich nicht von denen der Standardpflanze.
- Wenn die Angabe „immergrün" nicht in der Beschreibung vermerkt ist, so wirft die Pflanze ihr Laub ab.

Zum Schluss noch ein paar Worte über die Auswahl der in diesen Führer aufgenommenen Sträucher. Er umfasst Pflanzen,

- von denen die meisten winterliche Temperaturen von −10 °C aushalten,
- die in Gärtnereien und im Versandhandel erhältlich sind,
- die in den Katalogen der traditionellen und Spezial-Baumschulen verfügbar sind (siehe Adressenliste am Ende des Buches),
- die es sich lohnt zu suchen, da ihre Eigenschaften denen der herkömmlichen Sträucher überlegen sind oder sie ergänzen.

Nicht inbegriffen sind aus Gründen der thematischen Fokussierung und des Platzes: Koniferen, Bambus, Kletterpflanzen, Oststräucher und mediterrane Sträucher, die sich außer in klimatisch bevorzugten Gegenden nicht lange halten.

Anmerkung: Die übernommene Nomenklatur lehnt sich soweit wie möglich an die im Pflanzenhandel übliche an (sie entspricht nicht immer den von den Botanikern festgelegten Regeln). Die bekanntesten Synonyme werden genannt, desgleichen neuere Namensänderungen.

Wissenwertes zu Ziergehölzen

Sträucher im Garten

Das breite Spektrum der heute zur Verfügung stehenden Sträucher gestattet jedem Gärtner, das zu finden, was er braucht: eine Hecke, eine Hintergrundbepflanzung, Pflanzenfülle, Blüten- oder Blattfarben, Düfte, interessante Formen usw. Jeden Busch kann man um seiner selbst willen mögen, aber auch wegen der Kombinationsmöglichkeiten, die er dem Gartengestalter bietet. Mögen diese Hinweise es Ihnen erlauben, besser von den Sträuchern in Ihrem Garten zu profitieren!

Blütensträucher

Sie blühen meist einige Tage lang üppig oder sogar ein paar Wochen lang. In jeder Jahreszeit, in jedem Monat blüht mindestens eine Art oder eine Sorte, und wer sie gut auswählt, kann sich leicht das ganze Jahr über an Blüten erfreuen, ohne ein Gewächshaus zu besitzen.

Wenn Sie eine Blütenart besonders gern mögen: Wählen Sie früh- und spätblühende Sorten, dann haben Sie so lange wie möglich etwas davon! So kann man von Mai bis Mitte Juli duftenden Sommerjasmin genießen (während jeder nur acht bis zehn Tage blüht) oder von November bis März Mahonien mit Winterblüte.

Dabei haben blühende Sträucher (besonders die Frühjahrsblüher) meist einen großen Fehler: Sie sind außerhalb ihrer (kurzen) Blütezeit nicht sehr attraktiv. Sie sollten also am besten in den Beethintergrund gepflanzt werden, wo sie den Sommer über hinter großen Stauden verschwinden. Wenn das wegen eines alten Strauches oder eines kleinen Gartens nicht möglich ist, setzen Sie Blumenzwiebeln an den Fuß des Strauches und dazu eine zarte Kletterpflanze wie eine Clematis. Beide beleben das triste Laub des Strauches in der schönen Jahreszeit. Ebenso können Sie viel Platz gewinnen, wenn Sie Christrosen, frühe Zwiebelblumen und andere im Winter reizvolle Pflanzen unter das Astwerk eines Schmetterlingsstrauchs oder einer Strauchrose setzen. Die Zwiebelpflanzen und Stauden profitieren im Sommer vom Schatten des Strauchs und beleben die „unterste Etage“ im Winter, wenn die Sicht durch den strengen Rückschnitt frei ist, den manche Sträucher brauchen, um im folgenden Sommer schön zu blühen.

Viele der im Sommer blühenden Sträucher können wie Stauden gezogen werden: Buschmalve (*Lavatera*), Spierstrauch (*Spiraea*), Bartblume (*Caryopteris*), Indigostrauch (*Indigofera*), Perowskie (*Perovskia*), Fingerstrauch (*Potentilla*), Buschklee (*Lespedeza*) und Sommer-Ginster vertragen alle in jedem Frühjahr einen radikalen Verjüngungsschnitt. Sie sind nicht zu ausladend und besitzen häufig tiefgehende Wurzeln, so dass sie Stauden kaum Konkurrenz machen und harmonische Gruppen bilden, da sie die gleiche Pflege brauchen.

Sträucher mit buntem Laub

Da die Blütezeiten meistens kurz sind, wenden wir uns Sträuchern mit bunten Blättern zu, die die ganze schöne Jahreszeit über Farbe zeigen oder besser noch: das ganze Jahr – denn manche von ihnen sind nicht nur immergrün, sondern „immerbunt“! Mit ihnen gelingen Zusammenstellungen immer: Es ist leichter, die blaue Blüte eines Stauden-Storchschnabels auf das Laub eines goldenen Sommerjasmins abzustimmen als auf die weißen Blüten desselben Strauchs!

Manche Sträucher mit auffälligem Laubwerk können auch wie Stauden auf Beeten verwendet werden: Der jährliche radikale Rückschnitt fördert das Wachstum der jungen, kräftigen Triebe mit größeren, farbkräftigeren Blättern. *Physocarpus opulus* 'Diabolo', goldgelber Hartriegel, *Spiraea japonica* 'Goldflame' und Eukalyptus bringen so fast ständige Farbakzente in Schwarz, leuchtendem Gelb, Orange oder Blau, die alle in der Lage sind, eine Grundfarbe für Ihre Staudenbeete zu schaffen.

Nutzen Sie Sträucher mit buntem Laub (oder nur die grauen, wenn Sie die anderen zu grell finden), aber vermeiden Sie zu wilde „Muster“, indem Sie von allem etwas pflanzen. Eine gute Methode, sich nicht zu vertun, besteht darin, ihre Grundbedürfnisse zu berücksichtigen: graues, blaues und purpurrotes Laub braucht Sonne (und passt gut zusammen). Gelbes und panaschiertes bevorzugt Halbschatten. Gelb und Purpur sollten also nie nebeneinander stehen ... was auch besser für's Auge ist!

Sträucher mit immergrünem Laub

Immergrüne Sträucher sind am wichtigsten für die Struktur des Gartens. Da nur sie allein noch da sind, wenn der Garten ansonsten kahl ist, muss man sie an die „strategisch" bedeutenden Stellen des Gartens pflanzen: hier, um den Blick auf das Ende des Weges zu lenken, dort, um eine Garage oder einen unerfreulichen An- oder Ausblick zu kaschieren. Setzen Sie einen immergrünen Strauch an die Biegung eines Beetes, um sie schön zu betonen, rahmen Sie eine Tür ein oder die erste Stufe einer Treppe. Verwenden Sie sie auch als Hintergrund für Sträucher, die im Winter oder zu Frühlingsbeginn blühen. Eine Zaubernuss ist fast nicht zu sehen, wenn sie nicht einen Buchsbaum oder einen Kirschlorbeer als Nachbarn hat!

Sträucher mit interessantem Astwerk

Neben den immergrünen tragen die Sträucher mit kräftig getönten Trieben ebenfalls dazu bei, den Garten zu strukturieren. Wie die Frühlingssträucher kann man sie in den Beethintergrund setzen, denn sie kommen erst so richtig zur Geltung, wenn die Stauden mit dem ersten Frost verschwinden.

Bei dieser letzen Gruppe wird uns meist der Nutzen des Zweigwerks bewusst, seiner Farbe natürlich, aber auch seiner Form und Anordnung. Ein Strauch mit regelmäßig angeordneten Ästen ist viel attraktiver als ein dicker, unordentlicher Busch. Selbst wenn er sein Laub abgeworfen hat, lenkt ein solcher Strauch den Blick genauso auf sich wie ein „Formschnitt" (ein regelmäßig in eine bestimmte Form geschnittener Strauch). Falls Sie nicht so gern zur Garten- oder Heckenschere greifen, suchen Sie sich dafür lieber Sträucher mit klarem Wuchs oder Umriss aus. Manche besitzen schönes, buntes Laub, andere blühen auch: Das sind geradezu perfekte Sträucher!

Bleibt schließlich eine allerletzte Kategorie Sträucher: Sie fasst jene zusammen, die zur Bildung von Hecken oder als Hintergrundbepflanzung, als Sicht- oder Windschutz verwendet werden. Im Prinzip eignet sich jeder dafür, doch ist es kaum sinnvoll und erschwert die Pflege, einfach alle möglichen zusammengewürfelten Sträucher nebeneinander zu setzen. Am einfachsten ist es, bei einer Art mit interessanten Blüten oder Laub zu bleiben, am gelungensten sind jedoch Gruppen aus Sträuchern, die eine Gemeinsamkeit aufweisen. Das kann eine Farbe sein (rosa Blüten), eine Zeit (im Winter attraktive Sträucher), eine Form (kugelförmige Sträucher) oder eine Schnittart (Sträucher, die alle zwei Jahre radikal verjüngt werden).

Sträucher bieten heute eine in der gesamten Gartengeschichte noch nie dagewesene Fülle von Formen und Farben, Düften und Blühzeiten. Nutzen Sie dies, suchen Sie sich Ihre Lieblingssträucher aus (wobei Sie natürlich darauf achten, dass sie zu den Boden- und Klimabedingungen passen, die Sie ihnen bieten können), spielen Sie mit ihren Formen, Farben und natürlich auch ihren Düften – und „komponieren" Sie einen Garten, in dem es sich das ganze Jahr über gut leben lässt!

Tipps zum Einkauf

Früher fand man Sträucher ausschließlich in Baumschulen, doch heute werden die meisten in Gärtnereien verkauft, die sich entweder bei örtlichen Produzenten eindecken oder bei in- und ausländischen Groß-Baumschulen. Allgemein sind die frisch eingetroffenen Pflanzen von guter Qualität. Bei denen, die seit einigen Wochen oder Monaten angeboten werden, ist das nicht immer der Fall. Nachfolgend also ein paar Tipps, die es Ihnen ermöglichen sollten, keinen Fehler zu begehen.

Sträucher im Container

Sträucher, die im Container gezogen werden, haben alle ihre Wurzeln ... und manchmal zuviel! Prüfen Sie beim Kauf, dass die Wurzeln nicht aus dem Topf heraus wachsen und keinen „Dutt" unter dem Topfboden bilden. Im Spätwinter schauen Sie nach, ob die Wurzeln noch intakt und nicht erfroren sind: Die aktiven Spitzen müssen weiß sein.

Prüfen Sie den allgemeinen Zustand der Sträucher: Das Astwerk muss ausgewogen sein und junge, kräftige Triebe aufweisen, im Winter ist die Farbe heller, leuchtender. Lehnen Sie im Frühling oder Sommer Pflanzen ab, deren Blätter gelb oder mit einer weißlichen Schicht bedeckt sind, denn das sind Zeichen dafür, dass die Pflanze zu lange unter schlechten Bedingungen gelagert worden ist.

Die beste Kaufzeit

- Kaufen Sie Laub abwerfende Sträucher am besten im Herbst (Oktober oder November); so können Sie die Wurzeln vor dem Pflanzen leicht „freilegen“ (siehe Seite 10).
- Warten Sie den Frühling (März oder April) für den Kauf und die Pflanzung immergrüner Sträucher ab, denn häufig erfrieren unreife Triebe an Pflanzen, die im Herbst erhältlich sind.
- Sollten Sie eine bestimmte Sorte oder Farbe suchen, dann gedulden Sie sich bis zur Blütezeit, damit Sie Ihre Wahl genau treffen können. So vermeiden Sie Enttäuschungen aufgrund falsch angebrachter Etiketten.

Wurzelnackte Sträucher

Wenn sie frisch aus der Baumschule kommen und im November, Dezember oder Januar geliefert werden, sind diese Sträucher (bei gleichem Preis) stärker und wuchskräftiger als Containerpflanzen. Sie wachsen genauso gut an, manchmal besser. Prüfen Sie nach, ob genügend Haarwurzeln (unabdingbar für das Anwachsen!) vorhanden und ob diese frisch sind: Vertrocknete Wurzeln können nicht anwachsen.

Ballenware

Es gibt sie immer weniger, doch manche Baumschulen bieten noch Sträucher an, die mehrmals umgesetzt wurden, um die Bildung eines üppigen Wurzelsystems anzuregen und folglich das Anwachsen zu gewährleisten. Die „richtigen“ Ballen halten von allein, ohne Netz und doppelten Boden! Wenn ein „Ballen“ beim Anheben zusammensackt wie eine alte Socke, muss der Strauch als „wurzelnackt“ angesehen – und der Preis entsprechend herabgesetzt werden!

Sträucher im Plastikbeutel

Rosen, aber auch immer mehr „gewöhnliche“ Sträucher werden so in Supermärkten verkauft, die darauf spezialisiert sind oder auch nicht. Vorsicht: Hinter dem großen Etikett verbirgt sich oft eine mickrige Pflanze! Wenn sie junge, grüne Triebe oder Schimmelspuren aufweist, kaufen Sie sie auf keinen Fall! Packen Sie die Pflanzen zu Hause so schnell wie möglich aus und schlagen Sie sie sofort im Freien ein.

Pflanztipps

Sträucher zu pflanzen ist wirklich nicht schwierig, doch wenn es gelingen soll, müssen einige Prinzipien berücksichtigt werden. Sie variieren, je nachdem, wie die Pflanzen angeboten werden, und richten sich nach den Standortbedingungen.

Die richtige Zeit

Wurzelnackte Sträucher (auch Rosen): Oktober/November bis April/Mai (außer in Frostperioden).
Sträucher und Rosen im Container: das ganze Jahr außerhalb der Frost- und Dürreperioden.
Freiland-Sträucher mit Pflanzballen: wie wurzelnackte Sträucher.
Gegenden mit trockenen Sommern: Pflanzen Sie am besten im Herbst.
Unter einem Baum: im Frühherbst, um die ganze Feuchtigkeit des Winters zu nutzen.
Sehr lehmiger oder sehr feuchter Boden: besser zu Beginn des Frühjahrs pflanzen (Ende März/Anfang April).
Sandige, steinige oder sehr kalkhaltige Erde: Pflanzen Sie im Herbst.
Magnolien, immergrüne Sträucher: im September, Oktober, März oder April gepflanzt, wachsen sie leichter und schneller an als zu anderen Zeiten.

Pflanzenkauf per Katalog

In Katalogen findet man Pflanzen, die in Ihrer Nähe nicht erhältlich sind, und sie machen es möglich, bei spezialisierten Baumschulen einzukaufen, die genau die Sorten ziehen, die Sie brauchen.

- Überprüfen Sie bei Ihrer Bestellung die Größe der angebotenen Pflanzen, die immer angegeben ist (wenn nötig fragen Sie telefonisch beim Händler nach): Das erspart Ihnen Enttäuschungen bei der Lieferung.
- Wenn Sie Preise zwischen verschiedenen Katalogen bzw. mit der Gärtnerei in der Nähe vergleichen, dann berücksichtigen Sie dabei die angebotenen Maße – die sich im Preis niederschlagen – sowie die Transportkosten!
- Sobald die Pflanzen eingetroffen sind, überprüfen Sie Ihre Bestellung auf eventuell notwendige Reklamationen (die so schnell wie möglich per Telefon, Brief oder Fax erfolgen müssen), packen Sie sie aus, kontrollieren Sie die Etikettierung und schlagen Sie die Pflanzen an einem vor Luftzug geschützten Platz ein.

Das Pflanzloch

Jungpflanzen: 0,50 bis 0,60 m Durchmesser und Tiefe.
Große (ausgewachsene) Pflanzen: 1 m Durchmesser (oder 0,30 m Radius auf jeder Seite des Wurzelballens) und 0,80 m Tiefe.
Rhododendren und andere Pflanzen für Moorerde: (Foto rechts) 1 m Durchmesser und 0,30 m Tiefe. Reichern Sie die ursprüngliche Erde mit einer Mischung aus Lauberde, Rindenhumus und Torf an. Vorsicht, dass die dicken Wurzeln der benachbarten Bäume nicht verletzt werden!

Die Wurzeln

Nackte Wurzeln: Schneiden Sie mit der Gartenschere alle Wurzeln ab, die abgerissen oder durchgebrochen sind.

Container: Weichen Sie den Wurzelballen so lange ein, bis keine Luftblasen mehr aufsteigen.
Entwirren Sie die Wurzeln mit den Fingern oder durch Wegschneiden zu verworrener Teile. Wenn Sie im Herbst pflanzen, schütteln Sie einen Großteil der Erde ab, um die Wurzeln zu entflechten und sie im Pflanzloch in alle Richtungen ausbreiten zu können. So behandelte Sträucher wachsen viel schneller an als die, deren Ballen ganz bleibt.
Ballen: Transportnetze stets entfernen bzw. verrottbare Ballentücher am Wurzelhals aufknoten.

Gießen

Wenn die Erde trocken ist: Füllen Sie das Pflanzloch mit Wasser, bevor Sie den Strauch hineinsetzen; lassen Sie das Wasser versickern, pflanzen Sie und gießen Sie noch einmal.
Im ersten Sommer: Gießen Sie regelmäßig, damit der Strauch nicht welkt. Achten Sie besonders auf Pflanzen, die aus Containern kommen: Torfhaltiges Substrat im Ballen trocknet leicht aus und ist sehr schwer wieder zu befeuchten. Da muss langsam, aber häufig auf den Ballen gegossen werden.

Schnitt

Laub abwerfende (sommergrüne) Sträucher: Entfernen Sie 1/3 der Zweige, am besten die abgebrochenen, schlecht sitzenden (die quer durch den Strauch verlaufen oder sich mit einem anderen überkreuzen), tief liegende oder verblühte Triebe.
Immergrüne Sträucher: Entfernen Sie die kleinen Triebe, um einen Teil des Laubes zu reduzieren.

Der Einschlag

Dies ist ein schlichter Graben, in dem die Wurzeln der Pflanzen eingegraben werden, die man nicht sofort pflanzt, um sie vor dem Austrocknen oder Erfrieren zu bewahren. Legen Sie den Einschlag an einem Platz an, der vor Zugluft geschützt ist, zum Beispiel am Fuße einer Hecke, eines Baumes oder im Schutz eines Gartenhäuschens.

Mulch

Gewöhnen Sie sich an, gleich nach dem Pflanzen den Boden mit einer Schicht aus organischem Material zu bedecken (Stroh, Rasenschnitt, Laub, Kiefernrinde, Stroh-Häcksel usw.), die Sie ständig unter Ihren Sträuchern liegen lassen. Die Mulchschicht hält Unkraut im Zaum und lässt den Boden kühler bleiben. Sie ist unverzichtbar für die Gesundheit säureliebender Pflanzen. Erneuern Sie sie regelmäßig.

Nicht zu fest antreten!

Es ist unnütz, den Boden um die Wurzeln herum fest anzutreten. Zwei oder drei Tritte mit dem Absatz genügen, damit die Wurzeln fest im Boden gehalten werden, vermeiden aber Probleme der Luftnot, die in zu stark verdichtetem Boden auftreten.

Die richtige Höhe

Achten Sie gut darauf, die Basis des Strauches nicht tiefer zu pflanzen als vorher. Etwa 80 % der Fälle von nicht anwachsenden Sräuchern sind darauf zurückzuführen, dass sie zu tief eingesetzt werden und so ersticken.

Die sechs Schnittmethoden

Sträucher **müssen** nicht geschnitten werden. Dennoch können ein paar zur richtigen Zeit erfolgte Schnitte mit der Gartenschere die Form eines Strauches wieder ausgleichen, ihn weniger ausladend machen, ihn verjüngen oder seine Blühfähigkeit steigern. Oft sieht das kompliziert aus, denn manchen Ratgebern zufolge scheint jeder Strauch seine eigene Schnittmethode zu erfordern. Andere hingegen vereinfachen extrem, so dass der Hobbygärtner ratlos vor seinen Sträuchern steht, wenn sie zurückgeschnitten werden müssen. Wir haben sechs Arten des Rückschnitts schematisiert, deren Prinzipien hier erläutert werden. Sehen Sie die übrigen als Varianten an. Das alphabetische Verzeichnis der Sträucher auf den folgenden Seiten zeigt Ihnen an, welche Methode am besten zu welcher Zeit angewandt wird.

1. Regelmäßiger Auslichtungsschnitt

Er dient dazu, den Habitus des Strauches harmonisch aufzubauen und zugleich Luft und Licht in das Herz des Strauches gelangen zu lassen. Wenn er regelmäßig durchgeführt wird, hilft er den Sträuchern, sich ständig zu erneuern, also sehr lange kräftig, blühfreudig und dekorativ zu bleiben. Er verhindert auch, dass kräftigere Sträucher zu ausladend werden. Je nach Strauchart erfolgt dieser Schnitt im Winter, im Frühjahr oder im Spätsommer. Wie sieht er aus?

- Schneiden Sie die abgestorbenen Äste und dünnsten Zweige möglichst dicht am Ansatz oder an einem lebenden Zweig ab.
- Befreien Sie den Strauch von Resten verwelkter Blüten, indem Sie direkt über einer kräftigen Knospe schneiden.
- Entfernen Sie Äste (am Ansatz), die quer durch den Strauch wachsen.
- Wenn sich zwei Triebe überschneiden, beseitigen Sie den, der weniger gut zur Form des Strauches passt.
- Entfernen Sie einen oder zwei (alte) Äste direkt an der Basis des Strauches.

Ältere Äste sind an ihrer dichten Verzweigung und an ihrer abweichenden Rindenfärbung leicht von jüngeren Ästen und Zweigen zu unterscheiden. Typische Vertreter dieser Gruppe sind Forsythien, Deutzien, Weigelien oder Strauchrosen.
Sträucher aus dieser Schnittgruppe vertragen auch einen radikalen Verjüngungsschnitt (zum Beispiel bei starker Vergreisung). Dabei werden alle Äste im Winter oder im zeitigen Frühjahr auf eine Länge von etwa 10 bis 30 cm zurückgeschnitten.

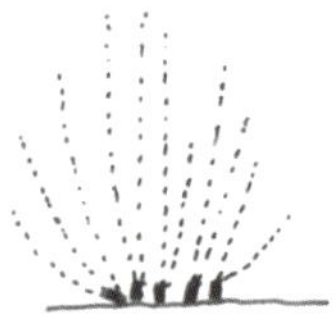

2. Regelmäßiger Rückschnitt im Winter oder zeitigen Frühjahr bei sommer- und herbstblühenden Arten

Zahlreiche, meist niedrig bleibende Sträucher oder Halbsträucher entfalten ihre Blüten im Sommer oder Herbst an den Enden der diesjährigen Triebe. Sie blühen besonders üppig, wenn alle ihre Triebe im zeitigen Frühjahr sehr stark auf eine gleichmäßige Höhe zurückgeschnitten werden. Dabei bleiben nur ein bis zwei Augen vom vorjährigen Trieb stehen. Zu dieser Schnittgruppe gehören zum Beispiel Lavendel, Sommerflieder, Besenheide (*Calluna*), im Sommer blühende *Erica*-Sorten, alle Sorten von *Spiraea japonica* und auch alle Beetrosen.

3. Regelmäßiger Rückschnitt unmittelbar nach der Blüte

Bei einigen im Frühjahr blühenden Arten ist ein Rückschnitt unmittelbar nach der Blüte unbedingt erforderlich.
Durch einen starken Rückschnitt der abgeblühten Zweige verschiedener *Prunus*-Arten (Mandelbäumchen, Kurilen-Kirsche, Zwerg-Mandel) verhindert man deren Befall durch Pilzkrankheiten, die die Leitungsbahnen verstopfen und die Zweige zum Absterben bringen. Trotz des starken Rückschnittes blühen die Arten im kommenden Jahr sehr reich. Nach der Blüte kann auch die Winterheide (*Erica carnea*) leicht zurückgeschnitten werden.
Ein regelmäßiger starker Rückschnitt empfiehlt sich auch bei allen Formen der Weiden (*Salix*), die auf Stämmchen gezogen werden.

Jahr 1

4. Sommerschnitt

Bei einigen Gehölzen lässt sich durch einen Sommerschnitt eine verlängerte oder zusätzliche Blüte erreichen.
Bricht man zum Beispiel die kräftige Hauptblüte des Sommerflieders (*Buddleja*) aus, entwickeln sich die kleineren Nebenblüten stärker. Lavendel können unmittelbar nach Beendigung der Blüte leicht zurückgeschnitten werden. Wenn die Triebe noch nicht zu stark verholzt sind, kommt es unter günstigen Klimabedingungen zu einer zweiten Blüte. Schließlich werden Hauptschnittmaßnahmen an Hecken grundsätzlich im Sommer durchgeführt, die entsprechenden Hinweise finden sich aber unter Punkt 5.

Jahr 2

Jahr 3

5. Form- und Heckenschnitt

Mit diesem Schnitt können Sie einzeln stehenden (meist immergrünen) Sträuchern, aber auch Hecken, eine geometrische Form (Kugel, Kegel, Pyramide) oder irgendeine andere Phantasieform (Schnecke, Eichhörnchen, Pfau) geben. Schneiden Sie mit der Heckenschere am besten am Ende der ersten Wachstumsphase im Spätfrühling und wiederholen Sie den Schnitt wenn nötig im Spätsommer, so dass die Formen den ganzen Winter über deutlich sichtbar sind. Damit die Gehölze bis zum Boden herab schön dicht bleiben, achten Sie darauf, die Basis der Hecke oder des in Form geschnittenen Strauches breiter zu lassen als ihren Wipfel.

6. Kein Schnitt erforderlich

Viele Straucharten bauen sich so regelmäßig und harmonisch auf, dass keine korrigierenden Schnittmaßnahmen notwendig sind. Sie werden weder ausgelichtet noch zurückgeschnitten. Korrigierende Schnittmaßnahmen sind bestenfalls nach Havarien wie zum Beispiel Astbrüchen erforderlich. Zu dieser Schnittgruppe gehören u.a. viele immergrüne Sträucher, aber auch Japanische Ahorne, Hamamelis oder Felsenbirnen.

Welcher Rückschnitt bei welchem Strauch?

Abelia: 1
Abutilon: 2
Acer campestre: 1, 5
- *palmatum*: 6
- *pseudoplatanus*: 6
- *shirasawanum*: 6
Aesculus × neglecta 'Erythroblastos': 6
- *parviflora*: 6
Amelanchier lamarckii: 6
Andromeda polifolia: 6
Aralia elata: 6
Arbutus unedo: 6
Aronia: 1
Artemisia: 2
Aucuba japonica: 6

Baccharis halimifolia: 2
Berberis (Laub abwerfend): 1, 5
Brachyglottis greyi: 2
Broussonetia papyrifera: 6
Heide (*Erica*, frühblühende Arten): 3
Heide (*Erica*, sommerblühende Arten): 2
Heide (*Calluna*): 2
Baum-Heide: 6
Buddleja alternifolia: 1
- *davidii*: 2, 4
Buxus: 5

Calycanthus: 6
Camellia: 6
- *sasanqua*: 6
Caragana arborescens: 6
Caryopteris: 2
Ceanothus (immergrün): 6
Ceanothus (Laub abwerfend): 2
Cephalanthus occidentalis: 1
Ceratostigma: 2
Cercis canadensis 'Forest Pansy': 6
Chaenomeles: 1
Chamaespartium: 6
Chimonanthus: 6
Chionanthus: 6
Choysia ternata: 5, 6
Clerodendrum bungei: 2
- *trichotomum*: 6
Clethra: 1
- *barbinervis*: 6
Colutea × media: 1
Cornus (Sträucher): 1
Cornus (alle Blumen-Hartriegel): 6
Corylopsis: 6
Corylus: 1
Cotinus: 1
Cotoneaster: 1

Danae racemosa: 5, 6
Daphne: 6
Decaisnea fargesii: 1
Deutzia: 1
Dipelta: 1

Edgeworthia chrysantha: 6
Elaeagnus (Laub abwerfend): 1
Elaeagnus (immergrün): 5, 6
Eleutherococcus: 1
Enkianthus: 6
Escallonia: 2
Eucalyptus: 6
Eucommia: 6
Eucryphia: 6
Euonymus (Laub abwerfend): 6
Euonymus (immergrün): 5, 6
Exochorda: 1

Fagus sylvatica 'Purpurea Pendula': 6
Fatsia: 6
Forsythia: 1
Fothergilla: 6
Fraxinus excelsior 'Jaspidea Pendula': 6
Fuchsia magellanica: 2

Garrya: 6
Gaultheria: 6
Ginster mit Frühjahrsblüte: 6
Ginster mit Sommerblüte: 6
Grisellinia littoralis: 6

Hamamelis: 6
Hebe: 6
Hedera helix 'Arborescens': 6
Helichrysum: 2
Hibiscus syriacus: 1
Hippophae rhamnoides: 6
Holodiscus discolor: 1
Hydrangea
- *anomala* subsp. *petiolaris*: 6
- *arborescens* 'Annabelle': 2
- *aspera*: 6
- *macrophylla*: 1
- *paniculata*: 2
Hypericum: 2
Hyssopus officinalis: 2

Ilex (immergrün): 5, 6
Ilex (Laub abwerfend): 1
Indigofera gerardiana: 2
Itea virginiana: 1

Kalmia: 6
Kalopanax pictus: 6
Kerria japonica: 2
Kolkwitzia amabilis: 1

Lagerstroemia indica: 2
Laurus nobilis: 5, 6
Lavandula: 2, 4, 5
Lavatera: 2
Lespedeza: 2
Leucothoe: 6
Ligustrum: 1, 5
Lithodora: 2
Lonicera (Laub abwerfend): 1, 5
Lonicera (immergrün): 5, 6
Lupinus arboreus: 6

Magnolia (Laub abwerfend): 6
Magnolia (immergrün): 6
Mahoberberis: 1
Mahonia aquifolium: 1
Mahonia × media: 6
Malus: 1
Melianthus major: 2

Nandina domestica: 6
Neillia thibetica: 1

Olearia × hasstii: 5, 6
Osmanthus heterophyllus: 1, 5
Osmanthus x *burkwoodii*: 1, 5

Paeonia: 6
Parahebe: 5, 6
Pernettya (= *Gaultheria mucronata*): 2
Perovskia: 2
Philadelphus: 1
Phillyrea: 1, 5
Phlomis fructicosa: 2
Photinia: 6
Physocarpus: 1
Pieris: 6
Poncirus trifoliata: 6
Potentilla fructicosa: 1 oder 2
Prunus cerasifera: 1
- *cerasus* 'Rhexii': 1
- × *eminens* 'Umbraculifera': 6
- *glandulosa*: 3
- *incisa*: 1
- *laurocerasus*: 5, 6
- *lusitanica*: 5, 6
- *mume*: 3
- *nipponica* var. *kurilensis* 'Ruby': 3
- *pumila* var. *depressa*: 6
- *spinosa* 'Purpurea': 1
- *subhirtella* 'Pendula Rosea': 6
- *tenella*: 3
- *triloba* 'Multiplex': 3
- × *blireana* 'Moseri': 3
- × *cistena*: 3
Ptelea trifoliata: 1
Pyrus salicifolia 'Pendula': 6

Quercus ilex: 5, 6

Rhamnus alaternus: 5, 6
Rhododendron: 6
Rhodotypos scandens: 1
Rhus: 1
Ribes (Laub abwerfend): 1
- *laurifolium*: 6
Robinia pseudoacacia 'Pigmy': 1
Rosa (Strauchrosen): 1
Rosa (Beetrosen): 2
Rosmarinus: 2
Rubus (Zwergformen): 6
Rubus: 1
Ruscus: 2
Ruta: 2

Salix: 1 oder 2
Salvia officinalis: 2
Sambucus: 1
Santolina: 2
Sarcococca: 2, 5
Skimmia: 6
Sorbaria: 1
Spartium junceum: 1
Spiraea, frühblühende Arten und Sorten: 2
Spiraea japonica und Sorten: 1
Stachyurus: 1
Stephanandra incisa: 1
Stephanandra tanakae: 1
Stewartia pseudocamellia: 6
Symphoricarpos: 1
Syringa: 1, 3, 4

Tamarix ramosissima: 1, 3
- *tetrandra*: 1
Thymus: 2

Ulmus parviflora 'Frosty': 6

Viburnum davidii: 6
- *plicatum*: 1
- *tinus*: 5, 6
- weitere: 1
Vitex agnus-castus: 2

Weigela: 1

Xanthorhiza simplicissima: 2

Zenobia pulverulenta: 1

Achten Sie auf die Knospen!

Man schneidet einen Trieb nicht irgendwo ab, sondern stets über einer Knospe oder einem Knospenpaar bzw. über einem Blatt, damit kein totes Holz stehen bleibt, das dann leicht von Pilzen befallen wird. Theoretisch ist es besser, schräg zu schneiden, von der Knospe weg, praktisch ist das nicht immer so wichtig.

Die fünf Vermehrungsmethoden

Jeder Gärtner, der etwas Geduld aufbringt, kann Sträucher vermehren. Auch wenn Sie nicht die Absicht haben, Baumschulgärtner zu werden, ist es interessant, seltene oder schwer zu findende Arten zu vermehren, um Neupflanzungen anzulegen, die Kosten zu senken oder auch mit Ihren gärtnernden Freunden und Nachbarn zu tauschen. Die unten beschriebenen Techniken sind nicht schwer umzusetzen und verlangen kein besonderes Material. Das Veredeln (Pfropfen) wird zwar auf der folgenden Seite erwähnt, doch beschreiben wir die Techniken nicht, da sie Vorbereitung, Geschick und Folgearbeiten verlangen, die über die Hobbygärtnerei hinausgehen. Man kann leicht darauf verzichten, indem man bei den üblicherweise veredelten Sträuchern Absenker macht. Und dazu braucht man kaum mehr als etwas Geduld.

Absenker

Diese sehr einfache Technik besteht darin, einen Trieb auf den Boden zu legen und ihn dort mittels eines Metallhakens oder besser: eines flachen Steins, der die Feuchtigkeit hält, zu fixieren. Die Wurzelbildung wird gefördert, indem man die den Boden berührende Borke leicht anritzt. Absenker lassen sich in jeder Jahreszeit herstellen, meist dauert es jedoch ein ganzes Jahr und manchmal sogar zwei, bis der so erhaltene neue Strauch „entwöhnt“ und verpflanzt werden kann.

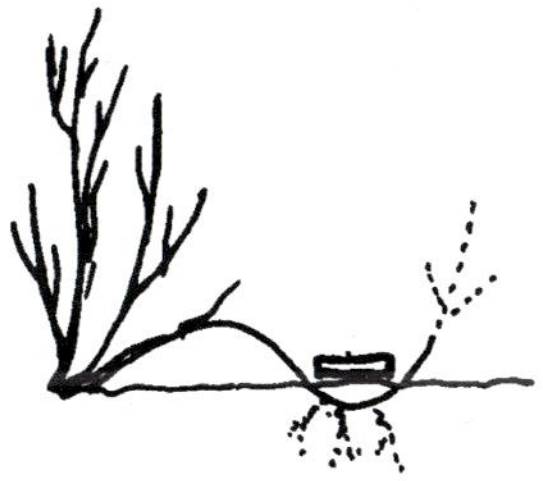

Steckholz

Vermehrung durch Steckhölzer ist bei Hobbygärtnern wenig bekannt – dabei kann man mit dieser Technik von einem einzigen (eher Laub abwerfenden) Strauch ausgehend zahlreiche neue Pflanzen gewinnen.
Nehmen Sie im November oder Dezember junge diesjährige Triebe ab und schneiden Sie sie (jeweils unterhalb und oberhalb einer Knospe) in 20 bis 25 cm lange Stücke.
Graben Sie dann diese Stecklinge zu über drei Vierteln ihrer Länge ein und lassen Sie dabei nur einen oder zwei Knospen herausschauen.
Das kann in einem großen Topf, einem Frühbeet oder im Freiland (verbessert mit Kies, damit sich reichlich Wurzeln bilden) geschehen, ebenso gut können sie eine Reihe im Gemüsegarten bilden oder direkt an Ort und Stelle stehen.
So lässt sich zum Beispiel leicht von Sträuchern, die Sie schon haben, eine Hecke bilden. Drei bis fünf in 25 cm Abstand voneinander in den Boden versenkte Stecklinge ergeben in zwei Jahren eine schöne, kräftige Bepflanzung.
Seit vielen Jahren erzielen wir ausgezeichnete Resultate mit späten Triebstecklingen (April) bei Hortensien. Die so erhaltenen Pflanzen haben bereits im Spätsommer fünf bis sechs Zweige und überstehen den Winter ohne besonderen Schutz.

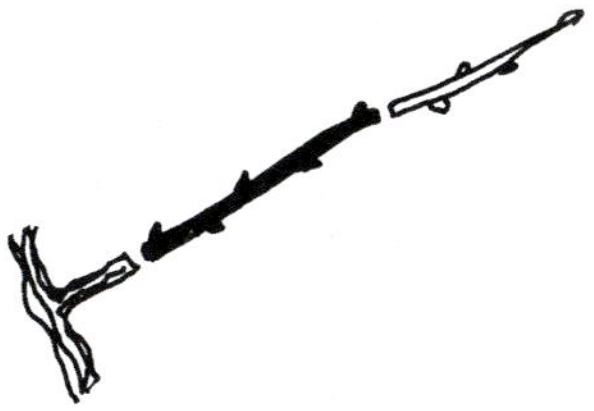

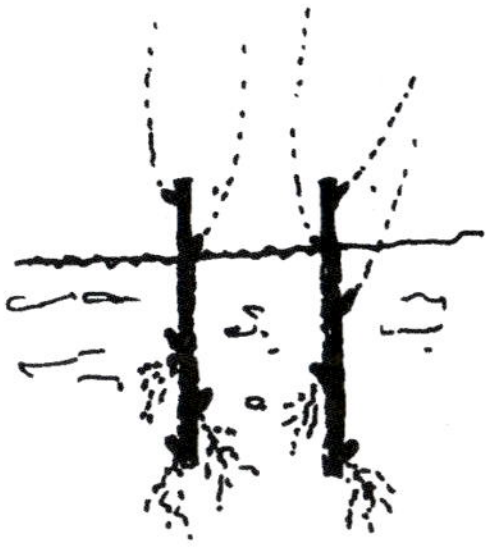

Unverholzte Stecklinge, Grünstecklinge

Vermehrung über die Wurzeln

Die meisten Ausläufer bildenden Sträucher können leicht vermehrt werden, indem man im Winter die **Ausläufer** abtrennt, die in einigem Abstand von der Pflanze erscheinen. Bei manchen buschigen Sträuchern (*Spiraea, Kerria, Cornus*) kann man beim Umsetzen die Gelegenheit nutzen und sie in mehrere Stücke teilen (**Ballenteilung**).
Wurzelstecklinge sind leicht herzustellen, indem man unter manchen Sträuchern den Spaten einsticht (*Aralia, Kalopanax, Rhus* usw.). Jedes Wurzelteil treibt schon im nächsten Frühjahr aus und bildet eine neue Pflanze, die leicht umzusetzen ist. Man kann auch im Winter Wurzelstücke ausgraben und sie in einen Topf mit Erde setzen.

Diese Art Ableger erfolgt mit jungen Trieben im Mai, Juni oder Anfang Juli. Die besten Ergebnisse erzielen wir mit jungen Trieben, die die optimalen Maße für Stecklinge haben: nämlich zwischen 5 und 10 cm. Schneiden Sie sie dicht am Ansatz ab und entfernen Sie alle Blätter außer dem allerletzten an der Spitze, stecken Sie die Stecklinge umgehend (sie dürfen nicht welken) in einen großen Topf oder Kasten, der mit einer feuchten Mischung aus Torf und Sand gefüllt ist. Darüber kommt zwei bis drei Wochen lang eine Plastiktüte, die Stecklinge bewurzeln sich rasch und können vor der Sommermitte in Einzeltöpfe oder ins Freiland pikiert werden, damit sie vor dem Winter kräftig eingewurzelt sind.

Halbverholzte Stecklinge

Sie folgen einem ähnlichen Prinzip wie die Sommerstecklinge; ihre Zeit kommt etwas später, im August, mit noch grünen, aber schon etwas versteiften Trieben. Dieser Stecklingstyp betrifft ganz besonders die immergrünen Sträucher. Die Bewurzelung dauert viel länger und die Stecklinge müssen bis Ende September luftdicht eingeschlossen bleiben. Stellen Sie die Töpfe oder Kästen zum Schutz im Winter in einen Frühbeetkasten. Die bewurzelten Stecklinge werden erst im Frühjahr pikiert: entweder in Einzeltöpfe, in eine Pflanzschale oder ins Freiland.

Aussaat

Sie ist zwar einfach, verlangt aber von allen Vermehrungsmethoden am meisten Geduld … Ernten Sie die Samen voll ausgereift (wenn sie fast von allein abfallen) und streuen Sie sie auf eine feuchte Mischung aus Torf und Sand in einen Topf, den Sie im Schatten eingraben und dort den ganzen Winter über lassen. Die Keimung erfolgt im Frühjahr, manchmal auch ein oder zwei Jahre später. Warten Sie ab, bis die Jungpflanzen groß genug sind, um sie in die Pflanzschale oder in Einzeltöpfe zu pikieren.
Die Aussaat bringt mancherlei Überraschung und sehr häufig Pflanzen, die sich von der Mutterpflanze unterscheiden. Vielleicht haben Sie das Glück, auf diese Weise eine neue und vielleicht sogar bessere Sorte als die schon existierenden zu „kreieren“!

Wie vermehrt man welchen Strauch?

Die Angabe „Sorten“ bedeutet, dass alle Sorten der betreffenden Art gemeint sind. Die Methoden sind von der einfachsten bis zur schwierigsten (für Hobbygärtner) geordnet und unterscheiden sich von den Methoden professioneller Pflanzenvermehrer.

Abelia: Grün- oder halbverholzte Stecklinge
Abutilon: Grünstecklinge
Acer campestre: Aussaat
- *campestre*, Sorten: Absenker oder Veredeln
- *palmatum*: Aussaat
- *palmatum*, Sorten: Veredeln
- *pseudoplatanus* 'Brillantissimum': Veredeln
- *shirasawanum* 'Aureum': Veredeln
Aesculus × neglecta 'Erythroblastos': Veredeln
- *parviflora*: Ausläufer
Amelanchier lamarckii: Aussaat
Andromeda polifolia: Grünstecklinge
Aralia elata: Ausläufer
- *elata*, Sorten: Veredeln
Arbutus unedo: halbverholzte Stecklinge oder Aussaat
Aronia arbutifolia 'Brillant': Veredeln
Artemisia abrotanum: Steckholz
- 'Powis Castle': halbverholzte Stecklinge
Aucuba japonica und Sorten: halbverholzte Stecklinge

Baccharis halimifolia: Ausläufer
Berberis: Grün- oder halbverholzte Stecklinge
Brachyglottis 'Sunshine': halbverholzte Stecklinge
Broussonetia papyrifera: Aussaat, Absenker
Buddleja: Grünstecklinge, Steckholz
Buxus: halbverholzte Stecklinge

Callicarpa: Aussaat, Grünstecklinge
Calycanthus: Aussaat, Grünstecklinge, Ausläufer
Camellia japonica: halbverholzte Stecklinge, Veredeln
Caragana arborescens: Aussaat
Caragana arborescens, Sorten: Veredeln
Caryopteris: Grünstecklinge oder Steckholz
Ceanothus (immergrün): halbverholzte Stecklinge
Ceanothus (Laub abwerfend): Grünstecklinge oder Steckholz
Cephalanthus occidentalis: Grünstecklinge
Ceratostigma plumbaginoides: Ausläufer
- *willmottianum*: Grünstecklinge
Cercis canadensis 'Forest Pansy': Grünstecklinge, Veredeln
Chaenomeles: Grünstecklinge, Ausläufer, Veredeln
Chamaespartium: halbverholzte Stecklinge
Chimonanthus: Grünstecklinge, Aussaat
Chionanthus: Veredeln, Aussaat
Choysia ternata: halbverholzte Stecklinge, Absenker
Clerodendrum bungei: Ausläufer
- *trichotomum*: Grünstecklinge
Clethra: Ausläufer, Steckholz
- *barbinervis*: Grünstecklinge
Colutea × media: Veredeln
Colutea × media 'Copper Beauty': Veredeln
Cornus (Sträucher): Aussaat, Absenker, Trieb- oder Grünstecklinge
- alle Blumen-Hartriegel: Aussaat, Veredeln
- *canadensis*: Ausläufer
- *mas*: Aussaat
- *mas*, Sorten: Absenker, Veredeln
Corylopsis pauciflora: Grünstecklinge
Corylus avellana, Sorten: Absenker
Cotinus: Aussaat, Absenker
Cotoneaster: Aussaat
- Sorten: Absenker, halbverholzte Stecklinge
Cytisus: Aussaat, Grün- oder halbverholzte Stecklinge

Danae racemosa: Ballenteilung
Daphne (Laub abwerfend): Aussaat, Grünstecklinge, Veredeln
Daphne (immergrün): halbverholzte Stecklinge, Veredeln
Decaisnea fargesii: Aussaat
Deutzia: Steckholz
Diervilla: Steckholz
Dipelta: halbverholzte Stecklinge

Edgeworthia chrysantha: Aussaat
Elaeagnus angustifolia 'Quicksilver': Ausläufer
- × *ebbingei* und Sorten: halbverholzte Stecklinge, Absenker, Veredeln
Eleutherococcus: Steckholz
Enkianthus campanulatus: Grünstecklinge
Escallonia: halbverholzte Stecklinge
Eucalyptus: Aussaat
Eucommia: Grünstecklinge
Eucryphia: halbverholzte Stecklinge
Euonymus alatus 'Compactus': Grünstecklinge
- *europaeus*: Aussaat
- *europaeus*, Sorten: Grünstecklinge, Veredlung
- immergrün: halbverholzte Stecklinge
- Sammlerpflanzen: Absenker, Veredeln
Exochorda: Grünstecklinge

Fagus sylvatica 'Purpurea Pendula': Veredeln
Fatsia: halbverholzte Stecklinge
Forsythia: Steckholz
Fothergilla: Grünstecklinge, Absenker
Fraxinus excelsior 'Jaspidea Pendula': Veredeln
Fuchsia magellanica: Grünstecklinge

Garrya elliptica: halbverholzte Stecklinge
Gaultheria: Ausläufer
Ginster: Grünstecklinge
Grisellinia littoralis: halbverholzte Stecklinge

Hamamelis: Absenker, Veredeln
Hebe: halbverholzte Stecklinge
Hedera helix 'Arborescens': halbverholzte Stecklinge, Veredeln
Heide (*Erica* und *Calluna*): halbverholzte Stecklinge
Helichrysum: halbverholzte Stecklinge
Hibiscus: Absenker, Veredeln
Hippophae: Aussaat, Ausläufer
Holodiscus: Grünstecklinge oder Steckholz
Hydrangea: Grünstecklinge, Absenker
Hypericum: Grün- oder halbverholzte Stecklinge
Hyssopus: Grün- oder halbverholzte Stecklinge

Ilex aquifolium: Aussaat
- Sorten: halbverholzte Stecklinge, Absenker, Veredeln
Indigofera gerardiana: Aussaat, Ballenteilung
Itea virginiana: halbverholzte Stecklinge

Kalmia: halbverholzte Stecklinge, Veredeln
Kalopanax pictus: Wurzelstecklinge
Kerria japonica: Ballenteilung, Ausläufer
Kolkwitzia amabilis: Grünstecklinge oder Steckholz

Lagerstroemia indica: halbverholzte Stecklinge
Laurus nobilis: halbverholzte Stecklinge
Lavandula: halbverholzte Stecklinge
Lavatera: Grün- oder halbverholzte Stecklinge
Lespedeza thunbergii: Grünstecklinge
Leucothoe: Ausläufer, halbverholzte Stecklinge
Ligustrum: Grünstecklinge, Steckholz
Lithodora: halbverholzte Stecklinge
Lonicera (Laub abwerfend): Grünstecklinge, Steckholz
Lonicera (immergrün): halbverholzte Stecklinge
Lupinus arboreus: Aussaat

Magnolia: Absenker, halbverholzte Stecklinge, Veredeln
Mahoberberis: halbverholzte Stecklinge
Mahonia: halbverholzte Stecklinge, Aussaat
Malus: Veredeln
Melianthus: Ballenteilung

Nandina: halbverholzte Stecklinge
Neillia thibetica: Grünstecklinge, Steckholz

Olearia × *hasstii*: halbverholzte Stecklinge
Osmanthus: halbverholzte Stecklinge

Paeonia, Sorten: Veredeln
- *delavayi* und Sorten: Aussaat, Ballenteilung
Parahebe: halbverholzte Stecklinge
Pernettya (= Gaultheria): halbverholzte Stecklinge, Ausläufer
Perovskia: Grünstecklinge
Philadelphus: Grünstecklinge, Steckholz
Phillyrea: halbverholzte Stecklinge
Phlomis fructicosa: halbverholzte Stecklinge
Photinia: halbverholzte Stecklinge
Physocarpus: Steckholz
Pieris 'Bert Chandler': halbverholzte Stecklinge
Poncirus trifoliata: Aussaat
Potentilla fructicosa: Steckholz
Prunus (Laub abwerfend): Absenker, Veredeln
Prunus (immergrün): halbverholzte Stecklinge
Ptelea: Aussaat
- *trifoliata* 'Aurea': Veredeln
Pyrus salicifolia 'Pendula': Veredeln

Quercus ilex: Aussaat

Rhamnus: halbverholzte Stecklinge
Rhododendron (Laub abwerfend): Absenker, Grünstecklinge, Veredeln
Rhododendron (immergrün): Absenker, halbverholzte Stecklinge, Veredeln
Rhodotypos: Grünstecklinge, Aussaat, Ausläufer
Rhus: Ausläufer
Ribes (Laub abwerfend): Steckholz
- *laurifolium*: halbverholzte Stecklinge
Robinia pseudoacacia 'Pigmy': Veredeln
Rosa: halbverholzte Stecklinge oder Steckholz, Absenker, Ausläufer, Veredeln
Rosmarinus: halbverholzte Stecklinge
Rubus (immergrün): halbverholzte Stecklinge, Absenker
Rubus (Laub abwerfend): Grünstecklinge, Absenker, Ausläufer
Ruscus aculeatus: Ballenteilung
Ruta: halbverholzte Stecklinge

Salix: Steckholz, Grünstecklinge
Salvia officinalis: halbverholzte Stecklinge
Sambucus: Aussaat, Steckholz
Santolina: halbverholzte Stecklinge
Sarcococca: halbverholzte Stecklinge, Ausläufer
Skimmia: halbverholzte Stecklinge
Sorbaria: Aussaat, Steckholz, Ballenteilung
Spartium: Aussaat, Grünstecklinge
Spiraea: Steckholz
Stachyurus: Absenker, halbverholzte Stecklinge
Stephanandra incisa: Absenker
- *tanakae*: halbverholzte Stecklinge
Stewartia: halbverholzte Stecklinge
Symphoricarpos: Steckholz, Ausläufer
Syringa: halbverholzte Stecklinge, Absenker, Veredeln

Tamarix: Steckholz
Thymus: Grünstecklinge, Ballenteilung, Absenker

Ulmus parviflora 'Frosty': Grünstecklinge

Viburnum (immergrün): halbverholzte Stecklinge
Viburnum (Laub abwerfend): Absenker, Stecklinge, Steckholz
Vitex: Steckholz

Weigela: Steckholz, Stecklinge

Xanthorhiza simplicissima: Ausläufer

Zenobia: halbverholzte Stecklinge, Ausläufer

Porträts von A-Z

Die wichtigsten Gattungen

Blütenfarbe, -zeit, -duft

Blattfarbe, -aroma, -größe

Dekorative Früchte und Zweige

Wuchsformen, -größen

Sonderstandorte

Besondere Verwendungszwecke

Acer
Ahorn

Aceraceae

6

Fast alle Ahorne werden zu großen oder kleinen Bäumen, einige Arten und deren Sorten jedoch bewahren eine kompakte Form und wachsen nur sehr langsam in die Höhe. Die meisten davon sind Japanische Ahorne, wie *Acer palmatum* und *Acer shirasawanum*: Sie sind graziös, zart und farbenfroh, manchmal aber schwierig zu ziehen. Auch andere Arten, die ebenso schön, jedoch leichter zu ziehen sind, verdienen, dass wir unser Augenmerk auch auf sie richten.

Verwendung

Japanische Ahorne eignen sich hervorragend für einen Innenhof, einen kleinen Stadtgarten, einen Balkon oder eine Terrasse sowie für „Heidebeete" oder Kübel.

Die anderen Ahorne werden überall sonst im Garten verwendet, wo ihre Farbe am besten die der anderen Pflanzen ergänzt.

Kultur

Japanische Ahorne verlangen kalkfreie Erde, sie wachsen aber sehr schlecht in reiner Heideerde/Moorerde, die zu leicht und trocken ist. Bei der Standortsuche muss darauf geachtet werden, dass Wind nicht gut vertragen wird. Japanische Ahorne gedeihen in Gesellschaft von Rhododendren oder Bambus prächtig und sind in einer torfhaltigen Erdmischung auch im Topf gut zu halten. Man schneidet sie nicht zurück, außer um den Habitus zu korrigieren oder die Mitte des Busches auszulichten. Greifen Sie bei kalkhaltiger Erde lieber auf die schönen Sorten von *Acer campestre* und *Acer pseudoplatanus* zurück.

7

Auswahl der Sorten

Die „japanischen" Ahorne

In ihrem Ursprungsland sind dies kleinkronige Waldbäume, doch es werden überall auf der Welt zahlreiche Sorten mit attraktivem Laub gezüchtet. Wir führen hier nur die auf, deren maßvolles Wachstum es erlaubt, sie als Sträucher anzusehen.

• ***Acer palmatum*** Bild 7

Sorten mit leuchtend rotem Laub

'Atropurpureum': im Frühling Blätter in intensivem Purpurrot, im Sommer grüner (3 m × 2 m). 'Bloodgood': die ganze schöne Jahreszeit über dunkleres Laub.

'Chishio Improved' Bild 1: spektakulär im Frühjahr mit seinen jungen Blättern in Himbeerrot, die im Sommer purpurgrün werden. Langsames Wachstum (2 m × 2 m). 'Beni-maïko' (1,80 m × 1,80 m) und 'Corallinum' (1,50 m × 2 m, breiter Wuchs) ähneln ihm, der Letztere ist nur etwas heller; 'Shindeshojo': fast identisch, verträgt weniger gut kalte Klimate (2,50 m × 2,50 m).

Sorten mit orangefarbenem Laub

'Orangeola': breiter, leicht hängender Strauch. Die jungen Blätter sind stark gelappt; ihr Orange wechselt im Sommer zu Gelbgrün. Sie bleiben bis Dezember am Strauch hängen (2 m × 3 m). 'Baldsmith': stärker gelappte Blätter. Nicht sehr kräftig (1,50 m × 3 m).

Sorten mit eingeschnittenen Blättern

'Dissectum' Bild 2, 3: Die zartgrünen, stark eingeschnittenen Blätter werden im Herbst leuchtend gelb. Genauso herrlich, wenn er als „Stammbusch" wie auf einen kleinen Stamm (3 m × 4 m) veredelt ist. 'Filigree': weniger kräftig (1 m × 1,20 m).

'Dissectum Nigrum' Bild 4, 5: alter Kultivar mit kräftig purpurroten Blättern im Frühling, die im Sommer bronze und im Herbst scharlachorange werden. Er neigt dazu, einseitig zu wachsen (1,20 m × 2 m). 'Chitoseyama' ähnelt ihm, ist aber weniger kräftig (2 m × 3 m).

'Garnet' (Syn. **'Dissectum Garnet'**): Die ganze schöne Jahreszeit über Laub in dunklem Purpur. Schneiden Sie die jungen, kräftigen Pflanzen zurück, um ihr Wachstum zu leiten (4 m × 5 m). 'Inaba shidare' (2 m × 2,50 m) und 'Crimson Queen' (2 m × 3 m) sind sehr ähnlich.

'Ornatum' (Syn. **'Dissectum Ornatum'**): die dunkelpurpurroten Blätter werden im Sommer bronzegrün, im Herbst dann leuchtend goldgelb. Wächst schnell (3 m × 4 m). 'Tamukeyama' ähnelt ihm stark (3 m × 5 m).

1

2

3

4

5

13

'**Nanum**': Der kompakte, von Natur aus kugelige Wuchs eignet sich gut für „Skulpturen", die keinen Schnitt verlangen. Auch interessant auf einen kleinen Stamm veredelt (2 m × 2 m).
'**Postelense**' Bild 14: Im Frühling leuchtet sein Laub kräftig gelb; er braucht Halbschatten, denn die Blätter verbrennen in der Sommersonne (2 m × 2 m).

14

'**Atrolineare**': in lange, feine Segmente geschnittene Blätter, im Frühjahr in dunklem Purpurrot, im Sommer bronzegrün und im Herbst gelb (3 m × 1,50). 'Red Pigmy' wächst schneller (2 m × 3 m).

Sorten mit panaschierten Blättern

'**Butterfly**': im Frühling elegant weiß gesäumte, rosa schattierte Blätter – herrlich! (2,50 m × 2 m). Der weniger kräftige 'Beni-shichi-henge' ist stärker rosa.
'**Shigitatsu-sawa**' (= '**Reticulatum**') Bild 8: blasse Blätter mit grünen Nerven. Braucht einen hellen (nicht sonnigen!), windgeschützten Standort (3 m × 4 m).
'**Ukigumo**' Bild 9: mehr oder weniger stark weiß und rosa geflecktes Laub. Die kräftigen, kaum panaschierten Triebe tönen sich im folgenden Jahr. Schatten (2,50 m × 2,50 m).
Zwergwüchsige Sorten.
'**Coonara Pigmy**': kompakter, rundlicher Busch mit kleinen, grünen Blättern, die im Herbst leuchtend orange werden. Ideal im Steingarten oder als Bonsai. Aufrecht (1,50 m × 1,50 m).
'**Shishigashira**' (Syn. '**Crispifolium**', '**Ribesifolium**'): aufrechter Strauch mit wenig verzweigten Trieben. Die grünen, im Herbst ockergelben Blätter sind gekräuselt und liegen eng an den aufsteigenden Hauptästen. Der eigenartige Strauch wirkt von Natur aus wie ein Bonsai (3 m × 1,50 m).
• *Acer shirasawanum* '**Aureum**' (= *Acer japonicum* '**Aureum**') Bild 10, 6: Die gelappten Blätter des herrlichen Strauches sind im Frühling ganz zartgrün, im Sommer dann goldener und im Herbst ocker. Windgeschützt und in voller Sonne ziehen (2 m × 2 m in 50 Jahren!).

Weitere Ahorne

• *Acer campestre*
Dieser kräftig wachsende Strauch oder kleine Baum mag Kalk und/oder Lehmboden. Die folgenden, vergleichsweise schwach wachsenden Sorten finden auch in kleineren Gärten ausreichend Platz.
'**Carnival**' Bild 13: hübsche Variante, deren Blätter im Frühling weiß gesäumt und rosa getönt sind (2,50 m × 2,50 m).

'**Pulverulentum**' Bild 11: breiter Wuchs, stark weiß panaschierte und rosa getönte Blätter an den jungen Trieben. Vor der Mittagssonne geschützt pflanzen. Durch seinen biegsamen Wuchs und seine langen Äste ist er prädestiniert für gemischte Hecken (1,50 m × 2,50 m).
• *Acer pseudoplatanus* '**Brillantissimum**' Bild 12, 15: buschige, sehr langsam wachsende Sorte mit jungen Blättern in sehr hübschem Rosa, das im Sommer zu blassem Gelb wird. Alle Böden. Halbschatten (3 m × 2 m in 35 Jahren). 'Prinz Handjery': ähnlich, aber kräftiger, zeichnet sich durch purpurrote Blattunterseiten aus.

15

8

9

10

11

12

7

Buddleja

Buddlejaceae

Schmetterlingsstrauch

Nicht nur seine Honig produzierenden sommerlichen Blüten machen den Schmetterlingsstrauch beliebt, sondern auch sein rasches Wachstum und die sehr leichte Kultur. Er ist ein Segen für Anfänger; erfahrenere Gärtner sind eher fasziniert von den ungewöhnlichen Sorten mit gelben oder orange getönten Blüten.

Verwendung

Schmetterlingssträucher sind ideal, wenn ein neues Beet schnell nach etwas aussehen soll, solange langsamere Sträucher anwachsen, oder in Verbindung mit Sommerstauden. In 1 m Abstand gepflanzt, bilden sie auch in einigen Monaten schöne freiwachsende Hecken.

Kultur

Sie wachsen überall gut, auch in kargen, steinigen und kalkhaltigen Böden. In Lehmboden pflanzen Sie ihn auf einen Hügel oder in Kies, um die Dränage zu verbessern. Diese Sträucher für volle Sonne vertragen schlecht die Nähe von Bäumen oder anderen großen Sträuchern.

Auswahl der Sorten

„Klassische“ Schmetterlingssträucher

• ***Buddleja davidii*, Schmetterlingsstrauch, Sommerflieder**

Die langen Rispen aus Blüten mit orangefarbenem Auge sitzen am Ende junger, diesjähriger Triebe. Außer, wenn anderes vermerkt ist, werden sie 2 m bis 2,50 m hoch und breit.

'Black Knight': Die dunkellila, fast schwarzen Blüten kommen am besten vor panaschiertem Laub zur Geltung.

'Charming': sehr pastellige, lavendelrosa Rispen.

'Dartmoor' Bild 1: sehr auffällige verzweigte, kompakte Rispen in violett getönter Malve.

'Nanhoe Blue': Die violettblauen, feinen, länglichen Rispen sind eleganter als die der übrigen *B. davidii*. Der Strauch selbst sieht durch seine schmalen Blätter mit silbriger Unterseite leicht aus. Der genauso gefärbte 'Empire Blue' wirkt weitaus gröber.

'Nanhoe Purple': dunkelviolette Rispen bei Blättern mit silbriger Unterseite.

'Nanhoe White': lange blühende reinweiße Rispen auf sehr grauem Laub. Blühfreudiger und eleganter als 'White Profusion' oder 'White Bouquet'.

'Pink Delight' Bild 7, 2: riesige, kräftig rosa Blütenrispen bei Jungpflanzen, bei ausgewachsenen Sträuchern besser proportioniert.

'Purple Emperor': zahlreiche lange, violett getönte Rispen. Kompakter Strauch, ideal für Pflanzkästen (1 m × 1 m).

'Royal Red' Bild 5: Die samtweichen, roten Rispen passen herrlich zu Sommerstauden. Bei 'Opéra' sind die Blüten dicker, aber nicht schöner.

Schmetterlingssträucher mit buntem Laub

Durch ihr geflecktes Laub sind diese Sorten von *Buddleja davidii* schon vor der Blütezeit sehr attraktiv.

'Harlequin': cremefarben, später weiß geränderte Blätter. Purpurrote Rispen. 'Masquerade' ähnelt ihm sehr, sein Wuchs ist aber kompakter und er neigt weniger zur Bildung grüner Triebe. 'White Harlequin': desgleichen mit weißen Blüten.

'Santana': gefleckte, dann gelb geränderte Blätter. Rote Blüten (wie bei 'Royal Red'), die gut zum Laub passen.

„Gelbe“ Schmetterlingssträucher

• ***Buddleja* × *weyeriana***

Diese Hybride von *B. globosa* und *B. davidii* vereinigt die gelben Blüten des einen mit der Winterhärte des anderen. Die Blüten bilden mehr oder weniger kugelige Rispen. **'Golden Glow'** (fälschlich: 'Golden Globe'): lila angehauchte orangegelbe Blüten. **'Sungold'** Bild 8: richtig orange Blüten.

8

Zwei außergewöhnliche Sommerflieder

• ***Buddleja alternifolia***, Schmalblättriger Sommerflieder Bild 3

Blüte im Mai/Juni: malvenblaue Blüten bilden runde Büschel entlang der langen, herabhängenden Zweige.

'Argentea' Bild 4 (hier zusammen mit *Salix alba* 'Sericea' oben rechts): noch schöner mit seinem silbrigen Laub. Der Art vorzuziehen, wenn man ihn findet!

• ***Buddleja* × *fallowiana* 'Lochinch'** Bild 6

Strauch mit grauem Laub und himmelblauen Blüten, die durch ihr orangefarbenes Auge leuchten. Geschützt vor kaltem Wind pflanzen. 'Alba' ist etwas kälteempfindlich, mit seinem wolligen Laub aber einfach herrlich.

1

2

3

4

5

6

Buxus
Buchsbaum

Buxaceae

Nur wenige Gärtner ahnen überhaupt, wie viele Sorten Buchsbaum es gibt. Manche wachsen zwei- bis dreimal so schnell wie die anderen und bilden rasch schöne Hecken, andere bleiben sehr klein und müssen noch nicht einmal zurückgeschnitten werden. Es lohnt sich, sie zu kennen …

Verwendung

Buchsbaum wird hauptsächlich gezogen, um zur Hecke oder „Skulptur" geschnitten zu werden.
Die kleinen und mittelgroßen Sorten bilden Randbepflanzungen oder kleine „Skulpturen" im Topf. Mittelgroße Exemplare sind wunderbare Solitärpflanzen, während die kräftigsten Sorten ideal für die Schaffung von Hintergrundbepflanzungen oder Hecken sind (gestutzt oder nicht).

Kultur

Buchsbaum wächst überall, auch in kargem oder trockenem Boden – in nährstoffreichem, gut durchlässigem Boden gedeiht er jedoch besser. Von Natur aus an die volle Sonne angepasst, stellt er sich auch auf Schatten oder Halbschatten ein, wo aber sein Wuchs weniger dicht wird.

Auswahl der Sorten

Sehr kleinwüchsiger Buchsbaum

• ***Buxus sempervirens*** **'Myrtifolia'**
Etwa 5 mm lange Blätter, die dreieckig aussehen. Wächst 1 bis 2 cm pro Jahr.

• ***Buxus microphylla*** **'Morris Midget'** Bild 1
Schmale, länglich ovale, sehr dichte Blätter. Wächst 2 bis 3 cm jährlich, zunächst kugelig, dann als Polster: eher breit als hoch. 'Morris Dwarf' ist runder und höher.

Kleinwüchsiger Buchsbaum

• ***Buxus microphylla*** **'Faulkner'** Bild 2
Das ganze Jahr über zartgrünes Laub. Dichtes, gleichmäßiges, aber recht schnelles Wachstum. Wird in Nordeuropa immer mehr gezogen statt *B. sempervirens*. 'Winter Beauty' und 'Wintergreen' sehen ihm sehr ähnlich.

• ***Buxus sempervirens*** **'Suffruticosa'** Bild 3, 4
Dies ist der traditionelle Einfassungs-Buchsbaum mit seinen kleinen, rundlichen Blättern. Er verträgt Feuchtigkeit und zu große Trockenheit schlecht.

Mittelgroßer Buchsbaum

• ***Buxus sempervirens***
'Aurea Pendula' Bild 5: Durch seine hängenden Zweige ist seine Form eigenwillig. Gelb gesprenkelte Blätter (3 m in 20 Jahren).
'Elegantissima': kleine Blätter mit cremefarbenem Rand, der weiß wird (2 m hoch und breit in 30 Jahren). Schatten oder Halbschatten.
'Longifolia': lange, schmale Blätter, im Frühjahr leicht hängender Wuchs. 'Angustifolia' ist ähnlich (4 bis 5 m in 30 Jahren).
'Pyramidalis': nimmt von allein eine Kegelform an (4,50 m in 30 Jahren).
'Marginata' Bild 6: Blätter graugrün mit gelbem Saum, der cremefarben wird (3 m hoch und breit in 30 Jahren).
'Vardar Valley': niedrige, ausladende Form mit großen, runden Blättern in Dunkelgrün. Sehr winterhart (1,50 m hoch, 5 m breit in 30 Jahren).

• ***Buxus microphylla*** **'National'**
Kräftig, aufrecht, mit kleinen Blättern (5 m in 30 Jahren).

Großwüchsiger Buchsbaum

• ***Buxus sempervirens***
für Hecken oder Hintergründe oder in Form geschnitten als Hochstamm (ausgewachsen 10 m hoch).
'Handsworthiensis': kleinblättrige Sorte mit in die Höhe gerichtetem Wuchs. Sehr schnelles Wachstum in jungen Jahren (0,30 m/Jahr). Ideal für etwa 2 m hohe Hecken (5 bis 6 Jahre nach dem Pflanzen).
'Rotundifolia': fast runde und mehr oder weniger runde Blätter. Die starkwüchsige Sorte ist locker verzweigt und hat einen kegelförmigen Habitus.

Außerdem:

B. balearica: Buchsbaum mit rundlichen Blättern, die zwei- bis dreimal so groß sein können wie bei *B. sempervirens*. In Mitteleuropa nur als Kübelpflanze zu kultivieren.
B. hardlandii: sehr charakteristische ovale, sehr längliche Blätter. Einzige winterharte chinesische Art.

1

2

3

4

5

6

Camellia

Kamelie

Theaceae

Diese Sträucher mit immergrünem Laub sind wegen ihrer herbst- oder winterlichen Blüte sehr beliebt – auch, wenn sie nicht überall leicht zu kultivieren sind. Zum Glück erweisen sich die neueren Kamelien meist als pflegeleichter als die traditionellen Sorten.

6

Verwendung

Herbstkamelien (*Camellia sasanqua*), die kräftig und in der Lage sind, in der prallen Sonne zu wachsen, bilden in Gegenden mit sehr wintermildem, mediterranem Klima Hecken, die kaum Rückschnitt brauchen.
Die übrigen werden hauptsächlich wegen ihrer hübschen Blüten gezogen, obwohl auch das immergrüne Laub attraktiv sein kann. Diese Kamelien beleben Mauern und schattige Höfe ebenso wie Gehölzränder. Sie wachsen gut in Töpfen und Kästen, was sie wertvoll für Patios und schattige Terrassen macht.

Kultur

Kamelien lieben saure, leichte und stets kühle Erde. Abgesehen von den Herbstkamelien, die Sonne mögen, bevorzugen die übrigen den Schatten und Halbschatten von Mauern oder Bäumen, besonders von Koniferen (Kiefern), die sie vor kaltem Wind schützen. Die meisten hier genannten Pflanzen überstehen Temperaturen bis –10 °C (im Windschatten). Bedecken Sie die Erde ständig mit einer dicken Schicht Laub und Kiefernnadeln, das bewahrt die Feuchtigkeit im Boden und schützt den Wurzelballen vor Frost. Gießen Sie Kamelien in Töpfen mit kalkfreiem Wasser.

Auswahl der Sorten

Herbstblüte

• *Camellia sasanqua*

Ihre Blüten (X bis XII) duften oft, sie wächst kräftig und schnell (2 m × 3 m), fürchtet aber andauernden Frost.
'Narumi-Gata' Bild 2: große, weiße Blüten mit zartrosa Rand. Blühfreudig und recht winterhart. 'Day Dream': ausgeprägterer rosa Rand, leicht gewellte Blütenblätter.
'Versicolor': duftende Blüte, außen rosa, innen weiß. Desgleichen 'Ko-Gyoku'.
'Papaver': große, frühe Blüten in zartem Rosa. Kräftiger Strauch. 'Plantations Pink', Blüten ebenfalls rosa.
'Maiden's Blush' Bild 7: sehr viele kleine, zartrosa Blüten; kräftiger Strauch, ideal für freiwachsende Hecken in frostfreien Klimazonen.
'Château de Gaujacq' Bild 3: verträgt besser weniger saure Böden.
'Evangeline': große, duftende Blüten in rötlich violettem Rosa mit hellrosa Hauch. **'New Dawn'**: genauso, nur heller.
'Fanny': kleine, duftende karminrosa Blüten mit schindelartigen Blütenblättern.
'Sparkling Burgundy' Bild 1: rötlich rosafarbene, halbgefüllte Blüten.
'Totenko' Bild 4: große, duftende Blüte in lebhaftem Rosa mit einer weißen Linie auf jedem Blütenblatt.
'Crimson King': einfache Blüten in kräftigem Rot. Blühfreudiger als 'Rubra'. *Camellia × vernalis* **'Yuletide'** Bild 5: kräftiger zinnoberrot und duftender, aber auch kompakter.

Winterblüte

• *Camellia japonica* Bild 11

Die immergrünen Sträucher haben dunkles Laub und – je nach Sorte – einfache, halbgefüllte oder gefüllte Blüten von XII bis IV. Saurer Boden, Schatten oder Halbschatten. Wenig winterhart: die Knospen erfrieren um –4 bis –5 °C, die Blätter und Triebe um –10 °C, meist treibt der Wurzelstock anschließend neu aus, er blüht allerdings erst mehrere Jahre später. Wächst gut im Topf; in einem ungeheizten Wintergarten geschützt überwintern.
'Madame Lourmand': einfache, reinweiße Blüte von II bis III. Gedrungener Busch.
'White Nun': große halbgefüllte Blüte in Weiß von II bis IV.
'Nobilissima': reinweiße „Pfingstrosenblüte" von XI bis IV.
'Mathotiana Alba': große gefüllte Blüten mit schindelartigen Blütenblättern, reinweiß, II bis IV. Regelmäßiger Busch.

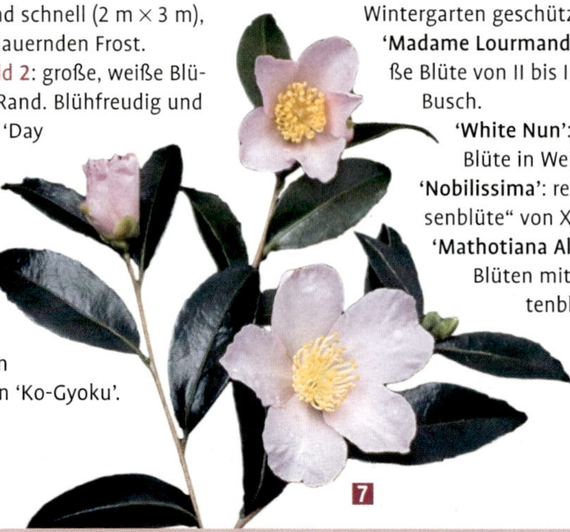

7

1

2

3

4

5

12

'**Donckelaeri**' Bild 13: einfache oder halbgefüllte Blüte, rot mit weißen Flecken, XII bis II.
'**Souvenir de Henri Guichard**': halbgefüllte Blüte, rosa mit karminroten Streifen, III bis IV.
'**Comtessa Lavignia Maggi**': gefüllte Blüte, blassrosa mit karminroten Streifen, II bis IV.
'**Furo-an**': einfache Blüte, zartrosa, geht in Lachsrosa über, II bis III.
'**Gloire de Nantes**': halbgefüllte Blüte, kräftig rosa, XI bis II. 'Fleur de Pêcher': zarteres Rosa, II bis III.
'**Chandleri Elegans**': „Anemonenblüten" in lebhaftem Rosa/Pink, manchmal weiß gefleckt, XII und I. 'R.L. Wheeler': ähnelt ihr.
'**Scentsation**': „Pfingstrosenblüte" in Pink, duftend (selten bei dieser Art), I bis IV.
'**Paolina Guichardini**': gefüllte Blüte mit schindelartigen, kräftig roten, karminrot gezeichneten Blütenblättern, III bis IV.
'**Latifolia**': große einfache Blüte in leuchtendem Rot, II bis III. 'Jupiter': kleinere Blüten.
'**Adolphe Audusson**': regelmäßige halbgefüllte Blüte, dunkelrot, II bis III. 'Coquetti' ist recht ähnlich.

13

'**Bobs Tinsie**': kleine „Anemonenblüten", rot mit weiß gefleckter Mitte, II bis IV.
'**Mme Marguerite Guillon**': „Pfingstrosenblüte", weiß mit unregelmäßigen rosa Streifen, XII bis II.
'**Marguerita Caleoni**': gefüllte Blüte mit schindelartigen Blütenblättern, dunkelrot, II bis IV.

Frühlingsblüte

• ***Camellia × williamsii***
Die großen einfachen, halbgefüllten oder gefüllten Blüten dieser Hybriden fallen von ganz allein ab, wenn sie verwelkt sind und hinterlassen so ständig einen ordentlichen Strauch. Blütezeit von II bis V. 3 bis 6 m hoch und 2 bis 3 m breit. Viele haben biegsame Triebe, die sich gut anspalieren lassen.
'**Coppelia Alba**': große reinweiße, einfache Blüten. 'Francis Hanger': aufrechterer Busch.
'**Jury's Yellow**': cremeweiße „Pfingstrosenblüte" mit gelbem Schimmer. Außergewöhnlich.
'**Saint Ewe**': große einfache Blüte, rosa, in der Mitte durch gelbe Staubgefäße betont. Blüht lange.
'**Waterlily**': „Seerosenblüte", rosa mit Tendenz zu karminrot.
'**Donation**' Bild 6, 10: halbgefüllte zartrosa Blüte, sehr blühfreudig und kräftig. Biegsamer Wuchs, blüht schon ganz jung.
'**Brigadoon**' Bild 12: halbgefüllte Blüte, pink. Kompakter Wuchs. 'Francie L.': üppiger.
'**Debbie**' Bild 8: große „Pfingstrosenblüte" in kräftigem Rosa. 'Anticipation' ist ähnlich.
'**E.G. Waterhouse**': gefüllte zartrosa Blüte mit schindelartigen Blütenblättern.

Weitere neue Kamelien

Diese Hybriden lassen eine neue Generation Kamelien ahnen, die leichter in gewöhnlicher (trotzdem nicht zu kalkhaltiger!) Erde zu ziehen, winterhärter und robuster sind – und schneller wachsen. 3 m × 2 m.
Camellia '**Cornish Snow**' Bild 9: sehr viele kleine weiße, einfache Blüten. Mittelgroßer Busch mit kleinen Blättern, sehr elegant und pflegeleicht.
Camellia '**Cinnamon Cindy**' Bild 14: kleine „Pfingstrosenblüte" in Fleischrosa bis Weiß mit Zimtduft. Wächst sehr schnell auf allen Böden, sehr gute Winterhärte.
Camellia '**Fragrant Pink**' Bild 15: kleine, stark duftende rosa „Pfingstrosenblüte" von XI bis IV! Sehr schnelles Wachstum; junge Blätter rot; gute Winterhärte. 'Fragrant Pink Improved': pink, stark duftend.

14

15

8

9

10

11

Chaenomeles

Rosaceae

Scheinquitte, Zierquitte

Ihre frühe Blüte im März und April an den 2- bis 3-jährigen Zweigen sowie ihre sehr leichte Kultur machen sie beliebt. Die meisten verfügbaren Sorten gehen aus zwei Arten hervor: *C. japonica* (hier nur die Sorte 'Cido' beschrieben), ein robuster, aufrechter Busch (1 × 1 m) und *C. speciosa* (Chinesische Scheinquitte), die höher und breiter ist (2 m × 2 m) sowie ihren Kreuzungen (*C.* × *superba*, 1,5 bis 2 m hoch). Sie wachsen also nicht alle gleich, und dieses Kriterium sollte schon vor der Farbwahl in Betracht gezogen werden.

6

Verwendung

Die robusten Sorten: als Einzelsträucher, frei wachsende oder geschnittene Hecken.
Die weniger robusten Sorten: an eine Wand, einen Zaun oder ein Spalier gebunden, in einen Kasten gepflanzt.
Von allen Sorten können Äste abgeschnitten und bereits Mitte Januar zum Austreiben gebracht werden.

Kultur

Tiefgründige, kühle, aber gut dränierte und wenig kalkhaltige Erde. In praller Sonne blühen Scheinquitten üppiger, aber im Schatten einer Mauer länger. Frühjahrsfröste zerstören manchmal die offenen Blüten.

Auswahl der Sorten

Alle Sorten, bei denen nichts anderes vermerkt ist, haben einfache Blüten.

Rote Blüte

'Nicoline' Bild 1: niedriger Busch (0,80 m × 0,80 m), an einen großen Stein, einen Baumstumpf oder eine Wand pflanzen. Sehr blühfreudig, oft von II bis IX!
'Crimson and Gold': mittelkräftig (1,20 m × 2 m). Bei trockenem Wetter herrliche Blüten.
'Ernst Finken': großer, kräftiger Busch (2 m × 2 m), stark Ausläufer bildend, ideal für frei wachsende Hecken.
'Boule de Feu', 'Rubra Grandiflora' und 'Simonii': mittelkräftig (1,20 m × 2 m), weniger blühfreudig als die oben genannten Sorten.

Orange Blüte

'Cido': Der gedrungene, mittelgroße Busch (1,20 m × 2 m) ist auch wegen seiner dekorativen, (als Gelee) essbaren Früchte sehr attraktiv.
'Elly Mossel': kleinerer Busch (0,80 m × 0,80 m), der aber in die Breite wächst und Ausläufer bildet (ideal am Hang). Die sehr großen Blüten sind recht regenempfindlich.
'Orange Beauty': mittlerer Wuchs (1,20 m × 2 m), ideal in frei wachsender oder wenig geschnittener Hecke. Kleine Blüte.

Lachsrosa Blüte

'Geisha Girl': mittelgroß (1,20 m × 2 m). Die herrlichen gefüllten Blüten muss man aus der Nähe bewundern.
'Cameo' Bild 2: niedriger, breiter Strauch (0,80 m × 0,80 m), Ausläufer bildend; die im Laub versteckten, gefüllten Blüten kommen am Spalier besser zur Geltung.
'Umbilicata': mittelgroß (1,20 m × 2 m). Blüht schlecht, wenn der Frühling feucht ist.

Rosa Blüte

'Falconnet Charlet': mittelgroßer Strauch (1,20 m × 2 m) mit großen, eher späten Blüten, die oft dem Spätfrost entgehen.
'Flocon Rose': mittelgroßer Busch (1,20 m × 2 m), aber sehr blühfreudig. Zartrosa Blüten, zahlreicher als bei 'Moerloosei'.
'Moerloosei' (= **'Appleblossom'**): recht schwacher Strauch (0,80 m × 0,80 m), schwierig zu ziehen. Sehr hübsch nuancierte, aber spärliche Blüten.
'Pink Lady' Bild 3: Ausläufer bildender, aber nicht zu kräftiger Strauch (1,20 m × 2 m).

Weiße Blüte

'Jet Trail': blüht von Februar bis Ende April (niedrig, Ausläufer bildend, wird selten über 0,50 m hoch).
'Nivalis' Bild 4: mittelkräftig (1,20 m × 2 m), mit reinweißen Blüten, die leider fleckig werden, sobald es regnet.

Gelbe Blüte

'Kinsindin': breit, schwachwüchsig (0,80 m × 0,80 m); große, gefüllte, wohlgeformte Blüten, die an die von Japanischen Kamelien erinnern.
'Yuki-Goten' Bild 6: breit- und schwachwüchsig (0,80 m × 0,80 m); die halbgefüllten Blüten in erstaunlichem, sehr leuchtendem Grüngelb lassen an Kamelien denken. Früher als 'Kinsindin'.

Panaschierte Blüte

'Mme Butterfly' Bild 5: gedrungener, mittelgroßer Busch (1,20 m × 2 m). Die zartrosa Blüten sind am Rand unregelmäßig weiß getönt. Aus der Nähe bewundern: am Spalier vor einer Wand!

1 2

2

3

4

5

Cornus

Cornaceae

Hartriegel

6

Es gibt zwei Typen von Hartriegeln: Die einen werden buschig und sind wegen ihres Laubes, ihrer farbigen Triebe und des raschen Wachstums beliebt; die anderen wachsen aufrechter, eher „baumartig“ und sind berühmt für ihre sagenhafte Blüte, die Blumen-Hartriegel. Obwohl sie ausgewachsen kleine Bäume sein können, bleiben sie lange große Sträucher, weshalb sie es verdienen, hier behandelt zu werden. Neben diesen beiden großen Typen gibt es noch baumförmige Hartriegel mit Etagenwuchs (*Cornus controversa* und *Cornus alternifolia*), deren Habitus und deren panaschiertes Laub interessant sind, sowie einen Bodendecker (*Cornus canadensis*).

Verwendung

Strauchige Hartriegel bilden schnell Hecken oder Beethintergründe, die zu jeder Jahreszeit dekorativ sind.

Blumen-Hartriegel werden einzeln oder neben großen Bäumen eingesetzt. Sie sind auch ausgezeichnete „kleine Bäume“ für Höfe, Patios, Terrassen oder große Pflanzgefäße.

Kultur

Abgesehen von *C. sanguinea* lieben sämtliche Hartriegel kühle Böden und windgeschützte Standorte. Die Bodenbeschaffenheit ist weniger wichtig. Unter den „baumartigen“ verlangen *C. florida* und *C. nuttalii* saure Erde und eine hohe Luftfeuchtigkeit. *C. kousa* ist anspruchsloser und verträgt etwas Kalk und Sonne.

Auswahl der Sorten

Strauchige Hartriegel

• ***Cornus alba***

Kräftig und schnell wachsend, mag er ständig kühle Erde (2 m × 2 m).

'Sibirica' (= **'Westonbirt'**): im Sommer grüne, im Herbst purpurrote Blätter, korallenrote junge Triebe. Bei 'Sibirica Variegata' Bild 7 sind die Blätter außerdem weiß gesäumt.

'Gouchaulthii' Bild 1: gelb gemaserte und gesäumte Blätter, im Herbst rosa; dunkelrote Triebe.

'Aurea' Bild 3: gelbe Blätter, im Herbst rosa getönt. Himbeerrote Triebe. Verträgt Sonne.

7

'Elegantissima': weiß gesäumte Blätter, dunkelrote Triebe. Ideal im Schatten. 'Ivory Halo' ist kompakter.

'Kesselringii': purpurrote Blätter im Frühjahr und Herbst, schwarze Triebe.

• ***Cornus sericea***

Der kräftige, schnell wachsende Strauch mag feuchten Boden; er wächst im Schatten besser als *C. alba* (3 m × 3 m).

'Flaviramea' Bild 2: im Winter leuchtend gelbe Triebe. Grüne Blätter. Bei 'White Gold' sind die Blätter weiß umrandet.

'Kelseyi': kugelförmige Zwergsorte, ideal für Spiele mit Volumen. Sehr zarte dunkelrote Triebe. **'Kelseyi Gold'** mit seinen gelben Blättern leuchtet mehr und ist im Schatten herrlich (0,80 m × 1 m).

• ***Cornus sanguinea***

Diese Art ist verzweigter als die anderen und eher an trockene und Kalkböden angepasst. Schöne Herbstfarben (2 m × 2 m).

'Midwinter Fire': im Winter knallorange Triebe. Gelbgrünes Laub, das im Herbst ocker wird. Ideal als Hecke, die alle fünf Jahre radikal zurückgeschnitten wird.

Hartriegel mit Etagenwuchs

Wir nennen hier nur die Sorten mit panaschiertem Laub, die auffälliger sind als die Varianten mit grünen Blättern und sehr schnell zu hübschen kleinen Bäumen werden.

• ***Cornus alternifolia* 'Argentea'** Bild 4

Etagen aus Ästen voller kleiner Blätter, die zart weiß (im Herbst rosé) gesäumt sind. Herrlich in jeder Jahreszeit. Kühler Boden, Halbschatten. Ideal in einem großen Pflanzkübel oder in einem Innenhof (3 m × 2 m).

• ***Cornus controversa* 'Variegata'** Bild 5

Breite, horizontale Etagen mit breiten Blättern, die weiß, im Herbst rosé gesäumt sind. In der Jugend wächst er sehr langsam (5 m × 4 m in 20 Jahren).

1

2

3

4

5

15

Hartriegel mit Winterblüte

Die winterlichen Blüten dieser nicht sehr bekannten Hartriegel erinnern an Mimosen.

• ***Cornus mas*, Kornelkirsche** Bild 16
Gelbe Blüten in I und II an mindestens zweijährigem Holz. Rote, essbare Früchte im Juli/August. Wächst gut in lehmiger und/oder kalkhaltiger Erde. Ideal in freiwachsender oder gestutzter Hecke (3 m × 3 m). 'Golden Glory' scheint blühfreudiger zu sein.

16

'Aurea': gelbe Blätter, wächst langsam, im Halbschatten pflanzen.
'Aureoelegantissima': Blätter im Frühjahr gelb und rosa panaschiert, im Sommer gesäumt und im Herbst wieder rosé panaschiert. Langsames Wachstum, üppige Blüte. Sonne. 'Tricolor' ist sehr ähnlich.
'Variegata': weiß geränderte Blätter, reichliche Blüte, langsames Wachstum, Halbschatten.

• ***Cornus officinalis*** Bild 15
Größere Blüten als bei *C. mas*. Die mahagonifarbene Borke schält sich in Fetzen ab (4 m × 5 m). Einzeln oder als Hecke pflanzen. Sonne oder Halbschatten.

Blumen-Hartriegel

Diese großen Sträucher werden ausgereift kleine Bäume (in 20 Jahren!). Sie sind im Mai und Juni herrlich dank ihrer sehr langen Blütezeit, in der die Blätter vor lauter „Blüten“ (die in Wirklichkeit farbige Hochblätter sind), kaum zu sehen sind; darauf folgen manchmal dekorative Früchte und herbstliche Laubfarben.

• ***Cornus kousa***
Große sternförmige Blüten von Ende IV bis Ende VI. Die besten Sorten sind aus ***Cornus kousa* var. *chinensis*** Bild 8 hervorgegangen, der am besten in leicht kalkigem, tonhaltigem oder lehmigem Boden zu ziehen ist. Nehmen Sie eine veredelte Sorte, die schnell blüht; die durch Saat vermehrten brauchen 20 Jahre, ehe sie blühen (5 m × 4 m).
'China Girl': große cremeweiße Blüten mit spitzen Kronblättern. Kräftig.
'Milky Way' sieht ähnlich aus, aber die Blüten werden rosa, bevor sie verwelken.
'Gold Star': Ein gelber Fleck betont die Blätter. Nicht sehr viele Blüten.
'Satomi' Bild 6, 9: Die altrosa Blüten werden im Laufe der Wochen dunkler. Eher breiter Strauch. Selten Früchte.
'Snowboy': weiß geränderte Blätter. 'Samaritan' ist ähnlich, aber kräftiger, mit spitzeren Blättern.

• ***Cornus* 'Norman Hadden'** (*C. kousa* × *C. capitata*) Bild **10, 12** Bild **13**: Auf die sehr zahlreichen Blüten folgen massenhaft Früchte. Herrliche rostrote Herbstfarben. Oft halbimmergrün.

• ***Cornus florida***
Die großen weißen Blüten blühen schon Anfang Mai (sind also späten Frösten gegenüber empfindlich); ihre Hochblätter biegen sich am Ende aufwärts. Blätter in wunderschönen Herbstfarben. Saurer, kühler Boden. Kein Wind (4 m × 3 m).
C. florida* fo. *rubra Bild **11**: ist beliebter wegen seiner Blüten in einem herrlichen zarten Rosa.
'Cherokee Chief': wie *C. florida* fo. *rubra*, aber mit dunklerer Blüte.
'Cloud Nine': große reinweiße Blüte ab April. Kompakter, sogar jung blühfreudiger Strauch.
'Daybreak' (Syn. **'Cherokee Daybreak'**): weiße Blüten, Blätter weiß, dann rosa und im Herbst weinrot gesäumt.
'Rainbow': Blätter mit breitem gelbem Rand. Die weißen Blüten werden rosa. Herrliche Rosa- und Purpurtöne im Herbst.

• ***Cornus nuttallii***
Die sehr großen Blüten haben breite, fast runde weiße Kronblätter. Sie erscheinen sehr früh (vor den Blättern) und sind empfindlich gegenüber Frühjahrsfrost. Saurer, stets kühler Boden, luftfeuchter Standort (Lichtung im Unterholz, schattiger Patio). Blätter in herrlichen Herbstfarben (4 m × 3 m). 'Monarch' wächst pyramidenförmig und kräftig. 'Goldspot' mit unregelmäßig gelb geflecktem Laub ist weniger interessant. Die Hybriden *Cornus* 'Ascona' und *Cornus* 'Eddie's White Wonder' sind *Cornus nuttallii* sehr ähnlich.

Der Kanadische Hartriegel

• ***Cornus canadensis*** Bild 17
Weiße Blüten sitzen im V und VI an der Spitze der 10 cm hohen Triebe, die aus zahlreichen Ausläufern entstehen. Scharlachrote bis dunkelpurpurrote Herbsttönung. Guter Bodendecker auf sauren, kühlen Böden, in halbschattiger Lage, am Fuße großer Bäume und Sträucher.

17

8

9

10

11

12

13

14

Cotoneaster Zwergmispel

Rosaceae

6

Zwergmispeln waren in den 1970er-Jahren sehr beliebt, sind jedoch wegen ihrer Empfindlichkeit dem Feuerbrand gegenüber fast aus den Gärten verschwunden. Doch allmählich kommen sie wieder, denn man schätzt vor allem ihren üppigen Fruchtschmuck, ihren Wuchs und manchmal auch ihr halbimmergrünes Laub.

Verwendung

Die populärsten sind die niedrigen, breitwüchsigen Zwergmispeln, die als Bodendecker oder als Randbepflanzung (gestutzt oder nicht) dienen. Die anderen sind ideal in freiwachsenden Hecken, wo die Vögel sich im Winter über die Früchte hermachen.

Kultur

Alle Zwergmispeln lassen sich in jeder Erde, in der Sonne oder im Schatten leicht ziehen. Die hier genannten Arten und Sorten sind recht winterhart.

Auswahl der Sorten

Niedrige, ausladende Zwergmispeln

• ***Cotoneaster dammeri*** Bild 1
Dunkelgrüne, glänzende Blätter (etwa 1 bis 2 cm lang). Viele leuchtend rote Früchte im Herbst, die einen großen Teil des Winters über hängen bleiben. Diverse ähnliche, stärker oder schwächer wachsende Arten, Hybriden und Sorten werden angeboten: 'Major', *C. radicans*, *C. radicans* 'Eichholz', *C.* × *suecicus* 'Skogholm' und *C. procumbens* mit der Sorte 'Streib's Findling'. Sie lassen sich alle genauso verwenden.

• ***Cotoneaster horizontalis*** Bild 2
Erkennbar an den fischgrätenartigen Verzweigungen. Die ausladenden Triebe lassen sich leicht an eine Wand spalieren. Weiße Blüten im Mai und zahlreiche rote Früchte im Herbst.

'Variegatus' Bild 7: herrliche Variante mit weiß gesäumten Blättern. Weniger kräftig, Halbschatten.

• ***Cotoneaster microphyllus***
Winzige Blätter, kompakter Wuchs, rosarote Früchte. Eignet sich am besten für den Vordergrund von Pflanzkästen, kann aber auch für kleine Einfassungen zurechtgeschnitten werden. *C. cochleatus* und *C. linearifolius* (Syn. *C. microphyllus* var. *thymifolius*) sind sehr ähnliche Pflanzen.

• ***Cotoneaster salicifolius* 'Parkteppich'**
Längliche spitze Blätter. Zahlreiche rote Früchte entlang der Triebe. Gedrungene, kräftige Pflanze, ideal für Böschungen.

Mittelgroße und große Zwergmispeln

• ***Cotoneaster conspicuus* 'Decorus'**
„Durchsichtiger" Strauch mit sehr luftigem, lockerem Wuchs. Die Äste sind im Mai übersät mit weißen Blüten, dann mit roten Früchten, die die Vögel verschmähen. Wächst gut im Schatten (2 m × 2 m).

• ***Cotoneaster franchettii*** Bild 3
Graue, unterseits silbrige Blätter, weiße Blüten im V oder VI, einzeln sitzende, aber viele orange Früchte im Herbst. Leichter, hängender Wuchs, ideal in der freiwachsenden Hecke oder zur Unterpflanzung großer Bäume.

• ***Cotoneaster glaucophyllus***
Blaugraues Laub, späte, auffällige Blüten im VI, auf die orange Früchte folgen. Liebt Kalk. Kann mit der Zeit sehr groß werden.

• ***Cotoneaster lacteus*** Bild 4
Ausladender Strauch mit langen Ästen, die sich unter dem Gewicht der Büschel roter Früchte biegen. Die breiten, dunkelgrünen Blätter bleiben in milden Wintern hängen. Ideal im Schatten oder als Teil einer freiwachsenden Hecke.

• ***Cotoneaster salicifolius* var. *floccosus*** Bild 5 und Bild 6
Der schlanke, sich bogig erweiternde Strauch nimmt später eine sehr elegante Etagenform an. Die Blüte Ende V oder VI ist spektakulär. Dicke Büschel roter Beeren bleiben lange im Herbst und am Winteranfang hängen (8 m!)

Ein Exemplar, das allein stehen muss

• ***Cotoneaster atropurpureus* 'Variegatus'**
Dieser Strauch mit kleinen, weiß gesäumten, ovalen Blättern hat von Natur aus einen kriechenden, ausladenden Wuchs und wird immer auf einen Stamm veredelt, um eine „Trauerform" zu bilden. Für „klassisch" anmutende Kästen oder Töpfe im Halbschatten.

1

2

3

4

5

8

Deutzia
Deutzie

Hydrangeaceae

Deutzien blühen im Spätfrühling oder Frühsommer Aufsehen erregend. Die ungemein zahlreichen Blüten ziehen ihre langen (hohlen) Äste manchmal bis zum Boden herab. Alle sind vollkommen winterhart und pflegeleicht.

Verwendung

Die kleinwüchsigen Arten sind herrlich mitten in einem Staudenbeet (vor allem mit blauen Blüten). Die höheren bilden attraktive Hintergründe, können aber auch am Gehölzrand oder unter großen Bäumen gepflanzt werden.

Kultur

Deutzien blühen besser in der Sonne und im Halbschatten, aber sie fürchten auch den Schatten nicht, wo ihre Blüte trotzdem reizvoll bleibt (abgesehen von den rosafarbenen). Sie mögen keine heißen und windigen Standorte und weder zu leichte noch zu trockene Erde.

Auswahl der Sorten

Frühe Deutzien (Mai)

• ***Deutzia gracilis*** Bild 1 (auf dem Foto im Hintergrund: *Weigela* 'Abel Carrière'): Der herrliche Strauch mit 1 bis 1,50 m großen, weißen Blüten muss im Schutz vor Frühlingsfrost gepflanzt werden (1 m × 1 m). 'Aureo Variegata' mit gelb gesäumten Blättern ist die ganze schöne Jahreszeit über attraktiv. *Deutzia* × *lemoinei* ist ihm überlegen (etwas größer, blühfreudiger), ist aber genauso empfindlich Frost gegenüber.

• ***D.* × *elegantissima* 'Rosealind'**: kräftig rosa Knospen, aufgeblüht dann etwas blasser, leicht duftend. Wunderschön (1,20 m × 1,20 m).

• ***D.* × *rosea***: Die innen zartrosa Blüten sind außen dunkler – bei 'Carminea' nur andeutungsweise Bild 2. *D. rosa* var. *campanulata* bildet einen etwas aufrechteren Busch (1,20 m × 1,20 m).

• ***D.* × *kalmiiflora***: weiße Blüten Ende Mai, die in der Mitte der Blütenblätter karminrot getönt sind. Im Herbst lila angehauchtes Laub.

• ***D. gracilis* 'Nikko'** Bild 3: die weißen Blütenrispen sitzen am Ende der kurzen, aufrechten Äste. Sehr verbreitet wegen ihres Bodendecker-Wuchses, dabei ist dies eine schwachwüchsige Pflanze, die empfindlich auf Wind und große Kälte reagiert und nicht dicht genug ist, um Unkraut Paroli zu bieten (0,50 m × 1 m).

Deutzien der Zwischensaison (Juni)

• ***Deutzia* × *hybrida***

Die meisten Kultivare dieser sehr blühfreudigen Sträucher mit der typischen Schirmform (die durch einen strengen Rückschnitt nach der Blüte betont wird) hat V. Lemoine vor 1925 gezüchtet (2 m × 1,50 m).

'Magicien' Bild 8: die einfachen blass-lavendelrosa Blüten öffnen sich weit.

'Mont Rose': als Knospen haben die einfachen kräftig rosa Blüten einen Purpurton.

'Pearl Rose' Bild 4 (auf dem Foto zusammen mit *D. elegantissima* im Hintergrund): einfache rosa Blüten. 'Strawberry Fields' (= 'Tourbillon Rouge' = *D. magnifica* 'Rubra') ist ähnlich.

'Pink Pompon': gefüllte rosa Blüten in kleinen Pompons.

• ***D. scabra***

Vergleichbar mit *D.* × *hybrida*. Ihre Sorten ergänzen das Sortiment (2 m × 1,50 m).

'Candidissima': gefüllte reinweiße Blüten in längeren Büscheln als bei *D.* × *magnifica*. Bei 'Plena' Bild 6 und 'Pride of Rochester' sind sie als Knospen leicht rosa getönt.

'Codsall Pink': große kräftig rosa Blüten.

'Punctata': unregelmäßig cremeweiß panaschierte Blätter; weiße gefüllte Blüten. Im Schatten zu ziehen, herrlich im Kasten.

• ***D.* × *magnifica*** Bild 5

Gefüllte weiße Blüten in sehr dichten Rispen (2 m × 1,50 m).

Späte Deutzien (Juli)

• ***Deutzia pulchra*** Bild 7: Die weißen Rispenblüten erinnern an Maiglöckchen. Blaugrüne Blätter, zimtartige Borke, die in breiten Streifen abblättert. *D. taiwanensis* ist ähnlich, allerdings weniger „blau".

• ***D. chunii***: weiße Blüten mit rosa Außenseite in langen Rispen. Schmale Blätter wie bei einer Weide. *D. nigpoensis* sieht ähnlich aus, ist aber gröber.

• ***D. setchuensis* var. *corymbiflora***: Die weißen Blüten bilden luftig lockere Büschel, die sehr lange blühen und ganz anders aussehen als bei den übrigen, nach und nach aufblühenden Deutzien.

1

2

3

4

5

6

7

Euonymus
Spindelstrauch

Celastraceae

Spindelsträucher bilden eine artenreiche Gattung mit einer wachsenden Zahl an Sorten, die man in zwei Gruppen teilen kann: die sommergrünen (Laub abwerfenden) und die immergrünen. Beide umfassen sehr bekannte (und nützliche) Pflanzen, aber auch andere, die ruhig bekannter sein dürften.

Verwendung

Die häufigsten Spindelsträucher kommen hauptsächlich als frei wachsende oder geschnittene Hecke zum Einsatz.
7 Die weniger bekannten, zur Zeit noch seltenen Spindelsträucher wirken gut allein oder mit anderen Strächer- oder Staudengruppen gemischt. Kriechende Spindelsträucher (*E. fortunei*) können den Boden, eine Wand, ein Gitter, einen Zaun bedecken oder einen Einzelstrauch bilden und sind damit wahre Alleskönner.

Kultur

Sie wachsen in nicht zu trockener und nicht zu nährstoffarmer Erde, obwohl sie auch das vertragen, wenn sie erst einmal angewachsen sind. Die empfindlicheren Arten werden zumeist auf *E. europaeus* veredelt, der besonders gut an lehmigen oder kalkhaltigen Boden angepasst ist.

Auswahl der Sorten

Die üblichen Spindelsträucher

• ***Euonymus alatus*, Flügel-Spindelstrauch** Bild 1: Die Zweige sind mit breiten korkigen Flügeln verziert. Laub abwerfend, rote Herbstfarbe, nach einem trockenen Sommer rosa. Halbschatten (2 m × 2 m).
'Compactus': Flügel weniger sichtbar. Ende IX bis Ende XI scharlachrotes Laub. Halbschatten oder nicht zu heiße Sonne (1,20 m × 1,20 m).

• ***Euonymus europaeus*, Gew. Pfaffenhütchen** Sommergrüner großer Strauch oder kleiner Baum. Dicke rosa Früchte mit orangefarbenem Kern. Mag Kalkboden. Unregelmäßige Fruchtbildung. Freie Hecke (3 m × 2 m). **'Red Cascade'** Bild 2: jeden Herbst massenhaft Früchte. **'Albus'** (**'Fructo Albo'**) hat weiße Früchte. Selten. **'Chrysophyllus'**: sehr leuchtende, gelbe Blätter. Halbschatten. **'Purpureus'**: Blätter in dunklem Purpur. Empfindlich gegen Blattläuse.

• ***Euonymus japonicus*, Jap. Spindelstrauch** Er ist immergrün, wächst jung recht schnell, fühlt sich im Schatten genauso wohl wie in der Sonne und lässt sich leicht zurückschneiden. Nur vor kaltem Wind geschützt muss er gepflanzt werden, da unter −5 °C seine Blätter leiden (2 m × 2 m). **'Bravo'** Bild 3: cremeweiß gesäumte Blätter. Mittelkräftig, aber ausgezeichnete Winterhärte (niederländische Züchtung). 'Albomarginatus', 'Président Gauthier' und 'Silver King' sind weniger bunt, aber winterhart. **'Duc d'Anjou'**: gelb eingefasste Blätter. 'Aureomarginatus' ist ähnlich. 'Aureovariegatus' (= 'Ovatus Aureus') ist gelber, vor allem in der Sonne. **'Aureus'**: gelber Fleck mitten auf den Blättern. Schwachwüchsig. Wird leicht wieder grün und erfriert leicht. **'Compactus'**: gedrängter Wuchs, eignet sich gut für kleine Hecken.

Kriechende Spindelsträucher

• ***Euonymus fortunei*, Kletternder Spindelstrauch var. *radicans***: Die langen Triebe mit unterschiedlich vielen Adventivwurzeln können sich auch an einer senkrechten Unterlage festhalten. Dichter, immergrüner, sehr winterharter Bodendecker oder Einzelstrauch (0,80 m × 1 m). **'Emerald'n Gold'** Bild 4: goldgelb geränderte Blätter. 'Canadale Gold' und 'Sunshine': Blätter in blasserem Gelb. **'Emerald Gaiety'**: kleine weiß marmorierte und gesäumte Blätter. **'Silver Gem'**: 3 bis 4 mal so groß; buschigerer Wuchs. **'Coloratus'**: glatte Blätter, im Herbst rot, orange, bronze. 'Dart's Blanket' ist ähnlich. **'Sarcoxie'**: ähnlich, aber größere Blätter und buschigerer Wuchs. **'Harlequin'**: junge Blätter fast weiß, grün gesprenkelt; nicht sehr kräftig, für Kästen. **'Minimus'**: sehr kleine Blätter, kompakte Pflanze. 'Kewensis' ist ähnlich. **'Tustin'**: etwas größere Blätter; kräftigerer, immergrüner Bodendecker. **'Sunspot'**: die dunkelgrünen Blätter betont ein gelber Fleck in der Mitte. 'Blondy': nur ein schmaler Rand ist grün.

Spindelsträucher für Sammler

• ***Euonymus phellomanus*** Bild 5: wie ein *E. alatus*, aber mit noch größeren Flügeln an den Zweigen. Herrliche rosa Früchte in VII und IX (1,50 m × 1,50 m).

• ***Euonymus planipes*** Bild 6 und Bild 7: Das violette Purpurrot der zahlreichen breiten Früchte bildet einen Kontrast zu den orangen Samen. Sehr spektakulär im IX und X. Wählen Sie eine auf *E. europaeus* veredelte Pflanze, (2 m × 2 m).

• ***Euonymus myrianthus***: Die großen immergrünen Blätter des nicht winterharten Strauches sind zartgrün.

• ***Euonymus hamiltonianus***: rosa Früchte und scharlachrotes Herbstlaub. Die subsp. *maackii* setzt regelmäßiger Früchte an. Die subsp. *sieboldianus* färbt sich gelb und rosa (5 m × 5 m).

1

2

3

4

5

6

Forsythia
Forsythie

Oleaceae

Jeder kennt wohl diesen Strauch, der im Frühling so unvergleichlich gelb blüht und den hübschen Namen „Goldglöckchen“ trägt. Die klassischen Sorten werden sehr ausladend, doch die neueren bilden niedrigere, dichtere Büsche, die aber genauso Aufsehen erregen.

Verwendung

Sie stehen üblicherweise allein auf einer Rasenfläche, man kann sie aber auch in Gesellschaft von Narzissen und Vergissmeinnicht in ein Beet integrieren. Forsythien lassen sich gut zurückschneiden und können Hecken bilden. Die Äste werden für Sträuße geschnitten und können ab Januar zum Austreiben gebracht werden. Zwerg-Forsythien sind wunderbar auf Böschungen, als Randbepflanzung oder im Pflanzkasten.

Kultur

Sie sind nicht anspruchsvoll und wachsen gut in allen nicht zu trockenen und kargen Böden. Ein leichter Rückschnitt gleich nach der Blüte verbessert die des folgenden Jahres.

Auswahl der Sorten

Kleine Forsythien

Die nützlichsten für kleine Gärten:

• *Forsythia* × *intermedia*

'Week End': kleinere Blüten mit recht breiten Blütenblättern. Aufrechterer Wuchs. Blühfreudiger als die ähnliche 'Minigold'. Die folgenden Sorten sind Hybriden neueren Datums, die nicht zu *F.* × *intermedia* gestellt und die unter Handelsnamen vertrieben werden. *Forsythia* 'Melissa' und *Forsythia* 'Melée d'Or' sind ähnlich wie 'Week End'.

'Marée d'Or' Bild 1: breiter Wuchs, üppige Blüte in Zitronengelb und hübsches zartgrünes Laub, das im Herbst mehr oder weniger lila wird (0,60 m × 1,20 m).

'Boucle d'Or': kugeliger, ziemlich kompakter Wuchs (0,70 m × 1 m).

• *Forsythia ovata* **'Tetragold'**

Die zahlreichen, recht großen Blüten sind bernsteingelb.

Große Forsythien

Sie werden alle rasch 2 m oder mehr hoch und breit.

• *Forsythia* × *intermedia*

'Spectabilis' Bild 2: goldgelbe Blüten, recht kompakter Strauch. 'Lynwood' und 'Beatrix Farrand' stammen von dieser Sorte ab, sind aber noch blühfreudiger.

'Golden Nugget': sehr große goldgelbe Blüten (5 cm Durchmesser). 'Goldzauber' ist sehr ähnlich.

'Spring Glory': schwefelgelbe, recht frühe Blüte, kräftiges Wachstum.

• *Forsythia suspensa* var. *fortunei*

Blassgelbe Blüten an dunklen, biegsamen Trieben. Die elegante Art kann an eine Wand oder ein Spalier gebunden werden.

Forsythien mit dekorativem Laub

• *Forsythia* × *intermedia*

'Fiesta': kleine, in der Mitte mehr oder weniger grün-marmorierte Blätter. Üppige, goldgelbe Blüte (1,80 m × 1,80 m).

'Golden Times': große, gezahnte Blätter mit breitem goldgelbem Rand. In den Halbschatten pflanzen (2 m × 2 m).

'Tremonia': tief eingeschnittene Blätter. Sehr elegant, aber jung nicht sehr blühfreudig (1,80 m × 1,80 m).

• *Forsythia viridissima* **'Variegata'**

Unregelmäßig gelb und/oder creme gefleckte Blätter. Unbedingt vermeiden (2,50 m × 2,50 m).

Die weiße „Forsythie“

• *Abeliophyllum distichum*, **Schneeforsythie**

Bild 3

Ihre Blüten sehen aus wie bei der Forsythie, sind aber weiß und duften zart im I oder II. Sie ist recht winterhart, muss aber in der Sonne stehen oder an einer Wand, damit ihr Holz gut ausreift und frostbeständig wird. 'Roseum' bringt rosa angehauchte Blüten hervor. Interessant (1,50 m × 1,50 m).

3

1

2

7

Ginster — Fabaceae (Leguminosae)

Cytisus, Genista, Spartium u. a.

Unter „Ginster“ verstehen wir eine Gruppe sich ähnelnder Sträucher, die von den Botanikern in mehrere Gattungen unterteilt werden. Da sie jedoch alle auf die gleiche Weise verwendet werden und ihre Kulturansprüche vergleichbar sind, stellen wir sie gemeinsam vor.

Verwendung

Ginster wächst schnell, sogar in nährstoffarmen Böden und an windigen Standorten. Folglich ist er ideal, um ganz neue Gärten zu „füllen“, die er mit seiner üppigen Frühlings- oder Sommerblüte aufheitert. Hingegen wird er nicht sehr alt – höchstens 10 Jahre – gerade Zeit genug, um langsamer wachsenden Sträuchern den Platz freizuhalten.

Kultur

Alle Ginsterarten mögen freie, sonnige Standorte und gut durchlässigen Boden. Manche haben eine deutliche Vorliebe für saure oder kalkhaltige Erde, anderen ist das egal. Sie passen wunderbar zu Heidekraut, das die gleichen Bedingungen wünscht. Wenn Sie einen Ginster zurückschneiden müssen, um sein Wachstum einzugrenzen, dann tun Sie das sehr regelmäßig und bereits bei der jungen Pflanze, damit keine Gefahr besteht, dicke Äste zu kappen, die nur mühsam nachwachsen.

Auswahl der Sorten

Außer wenn anderes vermerkt ist, werden alle zwischen 1,50 m und 2 m hoch und breit.

Blüte im Frühling

• ***Cytisus* × *praecox***
Reichliche Blüte Ende IV oder V. Neutrale oder alkalische Böden. 'Albus' Bild 1: reinweiß. 'Allgold' Bild 2: zartgelb und creme. 'Hollandia' rot und rosa.

• ***Cytisus scoparius*** Bild 7
Üppige Blüte in V und VI. Neutrale oder saure Böden. Die folgenden Sorten sind Selektionen aus oder Kreuzungen mit *C. multiflorus* oder *C.* × *dalimorei*. Sie werden in der Regel als **„Edelginster“** bezeichnet. Sie gedeihen auf neutralen, leicht kalkhaltigen oder sauren Böden: 'Andreanus': gelb und karminrot. 'Boskoop Ruby': dunkelkarminrot, kompakter Wuchs. 'Burkwoodii': kirsch- und karminrot mit gelbem Rand. Blüht spät im VI. 'Dorothy Walpole': kirschrot und samtig karminrot. 'Firefly': gelb und bronze. 'Fulgens': Knospen rostrot, dann orangegelb und karminrot. Blüht spät im VI. 'Goldfinch': kräftig gelb. 'Killiney Red': lebhaftes Rot und dunkles Samtrot. 'La Coquette' Bild 3: rosarot und orangegelb, das Innere der Blüten ist herrlich gelb getönt. 'Lena': dunkelrot und rot mit gelbem Rand, kompakter Wuchs, sehr blühfreudig. 'Porlock': gelb, stark duftende Blüten, manchmal schon ab II. Im Schutz einer Mauer pflanzen. 'Roter Favorit' (= 'Red Favorit'): dunkles Samtrot und Karminrot, mit zarter, gelber Linie. 'Zeelandia': cremegelb, kompakter Wuchs.

• ***Chamaecytisus purpureus*** (***Cytisus purpureus***): Blüten in Rosa und Purpur, im V (0,45 m × 0,70 m).

• ***Ulex europaeus***, Gewöhnlicher Stechginster: gelbe Blüten von I bis IV. Sehr stachlige Triebe. Sandboden, Küste.

Wenn ein Ginster eingeht:
Graben Sie nicht seine Wurzeln aus; beim Verrotten reichern sie den Boden mit Stickstoff an, was den Nachbarpflanzen sehr gut bekommt!

Blüte im Sommer

• ***Spartium junceum*** Bild 4: goldgelbe, duftende Blüten von VI bis IX. Hübsch grüne Zweige im Winter. Trockener Kalkboden.

• ***Cytisus nigricans* 'Cyni'**: gelbe Blüten in langen, zierlichen Rispen von VI bis IX. Oft vorgetrieben im Topf verkauft, ist aber gut winterhart.

• ***Genista lydia***: gelbe Blüten im VI an gebogenen Trieben. Breiter Wuchs, ideal auf Böschungen.

• ***Genista hispanica*** Bild 5: gelbe Blüten im VI und VII an der Spitze sehr stachliger Zweige. Kugeliger, dann breiter Wuchs (1 m × 1,50 m).

• ***Genista pilosa*** Bild 6: gelbe Blüten in endständigen Büscheln im V und VI. Breiter Busch (0,40 m × 0,60 m). 'Goldilocks' steht etwas aufrechter. Sehr ähnlich ist 'Vancouver Gold'.

• ***Genista tinctoria***: gelbe Blüten in duftenden Büscheln am Ende der jungen Triebe. Muss jedes Frühjahr dicht am Boden zurückgeschnitten werden (1,20 m × 1,20 m). 'Royal Gold' hat goldenere Blüten. Die gefüllten Blüten von 'Plena' halten länger. Ideal im Staudenbeet.

• ***Chamaespartium sagittale* (*Cytisus sagittalis*, *Genista sagittalis*)**: gelbe Blüten in endständigen Büscheln im VI. Die Zweige haben breite grüne „Flügel“. Gedrungener, breiter Wuchs; für Steingärten.

1

2

3

4

5

6

Heide
Erica – Calluna – Daboecia

Ericaceae

Heidekrautgewächse sind meist niedrige, breite Sträucher, die rasch monatelang blühende Teppiche bilden. Zwar mögen alle sauren Boden, doch sind sie oft toleranter als man gemeinhin annimmt. Sie lassen sich durch botanische Besonderheiten unterscheiden, vor allem ihre Blütezeit aber erlaubt es, sie ziemlich eindeutig auseinander zu halten.

Verwendung

Abgesehen von der Baum-Heide werden sie in Gruppen verwendet: vor Rhododendren oder anderen Pflanzen für saure Böden, als Randbepflanzung oder als weitläufige Teppiche.

Kultur

Boden: Winter- und Frühlingsheide: *Erica carnea* und *E.* × *darleyensis* wachsen gut in saurem, neutralem oder leicht alkalischem (aber nicht zu trockenem) Boden. Reichern Sie die Erde beim Pflanzen mit Kompost an und streuen Sie jedes Jahr Torf auf die Oberfläche.
Alle anderen entwickeln sich nur in saurer Erde mit einem pH-Wert < 7 gut.
Winterhärte: Baum-Heide muss vor kaltem Wind geschützt werden; die wenigsten Arten vertragen Temperaturen unter –10 °C.
Schnitt: Ein leichter Rückschnitt nach der Blüte (bei *Calluna* im Frühling) lässt Heide kompakt und blühfreudig bleiben.

Auswahl der Sorten

In saurem Boden sind nur die Blühzeit und die Blütenfarbe wichtige Kriterien, überall sonst aber selektieren Sie zunächst einmal die Arten, die in Ihrer Erde mit einem minimalen Zusatz an Torf- oder so genannter Moor- oder Heideerde gedeihen können.

Warum lieber kompakte Heidepflanzen?

Sie bilden klare und blühfreudige Sträucher, wodurch ein regelmäßiger Schnitt nicht unbedingt notwendig ist. Oft erhöht eine kompakte Form (natürlich oder durch Schnitt unterstützt) die Winterhärte der Pflanzen.

Warum lieber Callunen (Besenheide) mit gefüllten Blüten?

Die Blüten sind größer und bereits als Knospen schön farbig. Sie sind schwerer zugänglich für Insekten, und die nicht bestäubten Blüten blühen länger. Unter der Bedingung, dass es nicht zu viel regnet, blüht Heide mit gefüllten Blüten fast doppelt so lange wie die mit einfachen Blüten.

Winter- und Frühjahrsblüte

• ***Erica carnea*** Bild 1 (auf dem Foto von links nach rechts: 'Springwood White', 'Springwood Pink' und 'Myretoun Ruby'): Blüte ab Anfang X bis Ende III. Niedrige, kompakte, sehr blühfreudige Pflanzen, die völlig winterhart sind. Sie wachsen leicht, auch in lehmigem und etwas kalkhaltigem Boden.
'Vivellii': purpurrote Blüte, sehr dunkles Laub, kompakter Wuchs (20 cm). 'Myretoun Ruby' ist sehr ähnlich, nur etwas stärker rosa, 'Challenger' lebhafter und 'Ruby Glow' etwas kräftiger.
'Springwood Pink': Blüte in lebhafterem Rosa. Kräftig, Teppiche bildend. Das gleiche gilt für 'December Red', die aber einen Monat früher blüht (Mitte X; 15 cm). 'Winter Beauty' wächst langsamer und 'Pink Spangles' zeigt zwei Rosatöne, einen zarten und einen kräftigeren.
'Aurea' Bild 2: rosa Blüte, gelbes Laub.
'Springwood White' Bild 3: 15 cm, reinweiß, Ende I bis Ende IV. Zart grünes Laub.

• ***Erica* × *darleyensis***
Sie ähnelt *E. carnea*, ist aber kräftiger und wird höher. Die etwas spätere Blütezeit beginnt etwa Mitte I oder II und dauert bis Ende IV. Die Kultur ist gleich einfach in saurem, neutralem oder leicht kalkhaltigem (nicht trockenem) Boden (durchschnittlich 40 cm). Sorten von *Erica* × *darleyensis* sind weniger winterhart als die von *Erica carnea*.
'Kramer's Rote': dunkelrosa, fast rote Blüten. Kräftig (45 cm).
'Arthur Johnson' Bild 4: zartrosa Blüten ab Ende X (50 cm). **'Darley Dales'** Bild 5 ist eher purpurrot (50 cm).
'Silberschmelze': reinweiße Blüten auf zartgrünem Laub (40 cm).

Sommer- und Herbstblüte

• ***Erica vagans***
Sie blüht von VII bis X. Die Blüten bilden längliche Rispen. Verträgt etwas Kalk im Boden.
'Mrs D.F. Maxwell': rote Blüte, dunkles Laub; ausgezeichnete, kompakte, gepflegt aussehende Pflanze (35 cm).

1

2

3

4

5

'Pyrenees Pink': späte, leuchtend rosa Blüte (35 cm). 'St Keverne' ist kompakter und eher lachsrosa (20 cm).
'Lyonesse': Die cremeweiße Blüte kommt vor dem glänzend grünen Laub gut zur Geltung (30 cm).
• ***Calluna vulgaris*** Bild 6 (das Foto zeigt verschiedene Sorten mit rosa Blüten, zusammen mit *Berberis* 'Harlequin'): Blüte von VIII bis X. Entlang der Triebe drängen sich winzige Blätter. Saure, kühle Erde.
'Alba' Bild 7: reinweiße Blüten.
'Alba Plena': gefüllte, reinweiße Blüten. Lang andauernde Blüte auf zartgrünem Laub. 'Elegant Pearl' mit einfachen Blüten blüht nur im VIII und IX.
'Boskoop': malvenrot. Bronzefarbenes Laub, im Winter orange (35 cm).
'Carmen': purpurrot, eher aufrechter Wuchs (40 cm).
'Darkness': leuchtend rote Blüte. Wächst kompakt (30 cm).
'H.E. Beale': gefüllte rosa Blüte, die sehr lange hübsch bleibt (50 cm). 'Anne Marie', 'County Wicklow' und 'J.H. Hamilton' sind seltener, aber wegen ihrer kompakteren Form vorzuziehen (30 cm). Bei 'Peter Sparkes' gehen die Blüten eher ins Lachsrosa und bei 'Tib' und 'Elsie Purnell' ins Violette (40 cm).
'Sir John Charrington': dunkellila Blüte, rötliches Laub, aufrechter Wuchs (30 cm).
• ***Erica cinerea*** Bild 8
Blüht von VI bis X. Niedriger, breiter Wuchs, benötigt einen mäßig trockenen bis frischen, sandig humosen, sauren bis neutralen Boden.
'Atrosanguinea': rubinrot. Kompakter, dichter und regelmäßiger Wuchs. Ausgezeichneter Bodendecker (20 cm).
'C.D. Eason' ist intensiver rosa. 'Katinka' (30 cm) ist dunkler und 'Pallas' (35 cm) etwas blasser.
'Cévennes': malvenfarbene Blüten an aufrechten Trieben. Kompakte Pflanze (30 cm).
'C.G. Best' ist eher lachsrosa (40 cm).
'Alba': reinweiße Blüten an der Spitze kurzer Stängel (30 cm). **'Alba Major'** ist etwas blühfreudiger.
• ***Daboecia cantabrica***
Blüht von VI bis XI. Die Blüten haben die Form großer Glöckchen. Sehr saurer, eher feuchter Boden.
'Purpurea': kräftig purpurrote Blüten, dunkelgrünes Laub (45 cm).
'Alba' (Syn. **'Alba Globosa'**) Bild 9: reinweiß (50 cm).
'Cinderella': herrliche roséweiße Blüten (45 cm).

Baum-Heide

Diese auffälligeren Heidearten werden einzeln oder in kleinen Gruppen gepflanzt, denn sie können die Ausmaße großer Sträucher annehmen. Allerdings brauchen sie einen geschützten Standort.
• ***Erica arborea*, Baum-Heide**
Die mediterrane Pflanze wird 4 bis 5 m hoch. Weiße Blüte von III bis VI. Sie kann in sandigen und sauren Böden gezogen werden. Suchen Sie unbedingt:
'Alpina' Bild 10 (hier zusammen mit *E. carnea* und *Pieris japonica* 'Variegata'): Die winterhärtere Sorte verträgt kurzzeitig Temperaturen um –10 °C. Vor kaltem Wind schützen.
• ***Erica lusitanica***
Rosa, dann weiße Blüte. Sie braucht ein mediterranes Klima und verträgt schlecht kalten Wind, wächst aber hervorragend in kalkhaltigem Boden.
Außerdem: ***Erica erigena*** Bild 11 (hier in Gesellschaft von *E. carnea*), ***E. ciliaris***, ***E. terminalis***, ***E. tetralix*** und ***E. umbellata*** sind seltenere, aber nicht weniger interessante Heidearten. Sie interessieren vor allem Sammler, verdienen aber mehr Ansehen, vor allem für „natürliche" Pflanzungen in kargem und feuchtem Boden.

Schönes Laub

Viele Heide-Kultivare haben farbiges Laub, wodurch die Pflanzen noch länger außerhalb der Blühperiode attraktiv sind:
Grau (volle Sonne): *Calluna vulgaris* 'Silver Knight' Bild 12 (rosa Blüten) und 'Silver Queen' (lavendel).
Gelb (am besten in den Halbschatten setzen, da manche in der Sonne „verbrennen"): *Erica carnea* 'Aurea' Bild 2 (mit rosa Blüten) und 'Foxhollow' (weiße Blüten); *E.* × *darleyensis* 'Jack Brummage' (kräftig rosa) und 'Aurelie Bregeon' (rosa); *Erica vagans* 'Valerie Proudley' (weiß); *Calluna vulgaris* 'Gold Haze' (weiß) Bild 13.
Purpur (wird bei Kälte intensiver): *Erica carnea* 'Vivellii' und *Calluna vulgaris* 'Winter Chocolate' (rosa).

12

13

6

7

8

9

10

11

Hibiscus
Hibiskus

Malvaceae

Nur ein ganz kleiner Teil der Gattung, die hauptsächlich tropische und subtropische Arten umfasst, besteht aus winterharten Hibiskusarten. Ihre großen, exotisch anmutenden Blüten, die mitten im Sommer blühen, reichen schon aus, um uns in ferne Länder zu versetzen, vor allem, wenn man diese etwas steifen Sträucher zusammen mit Gräsern oder Pflanzen mit üppigem Blattwerk pflanzt.

Verwendung

In den Gegenden, in denen er viel blüht, bildet Hibiskus fast den ganzen Sommer über prächtig blühende Hecken. Anderswo pflanzt man ihn meist gemischt mit anderen Sträuchern oder zwischen Stauden, zu denen er hervorragend passt. Da man ihn gut zurückschneiden kann, lässt sich Hibiskus auch prima als kleines Hochstämmchen ziehen; so passt er besonders gut in streng gestaltete Gärten, aber auch in Kübel.

Kultur

Diese Sträucher brauchen vor allem Sonne, um üppig zu blühen. Fruchtbare, kühle, jedoch im Winter nicht zu feuchte Erde ist ideal. Setzen Sie junge Pflanzen, denn ihre fleischigen Wurzeln lassen sich nicht gern stören. Schneiden Sie jedes Frühjahr die jungen Triebe über der 3. Knospe zurück, damit die Blüte reichlich ausfällt.

Auswahl der Sorten

• ***Hibiscus syriacus*, Roseneibisch**

Einfache große, glockige Blüten im VII, VIII und IX. Das zartgrüne Laub erscheint sehr spät im Frühling (V). Einzige völlig winterharte strauchförmige Art (2 m × 2 m).

Sorten mit einfachen Blüten

'Oiseau Bleu' ('Blue Bird') Bild 3: hell violettblau mit roter Mitte. Sehr blühfreudig.
'Diana': sehr große reinweiße Blüten, eher spät. 'William R. Smith' ist ähnlich (8 bis 10 cm Durchmesser).
'Hamabo': zartrosa Blüte mit dunkleren Nervenbahnen und röterer Mitte. Kräftig und blühfreudig.
'Meehanii': cremegelb gesäumtes Laub, lavendelblaue Blüte. Die Panaschierung ist interessanter als bei 'Variegata', die verbreiteter ist, deren gefüllte Blüten sich jedoch nur selten öffnen.
'Pink Giant': große Blüten in Pink mit dunkelroter Mitte. Zeitiger, kräftiger und blühfreudiger als 'Woodbridge'.
'Red Heart': große reinweiße Blüten, verziert mit einem roten „Herzen".
'Russian Violet': große dunkellila Blüten; kräftiger und blühfreudiger als 'Oiseau Bleu', aber genauso blau.
'Woodbridge': große hellrote Blüten mit dunklerer Mitte. Deutlich besser als 'Rubis', eine alte, ähnliche Sorte.
'Rosalbane': sehr große Blüten in Malvenrosa. Sehr blühfreudige neue Züchtung.

Sorten mit gefüllten Blüten

In Gegenden mit feuchten Sommern pflanzen Sie lieber Sorten mit einfachen Blüten, denn die gefüllten haben Mühe beim Aufblühen.
'Jeanne d'Arc' (= **'Albus Plenus'**): reinweiß. Bekommt bei feuchtem Wetter sehr schnell Rost.
'Boule de Feu': dunkelrosa. Blüht nur in warmen Sommern gut.
'Duc de Brabant': dunkelrot, verziert mit einem weißen Strich.
'Lady Stanley': halbgefüllte weiße Blüten, die blassrosa gesprenkelt sind und in der Mitte rötlich. Nicht sehr kräftiger, aufrechter Wuchs.
'Lavender Chiffon': große malvenfarbene Blüten; Jungpflanzen sind nicht sehr blühfreudig.
'Speciosus': weiße, in der Mitte rot gezeichnete Blüten. Schön blühfreudig, auch in Klimagebieten mit wenig Sonne.
'White Chiffon': weiße Blüten, deren Mitte eher cremefarben ist.

Rechte Seite:
1 Hibiskus in einer Hecke, in Gesellschaft einer Japanischen Scheinquitte mit gelben Früchten.
2 Einzeln gepflanzter Hibiskus in einem kleinen Garten.
3 *Hibiscus syriacus* 'Oiseau Bleu'.

1

2

3

Hydrangea

Hydrangeaceae

Hortensie

6

Hortensien bringen den ganzen Sommer über Blütenstände hervor, die aus zwei Arten Blüten zusammengesetzt sind: die größeren (sterilen) sitzen meist außen, die kleinen (fertilen) bilden zusammen die Mitte. Rosa, blau, weiß oder rot, können je nach Bodenbeschaffenheit an derselben Pflanze die Farbe ändern.

Verwendung

Hortensien (*H. macrophylla*-Sorten) **mit kugelförmigen Blütenständen** werden gern als Bordüre entlang einer Mauer verwendet oder auch allein zwischen niedrigen Stauden.
Hortensien (*H. macrophylla*-Sorten) **mit tellerförmigen Blütenständen** sehen in Gesellschaft anderer Sträucher, in der Nähe großer Bäume oder in einer freiwachsenden Hecke schöner aus.
Samt- und Hüllblatt-Hortensien pflanzt man eher in den Schatten einer Mauer oder großer Bäume, um ihr Bedürfnis nach Kühle zu stillen.
Rispen-Hortensien passen besser zu Stauden und anderen Sommersträuchern.

Kultur

Allgemein mögen Hortensien Schatten oder Halbschatten. Sie gelten als Pflanzen für saure Erde, wachsen aber auch in neutralem oder leicht alkalischem, lehmigem oder tonigem Boden, der einfach mit Kompost angereichert wird. Zuviel Kalk lässt die Blätter vergilben. In diesem Fall pflanzt man sie besser in Töpfe oder Kästen.

Auswahl der Sorten

Wenn Sie sich für Ihre Lieblingsfarbe entschieden haben, vergessen Sie nicht, die Entwicklung des Strauches und seine Winterhärte zu berücksichtigen.

„Kugel"-Hortensien

• ***Hydrangea macrophylla*, Garten-Hortensie**
Die Art stammt aus japanischen Küstenzonen, folglich ist ihre Winterhärte Glückssache. Die breiten, fleischigen, unbehaarten Blätter sind gezähnt und glänzen wie lackiert.
'Ayesha': Ihre kleinen sterilen Blüten sehen aus wie beim Flieder (2 m).
'Europa' (1,50 m), 'Altona' (2 m × 2 m), 'Hamburg' (1,80 m), 'Bodensee': kräftig mit dickem, robustem Holz.
'Chaperon Rouge' (1,20 m), 'Benelux' (1,70 m), 'Merveille' (1,50 m), 'Heinrich Seidel' (1,60 m): kräftiges rosarot, die Letztgenannte mit gezahnten Kelchblättern.
'Mathilda Gutges' (1,50 m), 'Kluis Superba' (2 m), 'Enziandorn' (1,50 m): dunkelrosa, werden in saurer Erde violett.
'Générale Vicomtesse de Vibraye' Bild 1 (1,20 m), 'Bouquet Rose' (1 m), 'Nikko Blue' (0,80 m): biegsames Holz, mittelgroße, aber zahlreiche zartrosa Kugeln, die leicht blau werden.
'Masja' (1 m), 'Alpenglühen' (1,70 m), 'Ami Pasquier' (1,50 m), 'Westfalen' (0,75 m), 'Leuchtfeuer' (1,60 m), 'King George V' (1,20 m): karmesinrot, in saurem Boden violetter.
'Madame E. Mouillère' Bild 2 (1,30 m) und 'Sœur Thérèse' (1,20 m): mittelgroß, weiß, die Zweite besser im Schatten.
'Harlequin' (1 m), 'Lady Mariko' (1,40 m), 'Lady Nabuko' (1,30 m): weiß gesäumte rosa oder blaue Blüten, vertragen regnerisches, windiges Wetter nicht gut.
'Hörnli', **'Pia'**, **'Tovelit'**: dichte Blütenstände (etwa 0,80 m).

• ***Hydrangea arborescens* 'Annabelle'** Bild 3
Große grünliche, dann weiße Kugeln mit 15 bis 25 cm Durchmesser an der Spitze der diesjährigen Triebe. Sie blüht sehr gut, sogar nach einem radikalen Rückschnitt im Spätwinter (1,20 m). 'Grandiflora' ist weniger kräftig (Kugeln mit 10 bis 15 cm Durchmesser).

• ***Hydrangea involucrata* 'Sterilis'**
Elfenbeinweiße, dann weiße Blütenkugeln auf pelzigem Laub. Pflanze für Sammler (0,80 m).

• ***Hydrangea* 'Preziosa'** Bild 4
Die 12 bis 15 cm großen Kugeln sind zartrosa, dann rot, dann purpurn und grün (auch in saurer Erde). Am Rand rötliche Blätter. Sehr winterhart und blühfreudig (1,20 m).

Hortensien mit „Teller"-Blütenständen

• ***Hydrangea macrophylla***
Diese Sorten sind kräftig und bilden schnell große Büsche, die von Jahr zu Jahr mehr blühen, außer nach einem strengen Winter oder einem mit späten Nachtfrösten durchsetzten Frühling.
'Libelle' (1,80 m): runde sterile Blüten in Reinweiß; 'Lanarth White': spitze sterile Blüten, nicht so kräftig; 'White Wave' (= 'Mariesii Grandiflora'): wird am Ende der Saison rosa; eher Schatten (2 m).
'Mousmée' Bild 5, 6 (1,40 m): einzigartig mit runden sterilen Blüten in schönem Pink- oder Violettrosa.
'Grant's Choice' (1,70 m): roséweiß mit purpurroten Sprenkeln; 'Lilacina' (= 'Mariesii Lilacina')

1

2

3

4

5

Praktische Informationen:
In alkalischer Erde werden blaue Hortensien rosa.
In saurer Erde werden alle rosa Hortensien blau und die roten gehen in Violett über.
Weiße Hortensien verändern sich nicht durch die Bodenreaktion.

tönt sich vom Rand der Blütenblätter aus lila (1,50 m).

'Blaumeise' (= **'Teller Blue'**): 22 cm große Blütenstände in einzigartigem Blau (2 m).
'Geoffrey Chadbund' Bild 7: erstaunliches, leuchtendes Rot. Dickes Holz, gute Winterhärte (1,50 m).
'King Fisher' (= 'Eisvogel') bildet einen breiteren Busch. 'Rotschwanz' zeichnet sich durch aufgerichtete Blütenblätter aus (1,30 m).
'Beauté Vendômoise': einzigartig durch die Größe ihrer zartrosa oder blassblauen Blütenstände mit 25 bis 30 cm Durchmesser (1,60 m).
'Mariesii': erkennbar an den sterilen Blüten, die zwischen die fruchtbaren gestreut sind; in Zartrosa oder -blau (2 m).
'Mariesii Perfecta' (= **'Blue Wave'**) Bild 8: Große sterile Blätter sitzen um kleine dunkelblaue fertile Blüten herum und dazwischen. Mittlere Winterhärte (2 m).

• ***Hydrangea serrata***
Sie ist kleiner als *H. macrophylla* und man erkennt sie an ihren dünnen, flauschig behaarten, von deutlichen Nerven durchzogenen Blättern, die häufig entlang der Mittelrippe purpurn getönt sind und im Herbst purpurrot werden. Sie stammt aus Bergregionen Japans und verträgt Kälte viel besser.
'Blue Bird' (= **'Aigaku'**): Die frühen Blüten mit 10 cm Durchmesser werden sogar in einem wenig sauren Boden blau (1,50 m). Bei 'Belzonii' werden die Blüten bis 20 cm groß (1,50 m). 'Acuminata' ist sehr ähnlich.
'Grayswood' (1,20 m), **'Tokyo Delight'** Bild 9, 10: weiße, lilarot getüpfelte sterile Blüten, im Herbst purpurrot, die fruchtbaren Blüten sind rosa oder violettstichig (1,30 m).
'Beni-gaku': aus dem Weiß wird Rosa, dann Rot. Herrlich in der Sonne (1 m).
'Mont Aso' Bild 11: kräftig rosa, 'Diadem', 'Blue Deckle', 'Rosalba' und 'Koreana' sind alle Zwergsträucher (0,80 m in Höhe und Durchmesser).

Samt- und Hüllblatt-Hortensien

• ***Hydrangea aspera*, Raue Hortensie**
Großer Strauch mit dicken, pelzigen Blättern. Rosa und malvenfarbene Blüten in VII und VIII. Schatten oder Halbschatten, am besten unter Bäumen. Stets kühler Boden.
'Macrophylla' Bild 13: große malvenfarbene Blüten im VII. Ausladende Blätter, kräftiger Strauch (3 m).
Villosa-Gruppe Bild 12: Kleine Blütenstände (15 cm), aber sehr zahlreich im VII und VIII. Schmale, lange, unauffälligere Blätter. Blühfreudiger als die anderen (2,50 m).
subsp. *sargentiana* (= *H. sargentiana*): blasslila Blütenstände, dicke, dicht behaarte Blätter. Bildet gelegentlich kurze Ausläufer. Kühler Schatten.

Hortensien mit farbigem Laub:
Sie sind vor allem im Topf auf einer schattigen Terrasse wunderbar.
***H. macrophylla* 'Merveille Sanguine'** Bild 14: (1,20 m) dunkelpurpurrote Blätter, Blütenstände in karmesinroter Kugel. Jung nicht sehr kräftig und frostempfindlich.
***H. macrophylla* 'Tricolor'**: (1 m) dunkelgrün, hellgrün und weiß panaschierte Blätter; ist nicht immer leicht von 'Quadricolor' Bild 15 zu unterscheiden, bei der manche Blätter auch Gelb aufweisen. 'Yellow Wave' ist deutlich gelber.
***H. serrata* 'Golden Sunlight'** Bild 16: schwefelgelbes Laub! Die flachen Blütenstände sind in saurer Erde blau.

14

15

16

7

8

9

10

11

12

13

'Mauvette' Bild 17: Blüten malvenfarben, im VII, in den schirmförmigen Blütenständen die fertilen Blüten sehr zahlreich, sterile Randblüten nur wenige. Mittelgroße Blätter, mittelgroß (2 m).

• ***Hydrangea involucrata***

Die Blütenstände mit zartrosa oder bläulichen sterilen Blüten sind klein; sie hat als einzige Hortensie blaue Blüten in nicht saurem Boden. Blütenstände von großen, rundlichen Hüllblättern umgeben. 'Viridescens': smaragdgrüne sterile Blüten (1 m).

Rispen-Hortensien

• ***Hydrangea paniculata***

Die kegelförmigen, meist aufrecht stehenden Blütenstände (VII bis X) am Ende der diesjährigen Triebe können gut getrocknet werden. Kräftiger, pflegeleichter, sehr winterharter Busch. Er verträgt alle Arten des Rückschnitts, vom einfachen Auslichten bis zum radikalen Verjüngungsschnitt. Sonne oder Halbschatten, kühler Boden, auch alkalisch.

'Dharuma': kleine Rispen (15–20 cm) in Weiß, dann Rosa und bald Rot. Herrlich! (1 m). 'Pink Diamond' (1,50 m) und 'Burgundy Lace' (1,60 m) färben sich fast genauso stark.

'Floribunda' Bild 18: große Rispen mit sterilen Blüten in idealer Menge (2 m). 'Tardiva' beginnt erst Ende VIII zu blühen (2 m). 'Unique': große Rispen (30–35 cm) in Cremefarben, dann Rosa, dann Grün (1,60 m). 'Brussels Lace' ist kompakter, ideal als Randbepflanzung (1,40 m).

'Grandiflora' Bild 19: Die großen Rispen werden im VIII rosa und durchscheinend (1,80 m). 'Phantom' ist noch imposanter (1,60 m). 'White Moth' ist die eleganteste der drei (1,60 m).

'Praecox': kurze, leichte Rispen ab Anfang VII. Im Frühling sehr helles Laub (1,40 m).

'Green Spire': In den sehr großen Rispen (50 cm) wachsen Blätter. Spektakulär (1,80 m).

• ***Hydrangea heteromalla*, Chinesische Hortensie**

Die Art steht *H. paniculata* nahe, hat aber einen baumförmigeren Wuchs und blüht früh (von V bis VII). Sie passt in einen sehr großen Garten oder eine Sammlung. Eher kleine Rispen (15–20 cm). 'Bretschneideri' bildet größere und zahlreichere Blüten.

• ***Hydrangea quercifolia***, Eichenblättrige Hortensie Bild 20

Die großen, gelappten Blätter (wie bei amerikanischen Eichen) werden im Herbst weinrot. Dekorative, cremefarbene Blütenstände in Kegelform von VIII bis XII. Verträgt Kalk in kühlem Boden.

'Snow Queen': große Blütenstände (30 cm). Aufrechter, kräftiger Strauch (1,50 m), 'Tennessee Clone': wellige Blütenblätter, weniger blühfreudig (1,40 m).

'Snow Flake': die gefüllten sterilen Blüten sehen aus wie ineinander verschachtelte Blütenblätter. Rosa, im Herbst bordeaux und grün (1,20 m).

'Harmony': kleine, fast kugelige Blütenstände; behält am Winteranfang lange ihre Blätter (1 m). 'Sike's Dwarf': leichtere Blütenstände (1 m).

Kletter-Hortensie

• ***Hydrangea anomala* subsp. *petiolaris***

Wenn man ihr keine Möglichkeit zum Klettern gibt, kann sie auch als Bodendecker oder Strauch verwendet werden. Cremeweiße Blüten im VI und VII. Die grünen Blätter werden im Herbst buttergelb. Die Sorte 'Tiliaefolia' hat kleinere Blätter und Blüten, die einen Zitronenduft verströmen.

Hortensien mit gefüllten Blüten:

Sie werden besser im Topf oder nahe am Haus gezogen, denn sie sehen wirklich nicht sehr natürlich aus.

***H. involucrata* 'Hortensis'** Bild 21 (1,20 m): Die stark gefüllten, zartrosa sterilen Blüten ähneln denen von Begonien. Alle kühlen Böden.

21

***H. macrophylla* 'Izu-no-Hana'**: (1,50 m) sterile und fruchtbare Blüten in Rosa oder Blau.

'Hanabe' Bild 22: sterile Blüten weiß, fertile rosa oder blau.

22

17

18

19

20

Ilex
Stechpalme

Aquifoliaceae

Die Stechpalme gefällt wegen ihrer dekorativen, meist gezähnten Blätter; sowohl die grünen wie panaschierten Sorten gehören zu unseren besten immergrünen Sträuchern mit hübschen Früchten.

9

Verwendung

Robuste Sorten werden als freiwachsende oder geschnittete Hecke eingesetzt. Die übrigen mit panaschiertem Laub oder bunten Früchten mischen sich unter die anderen Sträucher, die im Winter attraktiv sind. Wunderbar als „grüne Skulpturen".

Kultur

Stechpalmen fürchten nur sehr kalkhaltige und sehr trockene Erde. Sie mögen Schatten, wachsen aber auch in der Sonne, wenn sie nicht zu direkt einstrahlt.

Auswahl der Sorten

Wenn man Früchte haben will, ist es wichtig, „weibliche" Sorten auszuwählen, zu denen eine „männliche" in der Umgebung passt.

• ***Ilex aquifolium*, Gewöhnliche Stechpalme**
Der sehr winterharte Strauch wird in 20 bis 25 Jahren ein kleiner Baum von 5 bis 6 m Höhe. Das immergrüne, glänzende Laub ist dunkelgrün, an weiblichen Pflanzen sitzen rote Beeren.
'Alaska' (männlich) und **'Pyramidalis'** (weiblich) Bild 9, 1: konischer Wuchs, schnelles Wachstum, dichtes Laub. Hecken. 'J.C. van Tol' (weiblich) ist weniger stachlig.
'Aurantiaca' Bild 2: bernsteingelbe Früchte.
'Mme Briot' (weiblich) Bild 3: gelb geränderte Blätter, purpurrote Zweige, orangerote Früchte; 'Aurea Marginata Grp.' (weiblich), ohne den Purpurton, sonst ähnlich; 'Golden van Tol' (weiblich): Blätter mit breiterem gelbem Rand.
'Handsworth New Silver' (weiblich), 'Argentea Marginata Grp.' (weiblich) und 'Silver Queen' (männlich): längliche Blätter, im Frühling mit weißem und purpurrotem Rand.
'Bacciflava': grüne Blätter, gelbe Früchte.
'Crispa' (= **'Contorta'**): gebogene Blätter, langsames Wachstum. Für Formschnitte.
'Myrtifolia' (männlich): kleine grüne, gezackte Blätter. Aufrechter Strauch, der schnell wächst (3 m × 1,50 m)
'Ferox' Bild 4 (männlich): grüne Blätter mit vielen Stacheln am Rand. Langsames Wachstum; es gibt ihn in weiß-panaschiert ('Ferox Argentea') oder gelb-panaschiert ('Ferox Aurea').

• ***Ilex × altaclerensis***
Die Hybride ist robuster als die Gewöhnliche Stechpalme und wird in 15 Jahren 6 bis 8 m hoch. Ihre Blätter sind breiter, sie ist aber weniger winterhart und wird um –20 °C braun.
'Belgica Aurea' (weiblich): blassgelber Rand. 'Golden King' (weiblich): lebhafteres Gelb.
'Camelliifolia' (weiblich): glatte Blätter ohne Stacheln. Gute Fruchtbildung.
'Lawsoniana' (weiblich) Bild 5: die Blattspreiten sind gelb marmoriert.

• ***Ilex × meservae*, Blaue Stechpalme**
Die sehr dunkelgrünen Blätter dieser Hybriden nehmen im Winter einen bläulichen Farbton an. Da sie sehr winterhart sind, werden sie für niedrige Hecken verwendet.
'Blue Angel', 'Blue Prince', 'Blue Stallion' und 'Chinese Boy' sind männliche Klone, **'Blue Maid'**, 'Blue Princess', 'Chinese Girl' und 'Dragon Lady' fruchtbildende weibliche Klone.

Laub abwerfende Stechpalmen

• ***Ilex verticillata*** Bild 6
Der reich verzweigte, 1,50 bis 2 m hohe Strauch verliert seine Blätter, doch die Früchte bleiben bis Dezember hängen. Saurer, feuchter Boden. 'Sparkleberry' trägt reichlich Früchte, 'Alba' hat weiße und 'Chrysophylla' gelbe Beeren.

Außerdem:

• ***Ilex × koehneana* 'Chestnut Leaf'** Bild 7
Große (10–12 cm lange) Blätter in zartem Grün, verziert mit regelmäßigen, feinen Spitzen. Leichter, lockerer Wuchs. Gut winterhart.

• ***Ilex crenata*, Japanische Stechpalme**
Kleine, gekerbte Blätter. Diese kompakte, langsam wachsende Stechpalme ersetzt den Buchsbaum in saurem Boden oder im Kübel. 'Convexa' Bild 8: verdickte Blätter; 'Fastigiata': bildet schmale Spindeln; 'Golden Gem': junge Triebe in Gelb; 'Green Lustre': in allen Jahreszeiten smaragdgrün.

1

2

3

4

5

6

7

8

Lavandula

Lavendel

Lamiaceae

Mit seinen lilablauen Blüten und dem typischen Duft ist Lavendel unverkennbar. Dabei sind die bekannteren Pflanzen nur ein kleiner Teil einer ganzen Welt aus mehreren Dutzend eigenartiger, lohnender Sorten. Also zögern Sie nicht, die ausgetretenen Pfade zu verlassen!

Verwendung

Lavendel bildet sehr schöne Randbepflanzungen, die immer grün sind und duften. Pflanzen Sie ihn zu Füßen von Rosen – sein Geruch vertreibt einen Teil ihrer Schädlinge. Die Blüten werden für Trockensträuße, Duftkissen und Teeaufgüsse verwendet.

Kultur

Lavendel mag gut durchlässigen, am besten kalkhaltigen Boden. Im Lehm wächst er schneller und muss zweimal jährlich geschnitten werden: im Herbst, um die Blütenstängel zu säubern und eine schön kompakte Halbkugel zu bilden, im Frühling oberhalb der ersten Knospen, um die Sträucher zu verjüngen.

Auswahl der Sorten

„Echter" Lavendel

• ***Lavandula angustifolia***

Aschgraues, recht dichtes Laub. In Böden, die im Winter nicht zu nass werden, ist er recht winterhart. Der beste Lavendel für Gegenden mit harten Wintern.

'Hidcote' (= **'Hidcote Blue'**) Bild 1: gedrungene Sorte mit sehr dunkelblau-violetten Scheinähren. Sehr winterhart und langlebig, denn er lässt sich leicht jedes zweite Frühjahr radikal verjüngen (blühend 0,50 m). 'Quicksilver', 'Jardin des Lavandes', 'Bleu Velours' und 'Rêve de Jean Claude' sind weniger dunkel, aber auch sehr blau.

'Munstead': kompakte „Zwerg"-Sorte mit mittelblauen Blüten. Schön graues Laub. Winterhärte unterschiedlich (Blühend 35 bis 45 cm). 'Dwarf Blue' und 'Nana Compacta' sind kaum anders. 'Miss Muffet' und 'Little Lady' sind neuere Züchtungen ähnlicher Größe, die für die Kultur im Topf oder Kasten bekannt sind.

'Edelweiß' (=**'Flocon'**) Bild 3: reinweiße Blüten in großer Menge an langen Stängeln. 'Alba' ist „schmutziger" weiß; 'Nana Alba' Bild 4 blüht weniger.

'Hidcote Pink' Bild 2: fliederrosa Sorte von 'Hidcote', genauso robust. 'Loddon Pink': kürzere Ähren; 'Rosea': weniger blühfreudig; 'Little Lottie': zartrosa Blüten.

Englischer Lavendel

• ***Lavandula × intermedia***

Der natürliche Bastard aus *L. angustifolia* und *L. latifolia* wächst kräftiger als „echter" Lavendel. In kühleren Gegenden altert er schnell und wächst eher schlecht.

'Dutch Group' Bild 5: blassblaue Blüte auf hohen Stängeln, bei jungen Pflanzen spärlich.

'Grosso': sehr viele, mittelblaue Blüten, die Pflanze ist berühmt für ihren Kampferduft. 'Gros bleu' ist ebenso blütenreich und bewahrt beim Trocknen die Farbe.

'Walberton Silver Edge' Bild 6: nicht sehr viele, zartblaue Blüten; der weiße Blattrand lässt die Pflanze noch silbriger wirken.

Schopf-Lavendel

• ***Lavandula stoechas*** Bild 7

Die Blütenähren werden von zwei großen Tragblättern überragt, die die Blüten wie Schmetterlinge aussehen lassen. Die Pflanze ist nicht sehr winterhart (–3 °C bis –5 °C) und blüht früh im Mai und Juni. Die Unterart *L. s.* subsp. *pedunculata* überlebt bis –15 °C in sehr gut dränierter Erde und an einem Standort, der vor Frühjahrsfrösten geschützt ist.

'Helmsdale': violette Blüte und helles Laub.

'Purkyhou': sehr viele fliederblaue Blüten.

'Willow Vale': blauere Blüten.

L. s.* var. *leucantha: weiße Blüte und blaugrünes Laub.

7

1

2

3

4

5

6

Magnolia
Magnolie

Magnoliaceae

Magnolien sind wahre Fürstinnen unter den im Frühjahr blühenden Sträuchern: Sie sind über und über mit Blüten bedeckt, kurz bevor sie Blätter hervorbringen. Wir unterscheiden drei Typen Magnolien mit unterschiedlichen Blüten und „Verhaltensweisen".

Verwendung

Meist werden sie als Einzelstrauch mitten auf einen Rasen gepflanzt, sie können aber
7 auch mit anderen Frühlingssträuchern gemischt werden.

Magnolien mit sternförmigen Blüten wachsen kompakt und baumförmig und blühen früh. Sie passen gut zu anderen Frühjahrssträuchern, ebenso gut aber zu Bambus und japanischem Ahorn.

Magnolien mit tulpenförmigen Blüten nehmen etwa mit 15 bis 20 Jahren Baumform an. Man kann sie ganz nah ans Haus pflanzen, denn es besteht keine Gefahr, dass ihre fleischigen Wurzeln Schäden am Fundament und der Kanalisation anrichten.

Immergrüne Magnolien lassen sich sehr gut an eine sonnige Wand spalieren oder in Kästen ziehen.

Kultur

Sie werden wie die japanischen Ahorne und die Hortensien zu den Pflanzen für sauren Boden gerechnet, und sie sind, ebenso wie diese, weitaus toleranter als Rhododendren. Vor allem mögen sie ständig kühle und humusreiche Erde, die lehmig oder sandig sein darf. „Stern"- und immergrüne Magnolien vertragen besser etwas Kalk als „Tulpen"-Magnolien.

Auswahl der Sorten

Sternförmige Blüten

• ***Magnolia stellata*, Stern-Magnolie** Bild 1
Die frühen, reinweißen Blüten (Anfang III) des kleinen Strauchs sind einfach und bestehen aus sechs schmalen, länglichen Blütenblättern. Verträgt etwas Kalk und alkalische Erde. Vor späten Frösten geschützt pflanzen (2 m × 2 m in 20 Jahren).

'Norman Gould': kräftig, baumförmiger Wuchs und schnelles Wachstum. Breitere, „rundere" Blütenblätter. Ausgezeichneter „kleiner Baum" für kleine Gärten.

'Rosea': Knospen zartrosa, zu Beginn auch die Blüten, die aber dann cremefarben werden.

'Royal Star' Bild 2: winterhärtere Züchtung (bis −35 °C).

'Waterlily': „gefüllte" Blüten mit 32 Blütenblättern.

• ***Magnolia kobus*, Kobushi-Magnolie**
Sie ähnelt der vorangehenden, ist aber sehr robust und wächst schnell. Verträgt alkalische Böden (5 bis 6 m in 20 Jahren). 'Esveld Select': die jungen Blätter sind purpurrot. 'Wanda's Memory': doppelt so große Blüten mit typischen hängenden Blütenblättern. Kräftig und baumförmig.

• ***Magnolia* × *loebneri*** Bild 3, 4
Aus der Kreuzung zwischen *M. stellata* und *M. kobus* werden robuste, blühfreudige Sträucher, deren Größe zwischen den beiden liegt. Verträgt alkalische Böden.

'Merrill': weiße Blüten.

'Leonard Messel': sehr zahlreiche zartrosa Blüten, sogar an jungen Exemplaren.

• ***Magnolia* 'George Henry Kern'**
Kreuzung zwischen *M. stellata* und *M.* × *liliiflora* 'Nigra'; die 8 bis 10 Blütenblätter sind außen kräftig rosa, innen heller; im Sommer blüht sie noch einmal schön. Wachstum wie *M. stellata*.

• ***Magnolia acuminata* 'Koban Dori'**
Kleine, blassgelbe Blüten; 'Gold Star' und 'Butterflies' bringen große Blüten (10 cm) in kräftigerem Gelb hervor. Noch sehr selten.

Tulpenförmige Blüten

• ***Magnolia* × *soulangeana***
15 Jahre lang ist sie Strauch, dann wird sie baumförmig, und zwar deutlich, wenn man die unteren Äste abschneidet (nicht mehr als einen pro Jahr!). Nicht nur blühend ist sie majestätisch, sondern dank ihrer ausladenden, zartgrünen Blätter auch danach. Nehmen Sie am besten eine veredelte Pflanze, die schnell und schön blüht.

'Alba Superba': reinweiße Blüten, später als 'Alexandrina', wird also von Nachtfrösten verschont.

'Brozzonii' Bild 5: noch später (Ende April); sie ist kräftig, baumförmig und sehr blühfreudig.

'Burgundy' Bild 6, 14: mittelgroße Blüten in einheitlichem kräftigen Rosa.

'Lennei': große, perfekte „Tulpen", außen pink und innen heller rosa. 'Rustica Rubra' ist auf beiden Seiten dunkel.

'Sundew': die cremeweißen Blüten sind am Ansatz rosa geflammt.

1

2

3

4

5

6

Magnolien mit hängenden Blüten

• ***Magnolia sieboldii* (= *M. parviflora*)**
Ihre mit karminroten Staub- und Fruchtblättern verzierten duftenden, schalenförmigen Blüten in kreidigem Weiß hängen zum Boden gewendet an den Zweigen (V bis VII). Pflanzen Sie sie dicht an einen Weg, damit Sie mehr davon haben.

• ***M. × liliiflora* 'Nigra'** Bild 8
Etwas unregelmäßige, späte Blüten (mit den ersten Blättern) in sehr dunklem Bordeaux. Den ganzen Sommer blüht sie erneut. Breiter, niedriger Wuchs (2 m). *Magnolia* 'Galaxy' hat die gleichen Blüten, aber größer, an einem kräftigen, aufrechten Strauch, der rasch zum kleinen Baum wird.

• **M. 'Susan'** Bild 9, **'Betty'** Bild 7, **'Jane'**, **'Ricki'**: Hybriden zwischen *M. × liliiflora* und *M. stellata* 'Rosea', mittelkräftig mit kleinen oder mittelgroßen zart- oder mittelrosa Blüten. Interessant auf kleinem Raum.

• **M. 'Elisabeth'** Bild 10: buttergelbe Blüten; sie war die erste Magnolie in dieser neuen Farbe. 'Yellow Lantern': ähnlich, aber widerstandsfähiger gegen Regen und Wind. 'Yellow Bird': kleinere Blüten mit dickeren, kräftiger getönten Blütenblättern.

14

• **M. 'Heaven Scent'**: große Blüten in Rosé, die am Ansatz mit kräftigerem Rosa geflammt sind; die Unterseite trägt einen dunkelrosa Streifen.

• **M. 'Star Wars'** Bild 11: sehr große, kräftig rosafarbene Blüte im III, IV und teilweise V. Remontiert deutlich im Spätsommer und Herbst.

• **M. 'Iolanthe'**: sehr große Blüten, innen roséweiß, außen mittelrosa (bis 20 cm Durchmesser). Kräftiger, baumförmiger Strauch.

• **M. 'Manchu Fan'** Bild 12: kleine, aufrechte, leuchtend weiße Blüten. Schwaches Wachstum.

Außerdem:

M. acuminata: kleine Blüten in gelblichem Cremeton verlieren sich im Blattwerk.
M. cylindrica: weiße, becherförmige Blüten an einem Strauch mit ausladenden, fast waagerechten Ästen.
M. denudata: reinweiße Blüten, die zuerst eingerollt und schlank wie Kerzen sind, dann perfekte Becher. Frühe Blüte (Anfang III), oft vom Frost zerstört.
M. macrophylla, M. tripetala: werden vor allem wegen ihrer großen Blätter gezogen, die 60 bis 80 cm lang werden können, wodurch sie Bananenstauden ähneln (aber recht winterhart!). Unauffällige Blüte im VI.

Immergrüne Magnolien

• ***Magnolia grandiflora*** Bild 13
Im Naturzustand und in Gegenden mit sehr wintermildem Klima ist sie ein Baum, wird aber in kühl-gemäßigten Regionen oft im Kübel, als „Skulptur" oder als Spalier an einer Wand gezogen. Auf der Oberseite lackglänzende, auf der Unterseite filzige (oft kupferfarbene) Blätter. Große, duftende Blüten in Elfenbeinweiß von VII bis IX. Volle Sonne, verträgt alkalische Böden. Formschnitt im X oder IV.

'Galissonière', **'Goliath'**: sehr große Blüten; kräftiger Strauch, Blüte ab 10 bis 15 Jahre.
'Exmouth': kompakter Wuchs, blüht ab dem 4. Jahr. 'Carradoc': ähnlich, natürlicher Pyramidenwuchs, Blüte ab zwei Jahre. Ideal für's Spalier an einer Südwand.
'Little Gem': kleinblütige, kompakte Zwergform.

8

9

10

11

12

13

Mahonia
Mahonie

Berberidaceae

Alle Mahonien sind immergrüne Sträucher, deren schönes Laub manchmal im Laufe des Winters seine Farbe wechselt. Doch diese Eigenart wird bei einigen Arten und Sorten zur Nebensache, denn sie haben außerdem im Winter erstaunliche, meist stark duftende Blüten.

Verwendung

Mahonien mit winterlicher Blüte pflanzt man am besten dicht vor ein Fenster an eine schattige Mauer, um sie voll zu nutzen. Ihr exotisch anmutendes Laub passt gut zu Bambus. **Die übrigen Mahonien** sind buschiger und als immergrüne Sträucher nützlich unter Bäumen oder zum Kaschieren der Stämme freier oder geschnittener Hecken.

Kultur

Mahonien wachsen besser im Schatten als in der Sonne, wo ihr Laub vergilbt und leicht vom Echten Mehltau befallen wird. In Punkto Erde sind sie nicht anspruchsvoll, sie wachsen in allen nicht zu trockenen und nicht zu feuchten Böden, vertragen aber problemlos sommerliche Trockenheit unter Bäumen. Im Frühjahr nach der Blüte können alle Mahonien zurückgeschnitten werden.

Auswahl der Sorten

Mahonien mit winterlicher Blüte

Sie werden in den ersten 15 Jahren 2 bis 2,50 m hoch und 1,50 bis 2 m breit. Dann gehen sie oft in die Breite, und man sollte sie besser kräftig zurückschneiden, um sie zu verjüngen.

• ***M. japonica*** **Bealei-Gruppe (=** ***Mahonia bealei*****)** Bild 7

Goldgelbe Blüten in aufrechten Rispen im I und II. Reichlich blaue Früchte im VII und VIII. ***Mahonia japonica*** **'Hivernant'** blüht gleichzeitig, ist aber etwas blasser gelb.

7

• ***Mahonia lomariifolia*** Bild 1

Die sehr langen Blütenrispen inmitten sehr langer Blätter stehen zuerst aufrecht, gehen dann auseinander. Spektakulär, aber wenig winterhart (–10 bis –12 °C).

• ***Mahonia × media*** **'Charity'** Bild 2

Frühe (ab X), kräftig gelbe, aufrechte Rispen; erstaunlicher Maiglöckchenduft, wie alle Sorten dieser Hybride in M-Europa nicht überall ausreichend frosthart.

'Buckland': sehr lange waagerechte Rispen in Goldgelb.

'Lionel Fortescue': sehr lange, aufrechte, frühe Rispen (oft ab XI).

'Winter Sun': Die Rispen in hellerem Gelb stehen aufrecht, blühen später (XII und I).

Die anderen Mahonien

• ***Mahonia aquifolium***

Die Blätter dieses dichten Busches setzen sich aus stechpalmenartigen Blättchen zusammen; seine gelben Blüten im III und IV duften nach Honig (2 m × 2 m).

'Apollo' Bild 3: dichter, niedriger Wuchs (1 m), üppige Blüte.

'Atropurpurea': das Laub nimmt im Winter einen sehr dunklen Purpurton an, im Sommer ist es dunkelgrün.

'Orange Flame': Die jungen Triebe sind kupferfarbig, dann blaugrün.

'Smaragd': gekräuselte Blätter. Die Blüte entschädigt nicht für ihren schlacksigen Wuchs.

'Undulata' Bild 4: gewellte, dicke, glänzende Blätter. Robust und sehr winterhart. Ein ausgezeichneter Immergrüner für den Winter (2,50 m × 2,50 m).

'Versicolor': im Winter und Frühling ungleichmäßig rosa und kupfer panaschierte Blätter, im Sommer creme. Eigentümlich, aber sehr hübsch.

• ***Mahonia fortunei***

Kräftig gelbe, aufrechte Rispen, manchmal ab IX; aus linealischen Fiederblättchen zusammengesetzte Blätter; langsames Wachstum (höchstens 2 m).

• ***Mahonia × wagneri*** **'Moseri'** Bild 5

Im Frühjahr ist das Laub gelb, im Sommer hellgrün, im Herbst und Winter dann kupfer. Niedriger, breiter Strauch. Herrlich (0,80 m).

• ***Mahonia repens***

Ähnelt *M. aquifolium*, wird aber nicht über 30 cm hoch. Interessant als Bodendecker.

• ***Mahonia nervosa*** Bild 6

Die langen, zu Rosetten zusammengefassten Blätter auf kurzen Trieben werden im Winter purpurrot. In leichter, humusreicher, saurer und ständig kühler Erde bildet sie Ausläufer (0,40 m).

1

2

3

4

5

6

Malus
Zier-Apfelbaum

Rosaceae

Die meisten Zier-Apfelbäume (abgesehen von einigen kleinwüchsigen Sorten) sind nur in ihrer Jugend strauchförmig, bevor sie sehr hübsche kleine Bäume werden. Dennoch macht eine passende, schwachwachsende Pfropf-Unterlage möglich, sie nach Lust und Laune auf geringem Raum zu halten, genauso wie die fruchttragenden Sorten.

Verwendung

Apfelbäume sehen einzeln auf einer Rasenfläche sehr schön aus, sie können jedoch auch auf einem Beet zusammen mit anderen Sträuchern und Stauden gepflanzt werden, besonders die Sorten, die im Herbst ebenfalls hübsche Früchte hervorbringen. Gut eignen sie sich auch für wenig geschnittene, frei wachsende Hecken, denn in ihnen siedelt sich eine vielfältige Tierwelt an.

Kultur

Apfelbäume wachsen leicht in gehaltvollem, nährstoffreichem und die ganze schöne Jahreszeit über kühlem Boden. Sie leiden unter zu warmen Standorten und längerer Dürre. Der Schnitt besteht einfach darin, sie auszulichten und den Habitus einzeln stehender Pflanzen zu harmonisieren.

Auswahl der Sorten

Wir haben hier die kompakteren Sorten aufgeführt, die problemlos die ersten 20 Jahre lang als strauchförmig gelten können.

Weiße Blüte

'Crittenden' Bild 2 (rote Früchte im Vordergrund): Auf die zahlreichen großen Blüten folgen karminrote, kirschgroße Früchte, die den ganzen Winter hängen bleiben (max. 2 m). 'Red Sentinel' ist aufrechter, behält seine Früchte weniger lange.
'Evereste' Bild 3: Die rosa Knospen werden beim Aufblühen weiß; zahlreiche orange und rote Früchte bleiben bis zur Wintermitte daran.
'Golden Hornet' Bild 1: rosa Knospen, weiße Blüten, gelbe Früchte Bild 2 (im Hintergrund) wie Mini-Delicious, köstlich als Gelee. In der Jugend aufrechter Strauch.
'John Downie': Auf große kreidig weiße Blüten folgen mittelgroße eiförmige, rote und grüne Früchte, die früh reifen (VIII, IX) und leckeres Gelee ergeben.
'Pomzai': Kleine Blüten werden von orangefarbenen Früchten abgelöst, die lange haften. Dichter Wuchs. Bonsai-Imitation.
'Red Jade': große Blüten und zahlreiche, kleine rote Früchte. Hängender Wuchs, wunderhübsch als veredelter Stammbusch.

Außerdem:

M. sargentii: dichter Busch mit sehr vielen, reinweißen Blüten, auf die kleine kirschrote Früchte folgen.
***M. sieboldii* 'Professor Sprenger'**: Massen reinweißer Blüten, ab VIII dann dekorative orange Früchte.

Rosa Blüte

M. floribunda: Die zahlreichen kleinen Blüten sind als Knospen dunkelrosa, geöffnet heller.
M. 'Van Eseltine' Bild 4: Die Knospen sind dunkelrosa, aufgeblüht zartrosa und gefüllt; er wächst aufrecht und wenig verzweigt, ist blühend herrlich, dann unauffällig.
***M. × schiedeckeri* 'Hillierii'**: halbgefüllte rote Knospen, die beim Aufblühen rosa werden. Sie sind so zahlreich, dass sich die Äste biegen.

Rote Blüte

'Coccinella' Bild 5 und Bild 6: dunkelrosa Blütenbüschel auf sehr gesundem purpurrotem Laub, das im Herbst rostrot wird.
'Liset': dunkelpurpurrote Blüten, sehr gesunder Strauch, resistent gegen Schorf. Dafür anfälliger sind die älteren Sorten 'Nicoline', 'Eleyi' und 'Royalty'.
'Aldenhamensis' (= **'Aldenham Purple'**): weinrote Blüten, dünner Strauch. 'Niedzwetzkyana' ähnelt ihm, aber seine jungen Triebe scheinen röter.
'Lemoinei': recht große, aber vereinzelte, dunkelbordeauxrote Blüten. 'Profusion' blüht später, ist blühfreudiger und duftet zart.

6

1

2

3

4

5

Paeonia

Paeoniaceae

Strauch-Pfingstrose

Strauch-Pfingstrosen verbinden die Schönheit der Stauden mit der Robustheit von Sträuchern. Ihr stabiles „Gerüst“ und ihr ausladendes Laub verleihen ihnen eine außergewöhnliche Persönlichkeit, die nur wenige Gärtner unberührt lässt.

6

Verwendung

Pfingstrosen, die meist um ihrer Schönheit willen ausgesucht werden, passen wunderbar zu Stauden und Zwiebelblumen. Auffällige Sorten eignen sich hervorragend für einen exotischen Garten. Man kann junge Pflanzen auch – à la japonaise – einige Jahre lang im Topf ziehen, damit ihre wenigen Blüten schön zur Geltung kommen.

Kultur

Sie sind pflegeleicht und stellen nur zwei Ansprüche: gut durchlässige Erde, die im Winter nicht zu feucht bleibt, und Sonne. Kalk fürchten sie nicht, wachsen aber schlecht in zu saurem Boden. Lockern Sie den Boden tiefgründig auf, damit die Wurzeln leichter anwachsen können, und graben Sie die Veredelungsstelle 5 bis 10 cm tief ein, damit die Pflanze eigene Wurzeln bildet. Stellen Sie Maschendraht zum Schutz um Jungpflanzen, denn sie brauchen oft zwei bis drei Jahre, ehe sie sich aufrichten.

Auswahl der Sorten

Die meisten Sorten blühen zwischen Mitte April und Mitte Mai.

Gelbe Blüte *(P. × lemoine*-**Sorten und** *P. lutea)*
'Alice Harding': Die etwa 15 cm großen gefüllten Blüten haben rote Flecken am Blütenblatt-Ansatz. Niedriger Wuchs (0,80 m).
'Keops': einfache Blüten, am Ansatz rot gefleckt, duften stark. Niedriger Wuchs, alte Pflanzen bilden Ausläufer.
'Souvenir de Maxime Cornu': Das Gelb der dicken, stark gefüllten Blüten nimmt einen Orange-, dann Apricot-Ton an. Fruchtiger Duft (1,50 m und mehr). 'Chromatella': ähnlich, nur etwas goldener.
'Yellow Heaven': Die mittelgroßen, halbgefüllten gelben Blüten haben manchmal in der Mitte rote Flecken. Niedriger Wuchs (1 m).
P. lutea Bild 2: einfache, 5 bis 6 cm große Blüte, zartgrün im Frühjahr, dann im unteren Teil dunkel und bläulich. *P. lutea* var. *ludlowii* (*P. ludlowii*) ist noch kräftiger und ihre späten Blüten sind größer. Dekorativ in einem „exotischen“ Garten.

Rote Blüte Bild 1 **(*P. × suffruticosa*-Sorten und *P. delavayi*)**
'Black Panther': Das dunkle Rot der großen halbgefüllten Blüte sieht in bestimmtem Licht fast schwarz aus. Kräftige Pflanze (1,80 m).
'Sang Lorrain': einfache Blüte mit 10 bis 15 cm Durchmesser in Karminrot, am Ansatz der Blütenblätter schwarz betont. Starkes Wachstum (1,80 m).
'Madame André Devillers' Bild 6: mittelgroße gefüllte Blüte, die ganze Blühzeit über bordeauxrot (1,50 m).
'Hooki': halbgefüllte karminrote Blüte. Gedrungener Wuchs (1 m).
P. delavayi: einfache Blüte mit 10 cm Durchmesser, karminrot, sehr spät (VI). Kräftige Pflanze (2 m).

Rosa Blüte ***(P. × suffruticosa*-Sorten)**
'Duchesse de Morny' Bild 4: gefüllte zartrosa Blüten mit silbernen Reflexen. Niedrige Pflanze (1,20 m).
'Triomphe de van der Maelen': Die großen gefüllten Blüten leuchten in kräftigem Rosa (1,50 m).
'Jeanne d'Arc': fast gefüllte Blüte in Zartrosa. Gutes Wachstum, ausgezeichnete Schnittblume (1,50 m).
'Reine des Violettes': gefüllte Blüte, die ganze Blütezeit über lila getönt (1 m).

Weiße Blüte Bild 1
P. rockii Bild 5: Die weißen Blütenblätter der mittelgroßen Blüten haben einen schwarzroten Basalfleck. Sehr schön und sehr begehrt, trotz ihres noch hohen Preises (1,50 m).
P. × sufffruticosa **'Renkaku'**: große, einfache, reinweiße Blüte mit 25 cm Durchmesser (1,50 m). 'Godaishu' ist ähnlich, aber halbgefüllt.
P. × suffruticosa **'Lactea'**: mittelgroße Blüte (15–20 cm), gefüllt, reinweiß, in der Mitte etwas purpurn angehaucht (1,50 m).

1

2

3

4

5

Philadelphus Hydrangeaceae
Sommerjasmin, Pfeifenstrauch

Der Sommerjasmin verdankt seine Beliebtheit dem fruchtigen Duft, den seine einfachen oder gefüllten Blüten zwischen Ende Mai und Mitte Juli verströmen. Das wichtigste Auswahlkriterium ist die Größe des ausgewachsenen Strauchs; wer diese im Hinblick auf den Standort, an dem er wachsen soll, gut gewählt hat, erspart sich allerlei Probleme beim Rückschnitt.

Verwendung

Kleine Sommerjasmine bilden hübsche niedrige, gemischte Hecken, zum Beispiel zusammen mit Fingerkraut und Spiersträuchern in ähnlicher Höhe.

8 Die mittelhohen sind sehr blühfreudig; sie passen zu Rittersporn, Margeriten, Pfingstrosen und anderen traditionellen „Floristen-Blumen". Große Sommerjasmine sind Sträucher, die sich gut für Parks, große Gärten oder Beethintergründe eignen.

Auswahl der Sorten

Kleine Sorten

'Silberregen' (= **'Silver Showers'**): sehr zahlreiche, stark duftende einfache Blüten im Mai (0,80 m × 0,80 m).

'Dame Blanche': Im Juni sitzen einfache, stark duftende Blüten gebüschelt an den Spitzen der steifen Zweige (1 m × 1 m).

'Manteau d'Hermine' Bild 1: kleine gefüllte Blüten mit zartem Duft, in unterschiedlicher Menge je nach Jahr. Charmant (0,80 m × 0,80 m).

P. microphyllus Bild 2: kleine, stark duftende Blüten, ganz kleine Blätter. Der elegante Strauch mag Wärme (0,60 m × 0,60 m).

Mittelgroße Sorten

'Erectus': massenhaft satinweiße Blüten mit starkem Duft an zarten, biegsamen Zweigen (1,80 m × 0,70 m).

'Burfordensis': Einfache große Blüten in Schalenform sitzen gedrängt an den steifen, aufrechten Trieben (2 m × 1 m).

'Beauclerck': einfache, sehr breite Blüten (5 bis 6 cm Durchmesser) mit einem roten Fleck in der Mitte. Kräftiger Duft, Blüte im VII, lockerer Wuchs (2 m × 1,50 m).

'Bouquet Blanc': duftende halbgefüllte Blüten stehen in gedrängten Büscheln zusammen (1,50 m × 1,50 m).

'Avalanche': Unter der Fülle der einfachen mittelgroßen Blüten mit starkem Duft biegen sich die zarten Zweige (1,50 m × 1,50 m).

'Sybille': mittelgroße Blüte in Cremeweiß mit roter Mitte Ende VI, Anfang VII. Sehr blühfreudig und duftend, eine der besten! 'Belle Etoile' ist ähnlich (1,50 m × 1,50 m).

'White Rock': sehr große einfache oder halbgefüllte Blüten, satinglänzend, aber ohne Duft und zu schwer für die dünnen Äste. Schwierig in Form zu bringen (1,50 m × 1,50 m).

'Aureus' Bild 8, 3: herrliches goldenes Laub von III bis zur Blüte im VI; die schalenförmigen Blüten in Cremeweiß duften stark. Halbschatten (1,80 m × 1,20 m).

'Variegatus' Bild 4: Die Blüten sind klein, duften aber stark, die Blätter haben einen breiten cremeweißen Rand und sind an jungen Trieben schöner. Entfernen Sie alte Äste, wenn sie abgeblüht sind (1,80 m × 1,20 m).

'Innocence': schalenförmige, stark duftende Blüten im VI, gelb marmorierte Blätter. Halbschatten (1,50 m × 1,50 m).

Große Sorten

'Minnesota Snowflake': stark gefüllte Blüten, die kaum duften. Unordentlicher Wuchs. Dabei ist er sehr verbreitet (1,50 m × 2 m).

'Natchez' Bild 5, 6: sehr große einfache, halbgefüllte und gefüllte Blüten gleichzeitig. Duftet mittelmäßig (2,50 m × 1,50 m).

'Virginal': halbgefüllte oder gefüllte Blüte mit dezentem Duft Ende VI, Anfang VII (2,50 m × 2 m).

'Schneesturm': massenhaft gefüllte Blüten entlang der hohen Äste im VI (3 m × 2 m).

P. brachybotrys: Einfache Blüten mit süßem Duft biegen die langen Äste nach unten (3 m × 2 m).

P. coronarius Bild 7: einfache schalenförmige Blüten mit starkem Duft. Buschig (2,50 m × 2 m).

P. inodorus* var. *grandiflorus: große, schalen-, dann sternförmige Blüten ohne Duft. Warum ist er so verbreitet?

1

2

3

4

5

6

7

Potentilla
Fingerkraut

Rosaceae

Alle Strauchfingerkraut-Sorten stammen von einer Art ab: *Potentilla fruticosa*, einem niedrigen, dichten Busch, der ohne Unterlass von Mai bis zum ersten Frost blühen kann. Die meisten Sorten bringen gelbe Blüten hervor, doch die Farbpalette erweitert sich stetig zum Orange und Rosa hin.

Verwendung

Fingerkraut wird selten über 1,50 m hoch (ohne Schnitt) und oft für flächige Bepflanzungen verwendet. Im Garten bildet es hübsche, niedrige Hecken, die leicht zu pflegen und lange dekorativ sind. Manche Sorten haben einen deutlich aufrechten, kugeligen oder breiten Wuchs, so dass sie auf Beeten ganz vorn stehen können.

Kultur

Fingerkraut wächst in der Sonne, in jeglichem gewöhnlichen Boden und fürchtet keinen Kalk. Bei stärkerer Trockenheit wird jedoch die Blüte unterbrochen, vor allem bei rosa oder orangefarbenen Blüten, die empfindlicher sind als die anderen. Durch einen Rückschnitt im Frühling aller Triebe direkt am Boden lässt sich der Strauch vollständig erneuern, so dass er größere, aber später Blüten bildet (ab Juli). Für eine möglichst ausgedehnte Blütezeit entfernen Sie jedes Jahr am Winterende die zweijährigen Triebe und belassen Sie die vorjährigen.

Auswahl der Sorten

Gelbe Blüte

'Goldfinger': mittelgroße, kräftig gelbe Blüte, aufrechter Wuchs (1,20 m × 1,50 m × 1 m). 'Gold Drop', 'Goldstar', 'Jackman's Variety' und 'Klondike' sind kaum zu unterscheiden.
'Elizabeth' (= var. *arbuscula*) Bild 1 und 'Kobold': große, goldgelbe Blüten an einem kompakten, von Natur aus kugeligen Busch (1 m × 1 m). 'Beesii' ist ähnlich, aber kleiner und hat prächtiges silbriges Laub (0,60 m × 0,60 m).
'Goldteppich': große lebhaft gelbe Blüten an einem breiten Strauch (0,40 m × 1 m); 'Sommerflor' ist ähnlich.
'Vilmoriniana' Bild 2: prachtvolle aufrechte Sorte mit silbrigem Laub und blassgelben Blüten. Vermehrung schwierig (1,20 m × 0,40 m); 'Primrose Beauty': grüneres Laub und breiterer Wuchs (1,20 m × 1 m).

Orangefarbene Blüte

'Daydawn' und **'Tangerine'**: blasse, orange getönte Blüten (0,60 m × 0,60 m).
'Marian Red Robin': orangerote Blüte, dunkler und kräftiger als 'Red Ace', das erste „rote" Fingerkraut.

Rosa Blüte

'Princess' Bild 3: sehr zartrosa Blüten im Halbschatten (in der Sonne weißlich) (0,50 m × 0,50 m). 'Pretty Polly' und 'Lovely Pink' Bild 6 (mit *Thymus* 'Silver Queen' zu Füßen) haben nur eine etwas kräftigere Farbe, sind aber kaum robuster. Man pflanzt sie grüppchenweise zusammen mit niedrigen Stauden.

Weiße Blüte

'Abbotswood' Bild 4, 5: Unmengen großer weißer Blüten die ganze schöne Jahreszeit über (1 m × 1 m). Durch Rückschnitt in jedem Frühjahr regenerieren. 'Abbotswood Silver' wird vor allem wegen seines weiß geränderten Laubes gezogen. Nicht sehr kräftig.
'Longacre': große weiße Blüten auf einem breiten Busch (0,50 m × 1 m).

6

'Tilford Cream': große, sehr hübsche cremeweiße Blüten, von denen aber nicht viele zugleich blühen (0,50 m × 0,50 m).
'Veitchii': Das reine Weiß der kleinen Blüten wird durch dunkle Staubgefäße belebt (1,50 m × 1,50 m).

1

2

3

4

5

Prunus

Rosaceae

Zier-Pflaume, -Mandel, -Kirsche, -Aprikose

Diese Gattung umfasst sehr unterschiedlich aussehende Arten, von denen die bekanntesten die Kirsch-, Pflaumen-, Mandel- und Aprikosenbäume sind. Kirschlorbeer und Portugiesische Lorbeerkirsche, die auch zu dieser Gattung gehören, werden bei den immergrünen Sträuchern beschrieben, denn sie pflanzt man vor allem um dieser Eigenschaft willen. Wir führen hier nur die Zierarten der Gattung *Prunus* in bescheidener Größe an, die einen Busch oder (älter werdend) einen kleinen Baum bilden. Zuweilen werden sie auf einen Stamm veredelt, damit sie schneller Baumform annehmen.

Verwendung

Die meisten werden wegen ihrer Blüte gezogen, die ebenso spektakulär ist wie bei ihren baumförmigen Verwandten. Einige besitzen außerdem sogar im Sommer hübsches purpurrotes Laub.

Kultur

Sie sind robust und wachsen gut in gewöhnlicher Erde, in lehmigen Böden sogar sehr schnell. Sie brauchen unbedingt Sonne, um üppig zu blühen. Achtung: Manche müssen gleich nach der Blüte radikal zurückgeschnitten werden, andere vertragen das nicht.

Auswahl der Sorten

• ***P. cerasus*** **'Rhexii'**
Gefüllte weiße Blüte im IV, die an *P. avium* 'Plena' erinnert (3 m × 2 m).

• ***P.* × *eminens*** **'Umbraculifera'** (*P. fruticosa* 'Globosa')
Auf die kleinen reinweißen Blüten folgen essbare Minikirschen. Kugelform (1,50 m × 1,50 m).

• ***P. glandulosa*** **'Sinensis'**
Stark gefüllte Blüten mit 2 cm Durchmesser; **'Alba Plena'**: gefüllte weiße Blüten. Für Sträuße. Nach der Blüte radikal verjüngen (1,80 m × 1,80 m).

• ***P. incisa*, März-Kirsche** Bild 1
Einfache Blüten, erst weiß, dann rosa, meist vor dem Winterende. Kalkarmer Boden (4 m × 4 m).
'Compacta': (2 m × 2 m).
'Praecox': blüht ab Dezember.
'February Pink': zartrosa Blüten ab Ende Januar.
'Pendula': hängender oder ausladender Wuchs, weiße Blüten.

• ***P. mume*, Japanische Aprikose**
Frühe Blüten im I oder II an den Zweigen des Vorjahres.
'Alboplena': gefüllte weiße Blüten.
'Alphandii': halbgefüllte rosa Blüten.
'O-noi-mama' Bild 2: halbgefüllte weiße oder teilweise rosa Blüten.
'Pendula': einfache oder halbgefüllte blassrosa Blüten.

• ***P. nipponica*** **var.** ***kurilensis*** **'Ruby'** Bild 3
(= *P. kurilensis*): massenhaft einfache, kräftig rosa Blüten. Aufrechter Zwergwuchs. Herbsttönung (2 m × 1 m).

• ***P. pumila*** **var.** ***depressa*, Sand-Kirsche:** weiße Blüte, breiter Wuchs, bildet Polster. Herbsttönung (0,30 m × 2 m).

• ***P. tenella*** **'Fire Hill', Zwerg-Mandel**
Kräftig rosa Blüten entlang der vorjährigen Triebe. Nach der Blüte kräftig zurückschneiden. Bildet Ausläufer, mag leichte, sandige Erde.
'Alba': wenige, weiße Blüten (1,20 m × 3 m).

• ***P. triloba*** **'Multiplex', Mandelbäumchen**
Stark gefüllte Blüten mit 3 bis 4 cm Durchmesser sitzen dicht gedrängt an den einjährigen Trieben. Für Sträuße. Radikaler Rückschnitt nach der Blüte (1,80 m × 1,80 m).

Purpurrotes Laub

• ***Prunus* × *cistena*** Bild 4 und Bild 7
Durchscheinendes Purpur-Laub, einfache weiße Blüten im III. Nach der Blüte kurz schneiden (0,50 m × 1,50 m).

• ***P. cerasifera*** **'Pissardii'**
Im Frühling sehr dunkles Laub, im III oder IV rosa Blüten, wenige Früchte. Wenn nötig nach der Blüte zurückschneiden (4 m × 3 m bei einem unveredelten Exemplar).
'Hessei': gelb getupftes Purpur-Laub. Eigenartige Wirkung. Weiße Blüten.

• ***P.*** **'Trailblazer'** (= 'Hollywood') ist weniger purpurn, erzeugt aber gute Pflaumen.

• ***P.* × *blireana*** **'Moseri'**
Große gefüllte Blüten im III oder IV (steril), purpurn getönte Blätter (3 m × 2 m).

• ***P. spinosa*** **'Purpurea'**, Schlehe Bild 5 und Bild 6
Purpurn angehauchtes Laub, einfache rosa Blüte im III. Bildet Ausläufer; ideal in der frei wachsenden Hecke, verträgt aber regelmäßigen Schnitt (4 m × 3 m).

1

2

3

4

5

6

Rhododendron

Rhododendron

Ericaceae

Dieser Gattungsname umfasst zugleich die so gut bekannten immergrünen Sträucher mit der Frühlingsblüte und die halbimmergrünen bzw. sommergrünen Sträucher, die üblicherweise als „Azaleen“ bezeichnet werden. Sie brauchen sauren, kühlen Boden, um gut zu wachsen und Aufsehen erregend zu blühen.

6

Verwendung

Außerhalb ihrer Blütezeit sind Rhododendren nützlich wegen ihres immergrünen Laubes. Die kräftigeren können große Hecken bilden, wenn ihnen Klima und Boden behagen. Meist werden Rhododendren gepflanzt, um Nordwände oder den Platz unter großen Bäumen zu beleben.

Kultur

Die meisten Rhododendren stammen aus Berggegenden, wo sie unter mehr oder weniger vereinzelt stehenden Bäumen, in Lichtungen oder an Waldrändern wachsen – oder aus noch höheren Lagen, wo es durch ständigen Nebel immer frisch ist. Auf Felsen können sie nur in Erdlöchern wachsen, in denen sich Laub zersetzt und die durch regelmäßige Niederschläge feucht gehalten werden.

In den Gärten, wo die Umgebung durch Schatten spendende Bäume, fehlenden Wind oder die Nähe einer Wasserfläche kühl bleibt, können Rhododendren leicht gezogen werden, wenn man die kalkfreie oberste Erdschicht auf 30 cm mit Lauberde anreichert; wenn der Boden sehr lehmig ist, zusätzlich auch mit Sand. Erneuern Sie die oberflächliche Humusschicht regelmäßig und lassen Sie den Boden stets mit Laub (von Buche, Eiche, Kastanie) oder Nadeln bedeckt. Zurückgeschnitten wird nur, wenn ein zu großer Strauch verkleinert werden muss (nach der Blüte).

In Töpfen und Kübeln verwenden Sie eine Mischung aus Moorerde/Heideerde und Lauberde. Ein oder zwei Flüssigdüngergaben pro Jahr im Mai und Juni reichen. Halten Sie die Erde durch häufiges Gießen mit Regenwasser oder kalkfreiem Wasser feucht.

Auswahl der Sorten

Sommergrüne Knap Hill-Azaleen Bild 1

Diese Sorten sind sehr spektakulär, denn sie blühen, bevor die Blätter austreiben, zwischen Ende IV und V und haben meist lebhafte, warme Farbtöne. Die meisten tönen ihr Laub im Herbst wunderschön Bild 7 (2 m × 2 m).
'Persil': große weiße Blüte mit Gelb, aufrechter Busch. 'Silver Slipper' Bild 2 hat rosa Reflexe.

7

'Berryrose': lebhaft rosa Blüte mit einem gelben Fleck, die jungen Blätter sind purpurn.
'Homebush': gefüllte Blüte, rosarot in runden Büscheln.
'Cécile': große Blüte, außen kräftig lachsrosa, innen pfirsichrosa, gelb geflammt.
'Gibraltar': große Blüte, orange, gelb geflammt, Knospen dunkelorange. 'Klondike': kupferiger, leicht duftend. **'Glowing Embers'** Bild 3: röter und gleichmäßiger.

Duftende sommergrüne Azaleen

Bei *R. luteum* und einigen Sorten verschiedener Abstammung erinnert der sehr starke Duft gleichzeitig an Jasmin und Geißblatt.
R. luteum Bild 4: stark duftende, goldgelbe Blüten im V. Der Ausläufer bildende, pflegeleichte Busch verträgt neutralen Boden.
'Sun Chariot': größere Blüte. 'Narcissiflorum': gefüllte Blüte (2 Blütenkronen).
'Hortulanus H. Witte': große goldgelbe, orange geflammte Blüten, außen apricot.
'Daviesii': weiße, gelb gezeichnete Blüte.
'Jolie Madame': große dunkelrosa Blüte.
'Balzac': kapuzinerrote, orange gezeichnete Blüte.
'Delicatissima' Bild 5: Blüte in Lachsrosa, das zu Cremeweiß wird. 'Soir de Paris' ist heller. Selten, aber herrlich.

1

2

3

4

5

'Golden Sunset': Die großen zartgelben Blüten sind mit hellerem Gelb und Orange markiert, außen mehr oder weniger apricot.
'Saturnus': große, orangerote Blüte; 'Satan': kleinere Blüten.
'Dr. M. Oosthoek': große zinnoberrote Blüten mit orangefarbener Zeichnung.

Immergrüne Azaleen
(= Japanische Azaleen)
Kleine, fast immergrüne Blätter (ein Teil fällt im Winter ab) sitzen an den gedrungenen Büschen. Die sehr zahlreichen Blüten bedecken den Strauch völlig im IV oder V. Wachsen gut im Topf (1,50 m × 2 m in 20 Jahren).
'Palestrina' Bild 8 (mit weißer Rhododendron-Hybride): sehr große weiße Blüte mit grünen Flecken auf dem obersten Blütenblatt.
'Orange Beauty': Die breiten orangeroten Blütenblätter sind am Rand leicht gewellt.
'Chelsoni': große malvenrosa Blüte.
'Hino-mayo': weit offene, kräftig rosa Blüte.
'Sylvester': kleine silberrosa Blüte, mittelkräftig.
'Vuyks Rosyred': große dunkelrosa Blüte, kräftig. 'Blaauw's Pink' ist mehr lachsrosa.
'Hatsugiri': Blüten klein, purpurfarben.
'Beethoven': malvenfarbene und violette Blüte. 'Blue Danube': ähnlich, kräftiger.
'Hinodegiri': Bild 13 (mit rosa Rhododendron-Hybride im Hintergrund): mittelgroße Blüte, einfarbig karminrot.
'Muttertag': große Blüte, breite Blütenblätter, karminrot mit roten Sprenkeln. Mittelkräftig. 'Aladdin': stärker orange.
'Vuyks Scarlett': große Blüte mit breiten Blütenblättern in Scharlachrot. 'Santa Maria': oranger.

13

Sorten mit gefüllten Blüten (zwei ineinander verschachtelte Blütenkronen)
'Snow': reinweiß
'Kirin': zartrosa
'Amoenum': violettrosa
'Christina': rot.

Zwerg-Rhododendren
Sehr kompakt wachsende und niedrig bleibende, im Alter kaum mehr als 1,50 m hohe Rhododendren findet man bei mehreren Hybridgruppen: *R.* Yakushimanum-, *R.* Williamsianum-, *R.* Forrestii- und *R.* Impeditum-Gruppe.
R. Yakushimanum-Gruppe: **'Bambi'**: Die großen Blüten in dichten Büscheln sind zartrosa und weiß getönt. Die länglichen Blätter haben in den ersten Wochen einen Belag. 'Percy Wiseman': kräftiger rosa; 'Dusty Miler': stärker rote, gewellte Blütenblätter mit weißem Schlund; 'Polaris': Die große, karminrot angehauchte rosa Blüte öffnet sich purpurrot; 'Dopey': leuchtend rot.
R. Williamsianum-Gruppe: **'Bow Bells'**: Die glockenförmige, kräftig rosa Blüte hängt mehr oder weniger. Ovale Blätter mit rotem Stiel. 'Linda': ähnlich; 'Jingle Bells': weiß mit Rosastich, leichter Duft; 'Gartendirektor Glocker': dunkles Rosa mit Rotnuance, innen blasser; 'Oudijk's Sensation': ähnlich.
***R.* Forrestii-Gruppe: 'Elisabeth'** Bild 9: große, lebhaft rote Glocken-Blüte, lange, schmale, flaumige Blätter in Zartgrün. Fürchtet Sonne (2 m × 3 m); 'Jenny': niedriger; 'Baden-Baden' und 'Scarlet Wonder': Blätter dunkel; 'May Day': glatte Blätter; 'Wilgen's Ruby': lebhaft rote Blüte, sehr blühfreudig, dunkle Blätter. 'Jock' Bild 10: eher rosa, wächst schneller.
***R.* Impeditum-Gruppe: 'Blue Tit'** Bild 11: Orangegelbe Flecken erhellen die kleinen blauen Blüten, die im IV und V die zähen, blaustichigen Blättchen verdecken. Pflegeleicht, verträgt Sonne außerhalb der heißen Stunden. 'Blue Tit Major': leuchtendere Blüten; 'Blue Diamond': blauere Blüten.

Rhododendron-Hybriden
Ihre spektakuläre Blüte im Mai hat diese Sorten sehr beliebt gemacht, obwohl sie häufig das restliche Jahr über trist aussehen. Sie sind zu kräftig, um im Kübel gezogen zu werden.
'Dora Amateis': reinweiße makellose Blüte. Dichte dunkelgrüne Blätter, leichter Duft. 'Mrs. A.T. de la Mare' Bild 12: gelb gefleckt; 'Gomer Waterer': Knospen in Rosé mit gelben Flecken (3 m × 2 m).

8

9

10

11

12

22

'**Beauty of Littleworth**': sehr große Blüten in Weiß mit roten Flecken (6 m × 6 m). 'Sappho' Bild 14 mit schwarz-purpurnen Flecken, blüht unansehnlich ab (4,50 m × 6 m).
'**Betty Wormald**': große, kräftig rosa Blüte, helles Laub (3 m × 4 m). 'Dr. Arnold W. Endtz': kräftiger. 'Anna Rose Whitney': mehr karminrot (4 m × 4 m).
'**Pink Pearl**' Bild 15: sehr große Büschel weit offener Blüten, als Knospen dunkelrosa, hellrosa, dann weiß (5 m × 5 m). 'Albert Schweitzer': Blüten dunkelrosa gefleckt (4 m × 5 m).
'**Boursault**' Bild 22: fliederrosa Blüten. Sehr winterhart und pflegeleicht.
'Mrs. G.W. Leak': große, lebhaft rosa, purpurn gefleckte Blüten (5 m × 5 m). 'Chevalier Felix de Sauvage': kleinere, aber zahlreichere Blüten.
'**Cynthia**' Bild 16, 6: große, karminrosa Blüte. Sehr kräftig (6 bis 8 m × 6 bis 8 m). 'El Camino': purpurn geflecktes Laub, dunkle Blätter (2 m × 2,50 m).
'**Brittania**': dunkelrote Blüten, zartgrünes Laub (2 m × 2 m). 'Jean Mary de Montague': hellere Blüte.
'**Hugh Koster**': Die große rubinrote Blüte wird scharlachrot (3 m × 4 m).
'**Blue Peter**': große malvenblaue Blüten mit purpurroten Flecken und gewellten Rändern (4 m × 4 m).
'**Fastuosum Flore Pleno**': Die großen malvenfarbenen gefüllten Blüten blühen lange. Dunkelgrüne Blätter (3,50 m × 4 m).
'**Purple Splendour**': Büschel aus weit offenen Blüten in dunklem Violett mit schwarzen Tupfen. Eher spät. 'Lee's Dark Purple': noch dunkler.

Besondere Rhododendren

Diese Arten und Sorten zeichnen sich durch ihre Blütezeit, die Form ihrer Blüten bzw. Blütenstände und häufig durch ihr dekoratives Laub aus.

'**Alison Johnstone**' Bild 17: Die Blüten sind längliche lachsorange Glöckchen, die mit der Zeit blasser werden. Ovale bläuliche Blätter. Herrlich (1,80 m × 1,80 m).
'**Polar Bear**': Die sehr großen weißen Blüten (VII und VIII) duften stark. Sehr lange Blätter (4 m × 4 m).
'**Christmas Cheer**' Bild 18: In milden Wintern blühen die zartrosa, dann weißen Blüten oft ab XII oder I bis IV. Dichter, pflegeleichter Busch (2 m × 2 m).
R. dauricum Bild 19: einfache kleine Blüte im I und II, helle Malve. Halbimmergrünes Laub (1,50 m × 1 m). *R. dauricum sempervirens*: behält im Winter mehr Laub.
R. × praecox Bild 20: einfache breite malvenfarbene Blüten im II und III. Kleine glänzende Blätter, halbimmergrün oder abfallend. Pflegeleicht.
R. augustinii Bild 21: lebhaft blaue einfache Blüten. 'Electra': violetteres Blau, glänzende Blätter (2,50 m × 1,50 m); 'Lucky Hit': Habitus und Wachstum vergleichbar, hellblaue Blüte.
***R. stenopetalum* 'Linearifolium'**: Die Blätter und die rosa Blütenblätter sind linealisch. Eher eigenartige als schöne Pflanze (1,50 m × 1,50 m).
***R.* Catawbiense-Gruppe 'President Roosevelt'**: Die roten Blüten werden rosé; die Blattspreite sind mit einem länglichen gelben und gelbgrünen Fleck gezeichnet (2 m × 2 m).
***R. ponticum* 'Variegatum'**: malvenfarbene Blüte im IV, Blätter cremefarben gesäumt (2 m × 2 m).
R. yakushimanum: Die Knospe ist rosa, wird dann weiß. Die länglichen Blätter sind im Frühling silberweiß, dann dunkelgrün, die Unterseite ist samtig zimt. Herrlich! Verträgt Sonne, wächst langsam (1,20 m × 1,20 m).
R. williamsanum Bild 23: Die glockenförmigen Blüten stehen in lockeren Büscheln zusammen. Ovale Blätter mit rotem Stiel, purpurroter Neuaustrieb (1,50 m × 1,50 m).

23

14

15

16

17

18

19

20

21

6

Ribes

Grossulariaceae

Zier-Johannisbeere

Die Sträucher sind Verwandte der Roten und Schwarzen Johannisbeere, denen sie im Sommer ähneln. Sie zeichnen sich durch wunderschöne Blüten im Frühling (auf die zuweilen Beeren folgen, die aber nicht immer schmackhaft sind) und durch ihre Herbstfärbung aus. Lediglich zwei oder drei Sorten bilden das Gros der Zier-Johannisbeeren – etliche andere, die ebenso leicht zu ziehen sind, verdienen es jedoch, mehr gepflanzt zu werden.

Verwendung

Sie sind ideal in einer freiwachsenden Hecke, zusammen mit purpurroten Schlehen, Hartriegel, Forsythien usw. Die weniger robusten Sorten mit dekorativem Laub wachsen besser in Gesellschaft von Stauden.

Kultur

Johannisbeeren wachsen in allen gewöhnlichen Böden an einem sonnigen, aber nicht zu heißen Standort. Im Halbschatten gedeihen sie ebenso gut. Ein Säuberungsschnitt nach der Blüte hält sie lange jung und blühfreudig.

Auswahl der Sorten

Bis auf ein paar Ausnahmen werden alle zwischen 1,50 m und 2 m hoch und breit.

• *R. laurifolium*
Im I und II Blütentrauben in einem sehr hellen Grün, immergrünes Laub. Niedriger, breiter Strauch, im Winter sehr hübsch. Verträgt kaum mehr als –5 °C; im Schatten, unter einem Baum.

• ***R. sanguineum***, Blut-Johannisbeere
Blütentrauben im III und IV; die dreigelappten grünen Blätter werden im Herbst rötlich oder orange. Manchmal im VIII bläuliche Früchte.
'Atrorubens': dunkelrosa-rote Blüten.
'King Edward VII' Bild 6 und Bild 1: Blüten in kräftigem Rosa, fast Rot. Sehr beliebt, da sehr blühfreudig.
'Pulborough Scarlet': massenhaft rosarote Blüten. Breiterer Wuchs als 'King Edward VII'.
'Porky's Pink' Bild 3: Blüten in sehr zartem Rosa; wenig bekannt, aber wunderschön.
'Tyderman's White' Bild 2, **'White Icicle'**: herrliche weiße Blütentrauben. Diese beiden Sorten sind schwer zu unterscheiden. Zartgrünes Laub; eher Halbschatten.

• ***R. glutinosum***: die weißen Blüten in kurzen Trauben werden leicht rosé und kommen früher als die der anderen weißen Sorten. Nur in sehr wintermilden Regionen frosthart.

• ***R. odoratum:*** Die gelben Röhrenblüten im IV duften stark; die glatten, bläulichen Blätter nehmen sehr schöne Herbstfarben an. Sonne.

Sorten mit dekorativem Laub

R. alpinum **'Aureum'**: kleine gelbe Blätter im Frühling, dann grün. Das dichte zimtbraune Astwerk ist im Winter mit seinen zahlreichen Knospen sehr interessant. Halbschatten (1,20 m × 1,20 m).
R. americanum **'Variegatum'**: variierend cremefarben gezeichnete Blätter. Blüten und Früchte unbedeutend. Halbschatten.
R. nigrum **'Marmoratum'**: Die großen, unregelmäßig gelb gefleckten Blätter sehen aus der Nähe unattraktiv aus, leuchten aber von weitem. Nützlich im Schatten.
R. sanguineum **'Brocklebankii'** Bild 7: Die lebhaft grünen Blätter bringen die rosa Blüten schön zur Geltung. Wenig robust, aber sehr leuchtend im Halbschatten (1,50 m × 1,50 m).

7

R. sanguineum **'Pulborough Scarlet Variegated'**: unregelmäßig gelb marmorierte Blätter, wie von den Sonnenstrahlen gefleckt. Nach der Blüte ein zusätzlicher Reiz. Halbschatten.

• ***R. × gordonianum*** Bild 4
(*R. × odoratum × R. sanguineum*): Die orange getönten Blütentrauben werden gelber. Wirklich ungewöhnlich. Prächtige Herbstfarben; Halbschatten oder Sonne.

• ***Ribes speciosum*** Bild 5
Im II und III lange hängende Blüten in Rot. Kleine Blätter und stachlige Äste wie eine Stachelbeere. Braucht einen geschützten Standort, da sie nicht ausreichend frosthart ist. Um die Blüte zu schützen, sollte der Strauch an eine Westwand gepflanzt werden. Sehr schön.

1

2

3

4

5

Rosa

Rose

Rosaceae

Wenn auch aus botanischer Sicht alle Rosen Sträucher sind, so verhalten sich nur wenige von ihnen (von der astronomischen Menge an Sorten) im Garten wirklich als solche. Eine gute Strauchrose wächst ohne große Probleme, blüht einmal oder mehrmals im Laufe des Sommers üppig, bringt dekorative Früchte hervor und begnügt sich mit einem Auslichtungsschnitt; sie benötigt nicht den systematischem Rückschnitt wie die „Beetrosen".

6 Alle hier vorgestellten Rosen gelten als resistent gegenüber den klassischen Rosenkrankheiten, verlangen also wenig Pflege.

Kultur

Pflanzen Sie sorgfältig, und Sie können die Rosen ein paar Jahre lang vergessen: Lockern Sie den Boden mindestens 1 m breit und 0,80 m tief auf, damit die Wurzeln leicht eindringen können. Lichten Sie die Jungpflanzen aus, damit sich die Triebe nicht gegenseitig stören, und lassen Sie sie wachsen. Nach drei Jahren beginnen Sie, in jedem Spätwinter einen oder zwei dicke Äste zu entfernen, damit sich der Strauch ständig erneuert. Bringen Sie um den Strauch herum stets eine dicke Schicht Kompost auf dem Boden auf.

Verwendung

Strauchrosen werden eher allein gepflanzt, aber auch zusammen mit Stauden und Zwiebelblumen. Man kann sie auch mit anderen Sträuchern mischen (mindestens 2 m Abstand) oder die kräftigeren in eine freie Hecke aufnehmen. Die robusteren bilden, in 1 m Abstand gepflanzt, ebenfalls eine herrliche, unüberwindbare Hecke. Wir haben Rosen, die oft als Kletterrosen bezeichnet werden, dafür verwendet: Sie bilden prächtige, sehr gesunde Sträucher, wenn man ihre Triebe im Februar herunterbindet.

Auswahl der Sorten

Bevor man den echten „Charakter" der Rose herausfindet, stellt oft die Farbe das erste Auswahlkriterium dar.

Zartrosa Blüte

'Cornelia': Die abgerundeten Blütenblätter der großen Blüten werden den Sommer über fast weiß; rötliches, dann dunkelgrünes Laub (1,20 m × 1,20 m).
'Felicia' Bild 1: viele Blüten mit 5 bis 6 cm Durchmesser im VI und VII, spärlicher im VIII und IX (1,20 m × 1,20 m oder mehr).
'The Fairy': Unmengen kleiner rosa Blüten den ganzen Sommer über, kleine glänzende Blätter. Herrlich im Kübel (0,80 m × 0,80 m).
'Albertine' Bild 3, 6: Die Teerose mit kantigen, satinglänzenden Blütenblättern und einzigartigem frischem Duft gehört zu den Kletterpflanzen, ist aber hübscher und gesünder als Strauch. Blüht lange im VI und VII (1,80 m × 3 m).
'New Dawn': Teerose, sehr blass, leichter, aber frischer Duft, blüht im VI und dann im restlichen Sommer sporadisch. Kletterrose oder großer, ausladender Strauch (2 m × 3 m).
'Fritz Nobis': die gefüllten „geviertelten" Blüten sind groß, rund und rosé und duften angenehm. Klettert oder bildet einen Strauch, der unter dem Gewicht der Blüten eher hängt (2 m × 1,20 m).

Blüte in lebhaftem Rosa

'Ballerina' Bild 2: kleine Büschel aus einfachen Blüten mit weißer Mitte (1,20 m × 1,20 m).
'Bonica': Büschel gefüllter, aber eleganter Blüten den ganzen Sommer; dekorative Früchte (1 m × 1 m).
'Centenaire de Lourdes': Die halbgefüllten pausbackigen Blüten verblassen im Laufe der Zeit und bekommen rote Tupfen. Lockerer, hängender Wuchs. Sehr gesund (1,50 m × 1,50 m).
'Thérèse Bugnet': Die gefüllten mittelgroßen Blüten duften schön; sie sind nie sehr zahlreich, blühen aber den ganzen Sommer. Sehr gesund; rotes Holz (1,50 m × 1 m).
'Frau Dagmar Hartopp' (= **'Frau Dagmar Hastrup'**): breite einfache Blüten mit gelben Staubgefäßen; rasch kommen dicke rote Früchte dazu (1 m × 1,50 m).
'Aloha': große gefüllte Blüten am Ende steifer Triebe. Aufrechter Wuchs (1,80 m × 1 m).
'Pink Grootendorst' Bild 4 (mit roter **'Grootendorst Suprème'**): kleine „Nelkenblüten" in Sträußen von VI bis IX. Sehr gesundes Laub (1,50 m × 1,50 m).
'Rush': einfache mittelgroße Blüten in endständigen Büscheln, zur Mitte hin weiß abgestuft. Lange Blütezeit, breiter Wuchs (1,50 m × 2 m).
R. californica **'Flore Pleno'** Bild 5: halbgefüllte Blütenbüschel an der Triebspitze im VI und Anfang VII. Bildet Ausläufer (1,50 m × 2 m).
R. virginia: einfache Satinblüten an der Trieb-

1

2

3

4

5

spitze. Bildet Ausläufer, wächst auch in Sandboden (1,50 m × 1,50 m).

Purpurrote Blüte

'Roseraie de l'Hay': Die mittelgroßen, stark gefüllten Blüten von V bis X (bei wenig Rückschnitt) duften wie Alte Rosen. Sehr gesunder, kräftiger Strauch (2 m × 2 m).
'Ferdy': einfache Blüten in Rosarot mit Violettstich, in der Mitte weiß gezeichnet. Breiter Strauch oder kleine Kletterpflanze (1,20 m × 2 m).
'Mme Isaac Péreire': Die großen Blüten sind stark gefüllt und „geviertelt" und duften den ganzen Sommer (2 m × 2 m).
'Zéphyrine Drouhin': den ganzen Sommer große rosarote Blüten, die stark duften. Kletternd oder großer Strauch (2 m × 3 m).
***R. gallica* 'Complicata'** Bild 7: große einfache Blüten in Schalenform, große goldgelbe Blüten im VI (1,20 m × 1,20 m).
R. rubiginosa: Auf kleine einfache Blüten im VI folgen im IX und X orange Früchte. Das Laub duftet nach dem Regen nach Äpfeln (2,50 m × 1,50 m).

Rote Blüte

***R. × odorata* 'Mutabilis'** Bild 8: große einfache Blüten, dunkelrot, werden blasser, dann apricot und gelb (1,50 m × 1,50 m). Wenig schneiden; mag Wärme.
'Grootendorst Suprème' Bild 4: den ganzen Sommer Büschel kleiner „Nelkenblüten" am Triebende. Gesundes, zartgrünes Laub (1,50 m × 1,50 m).
'La Sevillana': ununterbrochen halbgefüllte scharlachrote Blüten mit leichtem Duft in endständigen Büscheln. Hübscher als Strauch denn als Beetrose. Dunkles Laub (1,20 m × 1,50 m).
***R. moyesii* 'Geranium'** Bild 9: einfache karminrote Blüten mit weißerer Mitte, üppig im VI, gefolgt von langen roten Früchten (IX bis XII). Schlanker schirmförmiger Wuchs (2,50 m × 1,50 m). *R.* 'Highdownensis' ähnelt ihr; etwas größere, samtige Blüten.

Weiße Blüte

'Glamis Castle': gefüllte Schalen-Blüte, reinweiß, duftend, den ganzen Sommer (0,80 m × 0,80 m).
'Blanc double de Courbert': schalenförmige gefüllte Blüte an der Spitze der zartgrünen Triebe, duftet schön, bildet Ausläufer (1,50 m × 2 m).
'Nevada': große cremeweiße Blüten mit gelben Staubgefäßen im VI und VII; im restlichen Sommer geringe Nachblüte. Purpurrotes Holz (1,60 m × 1,80 m).
'Pax': große halbgefüllte Blüten in breiten luftigen Büscheln von VII bis X in Cremeweiß, dann Weiß. Dunkles Laub, purpurrotes Holz (1,50 m × 1,80 m).
'Pénélope': halbgefüllte duftende Blüten in Rosécreme, dann Weiß. Laub und Triebe purpurn getönt (1,20 m × 1,50 m).
'Swany': reinweiße gefüllte Blüten in großzügigen Büscheln den ganzen Sommer, bronzegrünes gesundes Laub (0,80 m × 1,50 m).
'Little White Pet': kleine runde gefüllte Blüten im VI und VII, Knospen rosa (0,60 m × 0,60 m).
'Schneezwerg': Miniaturausgabe von 'Blanc double de Coubert', glänzendes Laub (0,60 m × 0,80 m).
'F.J. Grootendorst': kleine Blüten wie Nelken, reinweiß, in Büscheln an der Triebspitze; hellgrünes, gesundes Laub (1,50 m × 1,50 m).
R. spinosissima: einfache mittelgroße Blüten im V und Anfang VI, am Ende der Triebe vom Vorjahr. Kleine Blätter, Herbstfarben. 'Séricourt': schöne, stark duftende halbgefüllte Sorte (2 m × 2 m und mehr).

Gelbe Blüte

'Golden Wings': große einfache Schalenblüten, hervortretende Staubgefäße, im VI und VII und sporadisch (1,50 m × 1,50 m).
'Golden Showers': den ganzen Sommer große gefüllte Blüten in Goldgelb; etwas steifer Busch (1,40 m × 1 m).
'Graham Thomas': gefüllte Blüten in Schalenform wie Alte Rosen, zarter Duft, lockerer Wuchs (1,40 m × 1,40 m).
'Agnès': Die gefüllten duftenden Blüten sind goldgelb, werden dann blasser; Remontantrose. Lassen Sie ihr Zeit, sich einzugewöhnen, bevor Sie sie beurteilen (1,50 m × 1,50 m).

Blüte in Orangetönen

'Buff Beauty': gefüllte, fruchtig duftende Blüten den ganzen Sommer; ihr Orange wird zu Zimt. Bronzefarbenes Laub. Gesund und blühfreudig (1,50 m × 1,50 m).
'Ghislaine de Féligonde' Bild 10: Blüten lachsapricot, werden gelbbraun, dann weiß. Lange, kaum stachlige Triebe. Kann als Kletterrose verwendet werden (2 m × 2 m).
'Alchemist' Bild 11: Die stark gefüllten Blüten in Orange, das zu Rosa wird, duften stark (VI und VII). Kleine Kletter- oder Strauchrose (1,50 m × 1,50 m).

Andere Farbtöne

'Lavender Dream': den ganzen Sommer sehr viele, aber kaum duftende, Blüten in Malve, (0,80 m × 0,80 m). 'Yesterday' ähnelt ihr (kleinere Blüten).
'Colette': gefüllte Blüten in Lachsrosa den ganzen Sommer, leichter, frischer Duft, remontiert gut. Kleine Kletterrose oder Strauch (1,50 m × 1,50 m).
'Smarty': große einfache remontierende Blüten in Rosé und Lachs, kaum duftend (1,20 m × 1,20 m).
'Veilchenblau' Bild 12: Blüten in dunkler Malve, in der Mitte weiß gezeichnet (VI und Anfang VII), der Duft erinnert an Maiglöckchen. Kleine Kletter- oder Strauchrose (1,80 m × 1,80 m).

7

8

9

10

11

12

Rubus

Brombeere

Rosaceae

Viele Brombeeren werden wegen ihrer reizvollen Erscheinung (Blüten, Holz, Blätter) gezogen, weil sie abwehrend wirken (viele haben Stacheln) oder nützlich sind (Bodendecker). Manche sind so schön, dass man sie für Rosen halten könnte.

Verwendung

Brombeeren mit farbigem Holz sehen im Winter schön aus; sie bilden einen idealen Beethintergrund oder lassen eine freie Hecke unüberwindbar werden. **(Zier-)Brombeeren mit dekorativen Blüten oder Laub** sind elegante Sträucher, die gemischt auf Beeten gezogen werden. **Bodendecker-Brombeeren** schaffen sehr dichte immergrüne Teppiche unter Bäumen oder Sträuchern, auch im Schatten.

Kultur

Brombeeren wachsen leicht an allen Standorten, die im Sommer nicht zu heiß sind. Ausläufer bildende Sorten blühen an zweijährigen Trieben und setzen Früchte an; danach müssen die Triebe entfernt werden. Bodendecker-Brombeeren werden am Frühlingsanfang dicht am Boden zurückgeschnitten.

Auswahl der Sorten

Mit farbigem Holz

R. phoenicolasius: Die zahlreichen kurzen Stacheln am karminroten Holz stechen kaum. Köstliche orange Beeren im VII (1,80 m × 1,80 m).

R. thibetanus (mit der Sorte **'Silver Fern'**) Bild 1: Die zarten weißen Seitentriebe wachsen verzweigt und horizontal. Das zarte Laub ist silbrig. Bleibt buschig und an Ort und Stelle (1,80 m × 1,50 m).

R. biflorus: leuchtend weiße Äste in Bogenform, köstliche orange Früchte im VII. Mittelkräftig (1,80 m bis 2,20 m × 2 m).

R. cockburnianus Bild 2: weiße, an der Spitze gebogene Äste, im VII köstliche kleine orange Früchte. Braucht viel Platz (2,50 m × 5 bis 6 m). 'Golden Wale': sehr leuchtend gelbes Laub, weniger kräftig.

***R.* 'Dart's Mahogany'**: Triebe in dunklem Mahagoni, von Nahem sehr schön, aber sehr stachlig. Hübsches Laub. Mittelkräftig. Mit anderen mischen (2 m × 2 m).

Mit dekorativer Blüte

***R.* 'Benenden'**: bildet keine Ausläufer; an den bogenförmigen Trieben wachsen im V und VI große einfache Blüten.

***R.* × 'Walberton'**: große, einzeln sitzende rosa Blüten von V bis VII und exotisch anmutende große Blätter. Buschig, keine Ausläufer. Kreuzung aus *R. odoratus* und *R. tridel* (2 m × 2 m).

***R. spectabilis* 'Flore Plena'** Bild 3: die Blüten sind sehr kräftig rosarote Pompons (V und VI); die zusammengesetzten Blätter im Herbst rostrot. Bildet etwas Ausläufer (1,20 m × 1,50 m).

R. odoratus Bild 4: rosa Blüten an der Spitze der steifen Triebe, große Blätter. Sieht grob aus: für den Hintergrund des Gartens! (1,50 m × 3 m und mehr).

***R. ulmifolius* 'Bellidiflorus'**: stark gefüllte zartrosa Blütenbüschel im VI und VII. Blätter und Wachstum wie bei der wilden Brombeere. Keine Früchte. Für den Garten-Hintergrund (1,50 m × 2 m).

Mit dekorativem Laub

***R. crataegifolius* 'Variegatus'**: kleine rosa und cremeweiß panaschierte Blätter. Herrlich im Frühling. Im II kurz schneiden (1 m × 1 m).

***R. fruticosus* 'Variegatus'** Bild 5: weiß gesäumte Blätter. Kräftiger als die Gewöhnliche Brombeere. Leckere Früchte im VIII und IX (1,20 m × 1,20 m).

Bodendecker

R. tricolor: Kriechende Triebe mit abgerundeten Blättern in glänzendem Dunkelgrün bilden einen dichten Teppich. Im Winter gemäßigte Klimate. Schatten (0,30 m × 2 m und mehr).

R. calycinoides: wie *R. tricolor;* kleinere, dichtere, stärker strukturierte Blätter. Besser auf kleinem Raum. Kräftiger (0,20 m × 2 m und mehr). *R.* 'Betty Ashburner' Bild 6: grünere, wüchsigere Sorte.

***R. arcticus* 'Sofia'**: kleine zusammengesetzte Blätter dicht am Boden. Im VII und VIII Früchte wie Himbeeren. Saurer Boden (0,25 m × 1,50 m und mehr).

1

2

3

4

5

6

Sambucus
Holunder

Caprifoliaceae

Die überwiegend einheimischen Sträucher sind an unsere Klimate und Böden angepasst und beherbergen Kleintiere (Vögel, Insekten usw.), die eine wichtige Rolle für das ökologische Gleichgewicht unserer Gärten spielen. Auf diese Weise vereinen sie das Angenehme mit dem Nützlichen.

Kultur

Holunder ist sehr leicht zu ziehen: Er begnügt sich mit gewöhnlicher, nicht zu trockener Erde. Schatten ist ihm, abgesehen von den purpurroten Sorten, die dann ihre Farbe einbüßen, ebenso recht wie pralle Sonne. Wind macht den panaschierten oder gelben Sorten etwas aus, ansonsten ist er windunempfindlich. Roter Holunder wächst nicht gut in Kalkboden.

Verwendung

Die freie Hecke bleibt seine Domäne, doch kann man Holunder auch einzeln pflanzen und zum kleinen Baum heranziehen. Die sehr farbigen Sorten können an jedem Winterende radikal verjüngt werden, so dass sie größere, buntere Blätter entwickeln (aber keine Blüten).

Auswahl der Sorten

• *Sambucus canadensis* **'Maxima'** Bild 1
Sehr große Blütenstände (50 cm Durchmesser!) im VIII an der Spitze der diesjährigen Triebe (auch, wenn sie im Frühling kurz geschnitten wurden). Herrlich! (3 m × 3 m).

• ***Sambucus nigra*, Schwarzer Holunder**
Der einheimische Strauch oder kleine Baum hat weiße Blüten (in Blütenständen von etwa 10 cm Durchmesser) mit leichtem Zitronenduft. Die schwarzen Früchte sind bei Vögeln beliebt und gekocht essbar (Marmelade). Er besitzt zahlreiche Vorteile, die ihn wertvoll für Gärten machen, obwohl ihn viele Leute als Unkraut ansehen. Seine Sorten haben die gleichen Eigenschaften, sind aber dekorativer (4 m × 3 m).
'Aurea': gelbes Laub, schwarze Früchte. Halbschatten. *S. canadensis* 'Aurea' ähnelt ihm sehr, seine Früchte sind aber rot.
'Aureomarginata': gelb geränderte Blätter. Sonne. 'Madonna' ist farbiger, aber weniger kräftig!
'Albovariegata' und **'Marginata'** Bild 2: cremeweiß gesäumte Blätter, schwer zu unterscheiden. Herrlich im Schatten von Bäumen.
'Marmorata' Bild 3: gelbe Blätter mit feinen grünen Punkten. Leuchtet von weitem schön schwefelgelb.
'Pulverulenta': weiße, grün gepunktete Blätter. Schatten oder Halbschatten.
'Guincho Purple' Bild 5 und Bild 6: purpurrote Blätter, rosé Blüten. Kräftige Sorte, die heute von 'Thundercloud' und 'Black Magic' überflügelt wird, deren Blätter sehr dunkel, fast schwarz sind; ihre Blüten sind als Knospen rot, geöffnet dann kräftig rosa.
'Donau', **'Franzi'** und **'Haasberg'**: drei kompakte, sehr blühfreudige, großfrüchtige Sorten.
'Fructo Albo': herrliche weiße Früchte. Leider sehr selten.
'Linearis' (= **'Heterophylla'**): Von den Blättern sind fast nur noch die Blattnerven übrig! Er ähnelt einem Japanischen Ahorn, ist aber viel pflegeleichter.
'Laciniata' Bild 4: geschlitzte, leichte Blätter. Der Strauch ist trotzdem kräftig. Ideal im Schatten (siehe auch S. 201).
'Fastigiata': dichter, vertikaler Wuchs. Eigenartig, aber nicht sehr schön.
'Pendula': Die herabhängenden Äste schleifen am Boden, wenn sie nicht abgestützt werden. Merkwürdig.

• ***Sambucus racemosa*, Roter Holunder**
Im III oder IV Blüten in Cremeweiß, auf die rasch Trauben roter Früchte folgen. Er ist elegant und wächst eher in saurem, kühlem Boden.
'Tenuifolia' Bild 7: Die sehr feinen Blätter sind bis fast auf die Hauptnerven reduziert. 'Goldenlocks' ist die gelbe Version. Ebenso hübsch wie Japanische Ahorne, aber genauso schwierig zu ziehen!
'Plumosa Aurea' Bild 8 und Bild 9: Die zartgelben Blätter setzen sich aus eingekerbten Fiederblättern zusammen. Halbschatten. 'Sutherland Gold' hat etwas grünere Blätter, die besser Sonne vertragen.

9

1

2

3

4

5

6

7

8

Spiraea
Spierstrauch

Rosaceae

Spiersträucher sind leicht zu ziehen und deshalb auch sehr verbreitet, doch werden sie oft nicht so recht beachtet. Sie blühen reichlich im Frühling oder Sommer, und manche haben noch dazu die ganze schöne Jahreszeit über hübsches Laub. Was will man mehr?

Kultur

Sie sind recht anspruchslos und wachsen in jedem Boden, am liebsten in der Sonne, jedoch an einem nicht zu warmen Standort. Die meisten Arten und Sorten vertragen auch Halbschatten. Ein Auslichtungsschnitt im Frühjahr (bei den Frühlingsblühern nach der Blüte) lässt sie ewig jung und blühfreudig bleiben.

9 Verwendung

Im Frühling blühende Spiersträucher bilden einen hübschen Hintergrund für Tulpen, Narzissen und frühe Stauden. Die im Sommer blühenden sind adrette Hecken und machen sich gut in Töpfen oder Kästen. Alle sind sehr winterhart.

Auswahl der Sorten

Mit Frühlingsblüte

• ***S. thunbergii*** Bild 9 und Bild 1
Weiße Blüten an der Spitze zarter Triebe ab II und III. **'Aurea'**: gelbe Blätter leuchten den ganzen Sommer und Herbst über. **'Mt Fuji'**: unregelmäßig weiß panaschierte Blätter. Nicht sehr interessant.

• **S. × *cinerea* 'Grefsheim'** Bild 2
Braut-Spierstrauch: Weiße Blüten überziehen die Triebe des Vorjahres im III und IV. Verträgt gut Spätfröste. Im Herbst gelbes Laub (1,20 m × 1,20 m). *Spiraea* × *arguta* ähnelt ihm, leidet aber am Frost.

• **S. *prunifolia* 'Plena'**
Herrliche gefüllte Blüten im IV vor den Blättern, die sich im Herbst wunderschön färben (1,50 m × 0,80 m).

• **S. *cantoniensis* 'Lanceata'**
Recht viele weiße Blüten im V. Lange, bläulich grüne Blätter. Volle Sonne (1,50 m × 1,50 m).

• **S. *nipponica* 'Snowmund'**
Weiße Blüten in Büscheln überdecken die Blätter im V und VI. Orange getönte Herbstfarben. 'Halward Silver': ähnlich (1,50 m × 1,50 m).

• **S. × *vanhouttei*** Bild 3 und Bild 4
Im V und Anfang VI cremeweiße Blütenbüschel, breite Blätter, im Herbst rostrot (1,80 m × 1,50 m).
'Gold Fountain': goldgelbes Laub, herrliche Pflanze im Halbschatten.
'Pink Ice': grün getupftes weißrosa Laub. Für Pflanzkübel.

Mit Sommerblüte

• **S. *japonica***
Im VII und VIII wachsen an der Spitze der diesjährigen Triebe abgeflachte Blütenstände, die nach radikaler Verjüngung im Frühling breiter ausfallen.
'Anthony Waterer': rosarote Blüten, leuchtender und zahlreicher als bei 'Coccinea' und 'Froebelii', zwei älteren Züchtungen (1 m × 1 m).
'Crispa' Bild 5: Blüte in kräftigem Rosarot; gezähnte Blätter, die vor der Blüte bordeauxrot sind. Wunderschön!
'Albiflora': wollweiße Blüten, zartgelbes Laub. Halbschatten.
'Shirobana': Ungewöhnlich: An demselben Strauch sitzen rosa und weiße Blütenstände.
'Little Princess': Zartrosa Blüten bedecken den kompakten, dichten, ausladenden Strauch (0,50 m × 1 m).
'Bullata': dunkelrote Blüte; kleine gekräuselte Blätter drängen sich an die dünnen Äste. Aufrechter Zwergwuchs. Hübsch im Kübel (0,40 m × 0,40 m).
'Goldflame' Bild 6: Blätter orange getönt, dann gelb, Blüten rosa (1 m × 1 m). 'Candle Light' und 'Fire Light' sind kaum anders.
'Golden Princess' Bild 7: orangegelbes Laub, rosa Blüte, kompakter Wuchs (0,50 m × 1 m). 'Goldmound', 'Allgold': helleres Gelb. 'Magic Carpet': den ganzen Sommer orange getönt.

• **S. × *billardii* 'Triumphans'** Bild 8
Aufrechte Blütenrispen in kräftigem Rosa im VII und VIII. Bildet Ausläufer. Feuchte Erde (1,50 m × 2 m und mehr). *S. salicifolia* und *S. douglasii* sind sich sehr ähnlich.

1

2

3

4

5

6

7

8

Syringa
Flieder

Oleaceae

9

Jeder kennt die großen, köstlich duftenden Blütenrispen des Gewöhnlichen Flieders (S. *vulgaris*), die an den Enden der vorjährigen Triebe stehen. Die anderen Fliederarten und -sorten duften zwar nicht immer so stark, eignen sich aber besser für kleine Gärten.

Verwendung

Die Höhe des Flieders schreibt seine Verwendung vor: Die kleinen Arten und Sorten betonen Ecken wie „grüne Skulpturen". Die mittelgroßen passen auf Beete zu Stauden und anderen Sträuchern, und die großen fügen sich gut in eine freiwachsende Hecke ein.

Kultur

Flieder liebt fruchtbaren, kühlen Boden. Sommerliche Dürre fürchtet er nicht so sehr, denn sein jährliches Wachstum ist dann schon beendet. Der Schnitt besteht darin, die verwelkten Blütenstände und zugleich die schwachen oder schlecht sitzenden Zweige zu entfernen.

Auswahl der Sorten

Kleine Sorten

- **S. *meyeri* 'Palibin'** Bild 1: kleine Rispen aus zartrosa Blüten mit würzigem Duft im V. Kompakter, kugeliger Wuchs. S. *velutina* ist ähnlich, S. *josikaea* violetter (1,20 m × 1,20 m). S. × 'Josée': ähnlich, etwas kräftiger (1,60 m × 1,60 m).
- **S. *patula* 'Miss Kim'** Bild 2: gräulich blasslila Rispen mit würzigem Duft im VI. Dunkelviolette Herbsttönung. Kompakter Wuchs (1,50 m × 1,50 m).
- **S. *microphylla* 'Superba'** Bild 3 und Bild 4: zartrosa Rispen mit würzigem Duft im V und noch einmal im IX. Lockerer Wuchs (1,80 m × 1,80 m).

Mittelgroße Sorten

- **S. × *chinensis* 'Saugeana'**: im V mittelgroße, duftende Rispen in Purpurrot. Kleine Blätter, eleganter Wuchs (2 m × 2 m). 'Alba': weiße, lila angehauchte Blüten. Weniger kräftig.
- **S. × *persica***: massenhaft hellviolette Rispen im V, würziger Duft, buschiger Wuchs (2,50 m × 2,50 m). 'Alba' Bild 5: rosé angehauchte weiße Blüten.
- **S. × *laciniata***: wie S. × *persica*, nur mit eingeschnittenen Blättern. Wächst langsam (2 m × 2 m).
- **S. × *hyacinthiflora* 'Esther Stanley'**
Wie S. *vulgaris* in Miniaturausgabe, aber zeitiger. Die roten Knospen werden zu rosa Blüten. Sehr blühfreudig.

Große Sorten

- **S. *vulgaris*, Gewöhnlicher Flieder**
Breite duftende Rispen blühen im IV und Anfang V an dem großen Strauch oder kleinen Baum, der in der freien Hecke oder einzeln wirkt. Die Auswahl erfolgt nach der Blütenfarbe:
weiß einfach: 'Duchesse d'Hartcourt'
weiß gefüllt: 'Madame Lemoine' Bild 6, 'Jeanne d'Arc'
purpurrot einfach: 'Andenken an Ludwig Späth', 'Charles X'
purpurrot gefüllt: 'Belle de Nancy', 'Charles Joly', 'Mrs. Edward Harding' Bild 9, 'Prince Wolkonsky', 'Président Poincaré'
lila einfach: 'Aurea'
lila gefüllt: 'Katherina Havemeyer' Bild 7, 'Président Grévy'
rosa einfach: 'Princesse Sturdza'
rosa gefüllt: 'Michel Buchner'
Weitere: **'Primrose'**: einfach, cremeweiß, das von weitem blassgelb aussieht. Einzigartig.
'Rêve bleu': einfach, der „blaueste", schön duftend.
'Sensation': einfach, dunkellila mit weißem Rand.
- **S. × *prestoniae*** Bild 8: Die großen Rispen hängen mehr oder weniger an den diesjährigen Zweigen, die kaum duftenden Blüten sind länglich. Sehr winterhart, sieht exotisch aus (3 m × 3 m). Sorten: 'Coral' fuchsienrosa; 'Elinor' violett, wird blasslila; 'Royalty' dunkler; 'Isabella' purpurn getöntes Lila, aufrechtere Rispen. 'James Mac Farlane' zartrosa, große Rispen; 'Nocturne' dunkelblau.
- **S. × *josiflexa* 'Bellicent'**: große Rispen in glänzendem, kräftigem Rosa, locker und elegant. Mittelkräftig. Herrlich! (2 m × 2 m). *Syringa* × *swegiflexa* ähnelt ihm; die Rispen sind als Knospen rot, aufgeblüht sind sie rosa.

1

2

3

4

5

6

7

8

Viburnum
Schneeball

Caprifoliaceae

Vom Schneeball gibt es sehr viele verschiedene Arten – und für Gärtner ausreichend Gründe, sie auszuwählen und zu pflanzen: spektakuläre, oft duftende Blüten (manchmal im Winter), dekorative Fruchtbildung, farbiges oder immergrünes Laub … die Gattung scheint alle Qualitäten, die wir von einem Strauch verlangen, in sich zu vereinen!

7

Kultur
Alle Schneeballarten mögen kühlen, tiefgründigen Boden und einen sonnigen, aber nicht zu warmen Standort. Die meisten machen sich nichts aus Kalk im Boden, außer den chinesischen Schneeballarten, die sauren Boden bevorzugen, sich aber auf tolerante Arten veredeln lassen. Ein einfacher Auslichtungsschnitt nach der Blüte (wenn nötig) genügt, sie kräftig und blühfreudig zu halten.

Verwendung
Sie hängt natürlich von den jeweiligen Eigenschaften ab, viele finden jedoch in einer freiwachsenden Hecke ihren Platz. Setzen Sie die duftendsten dicht an die Wege!

8

9

Auswahl der Sorten

Kugelige Blütenstände
• *V. opulus* **'Roseum'** (= **'Sterile'**) Bild 8, 1, 2
Blüht drei Wochen lang im V; Herbstlaub: purpurn. Kräftig; gewöhnliche, kühle Erde (2,50 m × 2,50 m).
• *V. plicatum*
'Roseum' Bild 3: sechs Wochen Blütezeit im V und VI. Etagenwuchs, Herbsttönung (1,80 m × 1,80 m). 'Pop Corn' und 'Newport': ähnlich.
'Rosace': Ab der Mitte der Blütezeit sind die Blüten stärker rosa.
• *V. × carlesii*
Die Knospen sind rosa, die 8 cm großen Blüten im IV weiß. Duftet stark nach Levkojen. Breite flaumige Blätter. Robust, kompakt, Schnitt überflüssig (1,50 m × 1,50 m). 'Aurora' und 'Diana': dunklere Knospen; *V. × juddii*: zahlreichere, kleinere „Schneebälle".
• *V. × burkwoodii*
Die etwa 6 cm großen Blütenkugeln sind als Knospen rosa, dann weiß, ihr Duft erinnert an Jasmin, aber würziger. Glänzende, halbimmergrüne Blätter. Wächst zur gleichmäßigen Kuppel (2 m × 2 m).
'Anne Russell' und **'Chenaultii'**: dichter (1,50 m × 1,50 m).
'Cheasapeake': im Herbst dekorative Früchte; 'Mohawk': später.
'Fullbrook': breitere, mehr konische Blütenstände, später.
'Park Farm': 10 cm große, ganz weiße Kugeln, große Blätter.
• *V. × carlcephalum* Bild 9, 4
Wie *V. × carlesii*, aber größer (2 m × 2 m).
V. **'Eskimo'**: weiße, 8 bis 10 cm große Kugeln. Kompakt (1 m × 1 m).

Chinesische Schneeballsorten mit flachen Blütenständen (kalkfreier Boden)
• *V. plicatum* **fo.** *tomentosum*
Die Äste stehen waagerecht, wie „gestapelt", weiße, flache Blütenstände im V (fruchtbare Blüten in der Mitte und sterile ringsherum) Bild 7; orange Früchte Bild 6 und bordeauxrotes Laub im Herbst.
'Mariesii': sehr ausladend, zartgrünes Laub, keine Früchte (1,50 m × 3 m). 'Shasta' Bild 10: größere Blütenstände, kräftiger. 'Rowallane': massenhaft Früchte.
'Lanarth': dunkelgrüne Blätter, Unmengen

10

1

2

3

4

5

6

Blüten, gelegentlich Früchte (3 m × 4 m).
V. p. fo. *tomentosum* erscheint gröber.
'St Keverne' ist weniger ausladend.
'Pink Beauty': Blüte weiß, dann rosa. Kompakter Wuchs (2 m × 1,50 m).
'Summer Snow Flake': blüht den ganzen Sommer, im Herbst orange Früchte. Sehr kompakter Wuchs (2 m × 1 m). 'Watanabe' Bild 5: weniger kräftig.

Einheimische Arten und Sorten (alle Böden, auch Kalk)

• ***V. opulus*, Gewöhnlicher Schneeball**
Dieser große Strauch wächst an kühlen Standorten im Halbschatten; weiße Blütenstände (fruchtbare Blüten in der Mitte, sterile am Rand) im IV und V. Herrliche, aber unregelmäßige Fruchtbildung und Herbsttönung (3 m × 3 m).
'Notcutt's Variety': jeden Herbst dicke rote Früchte.
'Aureum' Bild 11: zartgelbes Laub im Frühling, rosé im Herbst. Halbschatten. 'Harvest Gold' (= 'Park Harvest'): grünere Blätter, vertragen Sonne besser.
'Xanthocarpum' Bild 12: die gelben Früchte bleiben den ganzen Winter. 'Lady Marmelade': dicke orangegelbe Früchte.
'Compactum': sehr viele Blüten und Früchte, die bis ans Winterende hängen, kompakter Wuchs (1,80 m × 1,80 m).
'Nanum': kompakt und dicht, kaum Blüten und Früchte (0,80 m × 0,80 m).
• ***V. lantana***, Wolliger Schneeball
Ovale flaumige Blätter in Graugrün. Fruchtbare cremeweiße Blütenstände im IV und V, dicke Früchte, lebhafte Herbstfarben. Kalkböden, auch trockene im Sommer.
'Aurea' ▶ S. 222: junge Blätter orange getönt, dann grüngelb, wunderhübsch im Halbschatten.
'Variegata': unregelmäßig gelb gestreifte Blätter.

Amerikanische Schneeballarten (kalkfreie Böden)

• ***V. sargentii* 'Onondaga'** Bild 13: junge Blätter bräunlich purpurn, Blütenstände zartrosa, Früchte rot; schön kräftig (2 m × 2 m).
• ***V. dentatum* 'White and Blue'**: massenhaft fruchtbare weiße Blüten im V, blaue Früchte im VII und IX (in günstigen Jahren).
• ***V. trilobum***: ähnelt *V. opulus*. 'Spring Red Compact' ist die einzige vernünftige Sorte mit dichtem Wuchs, im Frühling rötlichem und im Herbst scharlachrotem Laub. Blüten und Früchte nur an älteren Pflanzen (1,50 m × 1,50 m).
• ***V. nudum* 'Pink Beauty'**: von VII bis XII reichlich leuchtend rosa Früchte. Lange glänzende Blätter in Olivgrün, halbimmergrün, im Herbst getönt. Lockerer, eleganter Busch (2 m × 2 m).

Schneeballarten mit immergrünem Laub

• ***V.* 'Pragense'** Bild 14: längliche, leuchtend dunkelgrüne Blätter, rosé, dann cremeweiße Blüten im V und VI; sehr kältebeständig; verträgt systematischen Schnitt. Freiwachsende Hecke (2,50 m × 2,50 m).
• ***V. davidii*** Bild 15: dicke, zähe Blätter mit drei parallelen Blattnerven. Weiße Blüten im V, blaue Früchte im VIII und IX, nur auf den weiblichen Pflanzen. *V. d.* var. *angustifolium*: schmalere Blätter, kompaktere Pflanze, sieht aber leichter aus. Schatten.
• ***V. rhytidophyllum***: große dunkelgrüne Blätter mit deutlichen Nerven; schmutzig weiße Blütenstände im VI, rote und schwarze Früchte im VII und IX. Im Winter ist der große Strauch mit den hängenden, immergrünen Blättern trist.

Schneeball mit Winterblüte

• ***V. × farreri* (= *V. fragrans*)** Bild 16
Die kleinen duftenden Blüten von XI bis IV erscheinen, sobald es wärmer wird. Fein und elegant, schirmförmiger Wuchs (2 m × 1 m).
'Candidissimum': weiße Blüten.
'Nanum': kompakter Wuchs (0,80 m × 0,80 m).
• ***V. × bodnantense*** Bild 17
Rosa Knospen, weiße Blüten, größer als bei *V. farrei*. Kräftigerer, aber steiferer Busch (3 m × 2 m).
'Charles Lamont': hübsche rosa Blüten, sehr blühfreudig.
'Dawn': Blüten in Rosé, 'Deben': weiß.
• ***V. tinus*, Immergrüner Schneeball** Bild 18
Häufig sind noch die blauen Früchte der vorigen Blüte da, wenn von XI bis V die weißen Blüten erscheinen. Lanzettliche zähe Blätter in Dunkelgrün. Schatten, vor kaltem Wind schützen. Die Äste erfrieren bei –15 °C.
'Compactum': kompakter Wuchs, Blüte von XII bis II (1 m × 1 m). 'Spirit' Bild 19: Blüte ununterbrochen von XI bis IV.

19

'Eve Price': rote Knospen, rosa, dann weiße Blüten, schmale Blätter, blaue Früchte, kompakter Wuchs (1,50 m × 1,50 m). 'Gwenllian': Blüte deutlicher rosa.
'Lucidum' und **'Macrophyllum'**: große, späte Blütenstände (II und IV), breite Blätter.
'Purpureum': junge Blätter purpurn, dann grün.
'Bewley's Variegated': gelb panaschierte und marmorierte Blätter, lebhafter als 'Variegatum'.

11

12

13

14

15

16

17

18

7

Weigela
Weigelie

Caprifoliaceae

Weigelien bilden den Übergang zwischen Sträuchern mit Frühlingsblüte und denen mit Sommerblüte. Sie blühen üppig an den Trieben des Vorjahres.

Kultur

Sie sind anspruchslos, wachsen in jedem gewöhnlichen Boden, mit Kalk oder ohne, nur im Sommer darf er nicht zu trocken sein. Ein Säuberungsschnitt nach der Haupt-Blütezeit regt die Bildung neuer Zweige an, die manchmal schon im Spätsommer Blüten tragen. Dank der zahlreichen feinen, eher oberflächlichen Wurzeln lassen sich (auch alte) Weigelien gut versetzen.

Verwendung

Allein sehen sie herrlich aus, doch passen sie auch gut in ein Staudenbeet. Eine Reihe aus Sorten ähnlicher Größe bildet rasch eine schöne, blühende Hecke.

Auswahl der Sorten

Kleine Sorten

'Alexandra': lebhaft rosa Blüte und sehr dunkles Laub; überragt deutlich *W. florida* 'Purpurea' (= *W. f.* 'Foliis Purpureis') (1 m × 1 m) und 'Victoria'.
'Nain Rouge': rote Blüte mit orange getönter Mitte (0,80 m × 0,80 m).
'Pink Poppet': massenhaft kräftig rosa Blüten, grüne Blätter mit purpurfarbenem Rand (0,80 m × 0,80 m).

Große Sorten

'Ballet', **'Boskoop Glory'** und **'Stelzneri'**: sehr viele kräftig rosa Blüten (2,50 m × 2,50 m). Für freiwachsende Hecken.
'Carnaval': Blüten kräftig rosa und weiß mit rosa Rand (1,50 m × 1,50 m). 'Marjorie': ähnlich (3 m × 3 m).
'Conquète': karminrosa Knospen, dann dunkelrosa. Sehr breite Blüten! (1,50 m × 1,50 m).
'Abel Carrière' Bild 1 und Bild 2: blüht ununterbrochen gleichzeitig mit rosa und weißen Blüten, (1,50 m × 1,50 m). 'Feline' ist ähnlich.
'Gustave Mallet': lebhaft rosa Knospen, dann rosarot. Sehr blühfreudig.
'Lucifer' und **'Rubivif'**: den ganzen Sommer große lebhaft rote Blüten (1,80 m × 1,80 m). Blühfreudiger als 'Eva Rathke', 'Eva Suprême', 'Newport Red' und 'Bristol Ruby'.
'Snowflake' und **'Mont Blanc'**: reinweiße Blüten, zartgrünes Laub; niedrig (1,20 m × 1,20 m). 'Candida' ist breiter (2,50 m × 2,50 m).

- ***W. middendorffiana***

Frühe Blüten (im Mai), gelb mit Zeichnung in Orange (1,50 m × 1,50 m).

Panaschierte Sorten

- ***W. florida* 'Nana Variegata'**

Weißer Blattrand, Knospe rot, dann rosa; langsames Wachstum (1,50 m × 1,50 m).

- ***W. florida***

'Variegata' Bild 3: gelb gesäumte Blätter, rosa Blüte (1,80 m × 1,80 m). 'Kosteriana Variegata' unterscheidet sich kaum. *W.* × 'Praecox Variegata' wird oft als sehr ähnlich bezeichnet, sie blüht aber Anfang Mai.
'Suzanne': Die Blätter haben einen feinen weißen Rand, die Blüten sind rosa. Sehr elegant (1,80 m × 1,80 m).
'Caricature': Die breiten, ovalen, strukturierten und zerknautschten Blätter mit cremeweißem Rand werden im Herbst rosa und rot. Merkwürdig, aber nicht schön.
'Olympiade' (= **'Briand Rubidor'**) Bild 4: gelbe Blätter und rote Blüten. Halbschatten (1,50 m × 1,50 m).
'Looymansii Aurea' Bild 7: zartgelbe Blätter, rosa Blüten. 'Jean's Gold': eine neuere Züchtung, die nicht viel anders ist, aber etwas besser Sonne verträgt.

Zwei ähnliche Arten

- ***Kolkwitzia amabilis*** Bild 5

Zahlreiche zartrosa Glöckchenblüten hängen im VI an diesem eleganten Strauch mit schirmförmigem Wuchs. Sonne oder Halbschatten (2 m × 1,50 m).

- ***Dipelta floribunda*** Bild 6

Die leicht duftenden Blüten sind zartrosa mit orange getöntem Schlund. Die „geflügelten" Früchte bleiben bis zum Winteranfang hängen. Aufrechter, schirmförmiger Strauch. Boden und Umgebung kühl, Halbschatten (3 m × 2 m).

1

2

3

4

5

6

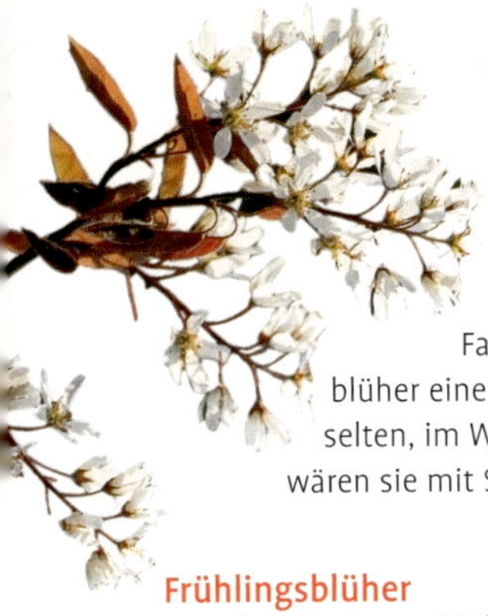

Weiße Blüten

Die Farbe Weiß ist der Inbegriff der Reinheit und sehr wertvoll im Garten, denn sie passt zu allen anderen Farbtönen. Die meisten der im Frühling blühenden Sträucher dämpfen wirkungsvoll die lebhaften Farben von Tulpen und anderen frühen Blumen, während die Sommerblüher einen willkommenen Hauch Frische bringen. Im Herbst findet man sie selten, im Winter aber sind sie besonders kostbar, denn manche sehen aus, als wären sie mit Schneeflocken überstäubt.

Frühlingsblüher

6 • ***Amelanchier lamarckii*** **(Syn. *A. canadensis*), Kanadische Felsenbirne** Bild 1, 6
Büschel reinweißer Blüten erscheinen im III oder IV zugleich mit den jungen, kupferbraunen Blättern. Essbare bläuliche Früchte im VII, herrliche Rosttöne im X. Alle nicht zu trockenen Böden, Sonne oder Halbschatten (5 m × 8 m). Die anderen Arten unterscheiden sich wenig, außer *A. ovalis*, der bescheidenere Maße hat (1,20 m × 1 m) und weniger blühfreudig ist.

• ***Exochorda × macrantha*** **'The Bride', Radspiere, Prachtspiere** Bild 2, 3
Endständige Büschel großer reinweißer Blüten im IV oder Anfang V an dem niedrigen Busch mit hängendem Wuchs. Bläulich grüne Blätter. Krankheitsresistent. Gewöhnliche, nicht zu kalkige Erde, Sonne oder Halbschatten, windgeschützt. Wunderbar im Kübel (1,50 m × 1,50 m). Die anderen Arten (*E. giraldii, E. korolkowii* und *E. racemosa*) blühen ebenso fleißig, sind aber größer. *E. serratifolia* ist die einzige Art dieser Gattung, die sich gut in Kalkboden entwickelt, wird aber wenig gepflanzt.

• ***Deutzia × magnifica*****, Deutzie** ▶ S. 40
Gefüllte Blüten in sehr dichten Blütenständen. Alle kühlen Böden. Sonne, Halbschatten. Schirmform (2 m × 1,50 m), nach der Blüte zurückschneiden.

• ***Magnolia stellata*****, Stern-Magnolie** ▶ S. 64
Sternförmige Blüten im III und/oder IV. Kleiner Strauch (2 m × 2 m in 20 Jahren). Saurer, neutraler oder leicht kalkhaltiger Boden. Geschützt vor Spätfrösten pflanzen. *M. × loebneri* 'Dr. Merrill' ähnelt ihm, wächst aber schneller (3 m × 3 m).

• ***Philadelphus coronarius*****, Sommerjasmin, Pfeifenstrauch** ▶ S. 74
Massenhaft einfache, schalenförmige Blüten, die stark duften. Buschiger Strauch (2,50 m × 2 m), gewöhnliche Erde, auch kalkhaltig, volle Sonne oder Halbschatten.

• ***Prunus glandulosa*** **'Alba Plena'** ▶ S. 78
Stark gefüllte, 2 cm große Blüten. Für Sträuße. Nach der Blütezeit radikal verjüngen. Alle Böden, volle Sonne (1,80 m × 1,80 m).

• ***Spiraea × cinerea*** **'Grefsheim'** Bild 4 (unten rechts auf dem Foto; links: *Viburnum × burkwoodii*) **Aschgrauer Spierstrauch** ▶ S. 96
Die weißen Blüten überziehen die Triebe des Vorjahres im III und IV. Hält gut späte Fröste aus. Im Herbst gelbes Laub (1,20 m × 1,20 m). *S. nipponica* 'Snowmund' kommt später (im V oder VI) und tönt sich im Herbst orange. *S. × vanhouttei* ist größer (1,80 m × 1,50 m), alle Böden, Sonne oder Halbschatten.

• ***Viburnum plicatum*** **'Lanarth', Japanischer Schneeball** ▶ S. 100
Blütenstände im V (fertile Blüten in der Mitte, sterile außen), waagerechte Äste, im Herbst orange Früchte und weinrote Blätter. Saurer, kühler Boden, Halbschatten (3 m × 4 m).

Eine Entdeckung wert

• ***Chionanthus virginicus*****, Virginischer Schneeflockenstrauch** Bild 5
Anfang VI große lockere Blütenbüschel, die leicht duften. Große lanzettliche Blätter in zartem Grün. Herrlich, dabei kaum bekannt. Gewöhnlicher, kühler Boden mit wenig Kalk, volle Sonne (3 m). *C. retusus* blüht später und noch im VII.

• ***Magnolia × soulangeana*** **'Brozzonii'** ▶ S. 64

• ***Ribes sanguineum*** **'Tyderman's White', Blut-Johannisbeere** ▶ S. 86

• ***Rubus*** **'Benenden'** ▶ S. 92

Außerdem:

Camellia 'Cornish Snow' ▶ S. 28
Chaenomeles × speciosa 'Nivalis' ▶ S. 32
Choysia ternata ▶ S. 130
Cornus 'Norman Hadden' ▶ S. 34
Cytisus × praecox 'Albus' ▶ S. 46
Malus 'Crittenden' ▶ S. 70
Paeonia suffruticosa 'Renkaku' ▶ S. 72
Rhododendron ▶ S. 80
Sambucus nigra 'Laciniata' ▶ S. 94
Syringa vulgaris 'Mme Lemoine' ▶ S. 98
Viburnum opulus 'Roseum' (= 'Sterile') ▶ S. 100
Weigela 'Snowflake' ▶ S. 104

1

2

3

4

5

Sommerblüher

• ***Buddleja davidii*** **'Nanhoe White'** ▶ S. 24
Die waagerechten reinweißen Rispen halten lange; sehr graues Laub. Blühfreudiger und eleganter als 'White Profusion' und 'White Bouquet'. 'White Harlequin' hat schönes, weiß gesäumtes Laub. Volle Sonne, gut dränierte Erde, am besten mit Kalk (2 m × 2,50 m).

• ***Hybiscus syriacus*** **'Diana', Strauch-Eibisch** ▶ S. 52
Sehr große, weit offene, einfache Blüten im VII, VIII und IX. Zartgrünes Laub. 'Jeanne d'Arc' (= 'Albus Plenus') und 'White Chiffon' (gefüllt). Volle Sonne, neutraler Boden oder Kalkboden (2 m × 2 m).

• ***Hydrangea arborescens*** **'Annabelle', „Kugel"-Hortensie** Bild 7 ▶ S. 54
Große mattweiße Blütenstände, sehr winterharter Strauch, alle Böden, Schatten oder Halbschatten. 'Mme Mouillière' ist klassischer, wird am Saisonende rosa. Saure Erde, mildes Klima (1,20 m × 1,30 m).

• ***Hydrangea paniculata*****, Rispen-Hortensie** Bild 8 ▶ S. 54 Die großen reinweißen Blütenrispen werden am Saisonende grünlich. Alle kalkarmen Böden, Sonne oder Halbschatten (1,80 m × 1,80 m).

Eine Entdeckung wert

• ***Aesculus parviflora*****, Strauch-Rosskastanie** Bild 9
Aufrechte Blütenähren im VII; kühle Erde, Schatten oder Halbschatten. Ideal im Wäldchen unter großen Bäumen (2 m × 2,50 m und mehr).

• ***Holodiscus discolor*****, Wald-Schaumspiere** Bild 11
Große hängende Blütenstände überziehen den Strauch im VII. Sehr schön. Hängender Wuchs (1,50 m × 1,50 m).

• ***Ligustrum quihoui*** Bild 13
Sehr spektakuläre große Büschel kleiner Blüten im VII. Längliche, lange haftende Blätter. Alle Böden, volle Sonne. Lockerer Wuchs (2 m × 2 m).

• ***Sorbaria aitchisonii*****, Fiederspiere** Bild 12
Breite cremeweiße Blütenbüschel im VII und VIII an der Spitze der jungen Triebe, 1,50 bis 2 m hoch. Jedes Frühjahr radikal verjüngen. Kühler Boden.

13

Außerdem:
Lavandula × *intermedia* **'Edelweiß'** ▶ S. 62
Hydrangea macrophylla **'Libelle'** ▶ S. 54
Spiraea japonica **'Albiflora'** ▶ S. 96
Sambucus canadensis **'Maxima'** ▶ S. 94
Rhododendron **'Polar Bear'** ▶ S. 80

Herbstblüher

• ***Fuchsia magellanica*** **'Alba'**
Scharlach-Fuchsie mit roséweißen Blüten von VII bis XI, mittelgrünem Laub. Nur bedingt winterhart, wächst aber jedes Frühjahr vom Boden aus neu. Kühle Erde, Halbschatten (1,20 m × 1,20 m). Interessant!

Außerdem:
Choisya ternata ▶ S. 130

Winterblüher

• ***Erica carnea*** **'Springwood White', Schnee-Heide** ▶ S. 48
Reinweiße Blüten von I bis IV. Zartgrünes Laub. Volle Sonne, sehr winterhart (15 cm).

• ***Erica* × *darleyensis*** **'Silberschmelze'** ▶ S. 48
Reinweiße Blüten von II bis IV, zartgrünes Laub, Sonne, saurer oder leicht kalkhaltiger Boden (40 cm).

• ***Prunus incisa*** **'Praecox', März-Kirsche** ▶ S. 78
Einfache Blüten von XII bis IX. Kalkarmer, kühler Boden, Sonne oder Halbschatten (4 m × 4 m).

• ***Viburnum tinus*** **'Spirit', Immergrüner Schneeball** ▶ S. 100
Reinweiße Blüten in flachen Büscheln von XI bis IV. Zähe dunkelgrüne Blätter. Schatten, vor kaltem Wind schützen. Die Äste erfrieren bei −15 °C (1 m × 1 m). Die anderen (höheren) Sorten blühen weniger lange.

Eine Entdeckung wert

• ***Daphne mezereum*** **'Album', Gewöhnlicher Seidelbast** Bild 10
An den vorjährigen Trieben sitzen dicht gedrängt Blüten mit starkem Duft, auf die gelbe Früchte folgen. Aufrechter Wuchs. Durchlässige Erde, Halbschatten oder Sonne (1 m × 0,80 m).

• ***Abeliophyllum distichum*** ▶ S. 48

Außerdem:
Camellia japonica **'Nobilissima'** ▶ S. 28
Prunus mume **'Albo Plena'** und **'O-noi-mama'** ▶ S. 78
Spiraea thunbergii ▶ S. 96
Viburnum × *farreri* **'Candidissimum'** ▶ S. 100

7

8

9

10

11

12

6

Rosa Blüten

Rosa ist wahrscheinlich die Farbe mit den meisten Abstufungen: Sie reicht vom gerade mal rosé angehauchten Weiß bis zum intensiven, fast roten Rosa. Spielen Sie mit diesen Nuancen, indem Sie sie zu anderen Farbtönen gesellen, wie zum Beispiel mit Blau für klassischere Harmonien, mit Orange für lebhaftere Kontraste oder stellen Sie sie Ton in Ton zusammen. Rosa Blüten profitieren immer von grauem Laub in der Nähe, oder noch besser: von purpurrotem.

Frühjahrsblüher

• ***Chaenomeles*** **'Flocon Rose', Scheinquitte** ▶ S. 32
Zartrosa Blüten, mehr oder weniger weiß angehaucht, von Mitte III bis Ende IV. Mittelgroßer, sehr blühfreudiger Strauch. Volle Sonne oder Halbschatten, etwas kalkhaltige gewöhnliche Erde (1,50 m × 1,50 m).

• ***Ribes sanguineum*** **'King Edward VII', Blut-Johannisbeere** ▶ S. 86
Blütentrauben in kräftigem Rosa, fast Rot (III und IV). Sehr beliebt, da sehr blühfreudig. Manchmal im VIII bläuliche Früchte. 'Porky's Pink' ist seltener und hat ein sehr schönes, zarteres Rosa. Volle Sonne oder Halbschatten, gewöhnliche Erde (2 m × 2 m).

• ***Prunus triloba*** **'Multiplex', Mandelbäumchen** ▶ S. 78
Stark gefüllte Blüten mit 3 bis 4 cm Durchmesser drängen sich im IV an den einjährigen Trieben. Für Sträuße. Sonne, gewöhnliche, lehmige Erde (1,80 m × 1,80 m). Nach der Blüte radikal zurückschneiden.

• ***Magnolia × loebneri*** **'Leonard Messel'** ▶ S. 64
Massenhaft zartrosa Blüten im III, sogar an jungen Pflanzen. Kräftig und blühfreudig. Sonne oder Halbschatten, Boden kalkarm oder -frei (4,50 m × 4 m).

• ***Magnolia × soulangeana*** **'Burgundy'** Bild 1 ▶ S. 64
Mittelgroße Blüten in kräftigem Rosa, IV oder Anfang V. Schöner, mittelgroßer Strauch, sehr blühfreudig. Sonne, kühler, kalkfreier Boden (3 m × 3 m).

• ***Syringa microphylla*** **'Superba', remontierender Kleinblättriger Flieder** ▶ S. 98
Kleine konische Blütenrispen in zartem Rosa mit würzigem Duft, im V, VI und noch einmal im IX. Luftiger Wuchs, Sonne oder Halbschatten, gewöhnliche Erde (1,80 m × 1,80 m).

• ***Kolkwitzia amabilis*** ▶ S. 104
Unmengen kleiner, zartrosa Blütenglöckchen im IV. Eleganter Strauch in Schirmform. Sonne oder Halbschatten (2 m × 1,50 m).

• ***Weigela*** **'Abel Carrière', Große Weigelie** ▶ S. 104
Zugleich rosa und weiße Blüten, andauernde Blüte, volle Sonne oder Halbschatten, gewöhnliche Erde (1,50 m × 1,50 m).

Eine Entdeckung wert

• ***Neillia thibetica*** **, Tibetische Traubenspiere** Bild 2, 6
Das kräftige Rosa der Rispenblüten am Ende gebogener, weicher Triebe wird zartrosa (V und VI). Im Frühling purpurrote Blätter. Sehr elegante Schirmform. Bildet Ausläufer. Ideal in der Nachbarschaft großer Bäume. Halbschatten, gewöhnliche, kühle Erde (2 m × 1 m und mehr).

• ***Rubus spectabilis*** **'Flore Plena'**: Pracht-Brombeere mit gefüllten Blüten ▶ S. 92

• ***Cornus kousa*** **'Satomi'** Bild 3 ▶ S. 34

• ***Dipelta floribunda*** **, Doppelschild** Bild 4 ▶ S. 104

• ***Sambucus nigra*** **'Guincho Purple'**, Schwarzer Holunder mit purpurroten Blättern ▶ S. 94

Außerdem:

Camellia × williamsii **'Donation'** ▶ S. 28
Cornus florida **'Rubra'** ▶ S. 34
Cytisus × praecox **'Hollandia'** ▶ S. 46
Deutzia × hybrida **'Perle Rose'** ▶ S. 40
Malus **'Van Eseltine'** ▶ S. 70
Paeonia × suffruticosa ▶ S. 72
Rhododendren ▶ S. 80
Viburnum sargentii **'Onondaga'** ▶ S. 100
Weigela **'Pink Poppet'** ▶ S. 104

Sommerblüher

• ***Abelia × grandiflora*** **'Edward Goucher', Großblütige Abelie** Bild 5
Zartrosa Glöckchen von VII bis IX, umgeben von einem Deckblatt, das länger hält als die Blütenkrone. Halbimmergrünes Laub, im Frühling rötlich. Die winterhärteste und blühfreudigste Abelie (–15 °C). Die anderen Arten und Sorten sind mildem Klima vorbehalten. Volle Sonne, gewöhnliche Erde (1,80 m × 1,80 m).

• ***Buddleja davidii*** **'Pink Delight', Gewöhnlicher Sommerflieder** ▶ S. 24
Bei jungen Pflanzen sind die kräftig rosa Rispen riesig, beim ausgewachsenen Strauch besser proportioniert. Gräuliches Laub. Volle Sonne, gewöhnliche, gut durchlässige Erde (2 m × 2 m). 'Charming' ist feiner.

1

2

3

4

5

• ***Ceanothus* × *delilianus* 'Marie Simon', Französische Hybrid-Säckelblume** Bild 7
Zartrosa Blütensträuße von VII bis IX. Das längliche zartgrüne, behaarte Laub fällt ab. Volle Sonne, gewöhnliche Erde, auch kalkhaltige. 'Perle Rose': etwas kräftiger Rosa (1,80 m × 1,80 m).

• ***Hydrangea* 'Preziosa', „Kugel"-Hortensie** ▶ S. 54
12 bis 15 cm große Blütenkugeln in Zartrosa, dann Rot, dann Purpur, dann Grün (genauso in saurem Boden). Am Rand rötliche Blätter. Sehr winterhart und blühfreudig. Sonne, Halbschatten, kühle Erde (1,20 m × 1,20 m).

• ***Hydrangea paniculata* 'Pink Diamond', Rispen-Hortensie** ▶ S. 54
Große Rispen mit cremeweißen fertilen und weißen sterilen Blüten, die am Ende der Blühzeit dunkelrosa werden. Herrlich und kräftig. 'Dharuma' färbt sich besser, ist aber noch selten. Sonne oder Halbschatten, gewöhnliche, kühle Erde (1,50 m × 1,50 m).

• ***Lavatera* × *olbia* 'Rosea', Strauch-Malve** Bild 8
Die großen, silbrig rosa Blüten (VI bis X) ähneln denen des Hibiskus. Flaumiges grünes Laub. Klassische Form, die aber von den zahlreichen neueren Sorten nicht übertroffen wird. 'Barnsley' bietet eine zartere Farbpalette von hellrosa bis roséweiß. Volle Sonne, gewöhnliche, durchlässige Erde. Die alten Pflanzen erfrieren bei −10 °C. Im Frühling direkt am Boden abschneiden (1,80 m × 1,80 m).

Eine Entdeckung wert

• ***Clerodendrum bungei*, Losstrauch** Bild 9
Dunkelrosa Blütenkugeln sitzen an der Spitze der diesjährigen Triebe (VIII und IX). Sehr kräftiger, fruchtiger Duft. Große, purpurn getönte Blätter mit unangenehmem Geruch, wenn man sie zerknüllt. Volle Sonne, geschützter Standort, bei uns nur als Kübelpflanze zu kultivieren, gewöhnliche Erde (1,50 m × 1,50 m und mehr).

• ***Indigofera gerardiana*, Indigostrauch** Bild 10
Massenhaft Blütensträuße in kräftigem Rosa am Ende der diesjährigen Triebe und ihrer Verzweigungen von VII bis IX. Volle Sonne, karger, durchlässiger Boden (1,50 m × 1,50 m). Jedes Frühjahr die Äste direkt am Boden abschneiden.

• ***Tamarix ramosissima*, Kaspische Tamariske** Bild 11
Große Trauben kleiner zartrosa Blüten im VII und VIII an der Spitze der jungen Triebe. Zartgrünes Laub. Im Frühling kurz schneiden. Volle Sonne, leichter, sandiger Boden (2 m × 2 m).

Außerdem:
Sommerheide ▶ S. 48
***Hibiscus syriacus* 'Pink Giant'** ▶ S. 52
***Hydrangea macrophylla* 'Mousmée'** ▶ S. 54
***Potentilla fruticosa* 'Lovely Pink'** ▶ S. 76
Rosa ▶ S. 88
***Spiraea japonica* 'Shirobana'** ▶ S. 96

Herbstblüher

• ***Lespedeza thunbergii*, Thunbergs Buschklee** Bild 12
Purpurrosa Schmetterlingsblüten sitzen in breiten Sträußen am Ende der diesjährigen Triebe, die sich unter ihrem Gewicht biegen. An eine Böschung pflanzen. Volle Sonne, gewöhnliche, gut dränierte Erde (1,50 m × 1,50 m). Im Frühling radikal verjüngen.

Außerdem:
***Viburnum farreri* (Syn. *V. fragrans*)** ▶ S. 100
***Camellia sasanqua* 'Maiden's Blush'** ▶ S. 28

Winterblüher

• ***Viburnum* × *bodnantense* 'Charles Lamont', Bodnant-Schneeball** ▶ S. 100
Die sehr zahlreichen Knospen sind lebhaft rosa, die offenen Blüten blasser. Kräftiger, aber etwas steifer Busch. Sonne oder Halbschatten, kühle Erde (3 m × 2 m).

• ***Prunus incisa* 'February Pink', März-Kirsche** ▶ S. 78
Einfache, zartrosa Blüten von I bis IV. Sonne oder Halbschatten im Schutz vor kaltem Wind, Boden kalkarm (4 m × 4 m).

• ***Daphne mezereum*, Gewöhnlicher Seidelbast** Bild 13
Kräftig rosa Blüten mit starkem Duft drängen sich im II und III um die diesjährigen Triebe, direkt am Holz. Im VI und VII rote (giftige!) Beeren. Sonne oder Halbschatten, gewöhnliche, eher kalkhaltige Erde (1,20 m × 0,80 m).

13

Außerdem:
Rhododendron 'Christmas Cheer' ▶ S. 80
Camellia japonica 'Chandleri Elegans' ▶ S. 28

7

8

9

10

11

12

7

Blaue Blüten

Echtes Blau ist bei Blütensträuchern sehr selten, zumindest in bestimmten Jahreszeiten. Meist haben blaue Blüten einen Rosa- oder Violettstich und verändern sich sogar im Laufe der Zeit etwas.

Frühlingsblüher

• ***Ceanothus impressus*, Immergrüne Säckelblume** Bild 1, 7
Unmengen Blüten in eiförmigen Büscheln verdecken im IV, V und VI (manchmal X, XI, XII) das immergrüne dunkle, glatte Laub. Volle Sonne, Südwand, steiniger Boden. Mehrere Sorten sind genauso schön und vertragen bis etwa −10 °C (2 m × 2 m).
'Autumnal Blue': remontiert im X und XI.
'Concha': Busch von 1,50 m × 1,50 m.
'Delight': lebhaftes Blau in langen Ähren.
'Puget Blue': sehr dunkles Blau.

• ***C. thyrsiflorus* var. *repens***: niedriger, immergrüner, nur wenig frostharter Strauch (0,70 m × 2 m).

• ***Syringa vulgaris* 'Katherine Havemeyer', Gewöhnlicher Flieder** ▶ S. 98
Kurze Rispen blauer Blüten, die am Ende der Blütezeit lilarosa werden (IV oder V).
'Rêve Bleu': himmelblau. Gewöhnliche Erde, nicht zu trocken; Sonne oder Halbschatten. Großer Strauch oder kleiner Baum (4 m × 3 m).

• ***Rosmarinus officinalis*, Rosmarin** Bild 3
Immergrün und aromatisch. Himmelblaue Blüten von I bis IV. Steiniger Boden, volle Sonne.
'Corsican Blue': kräftig blau, **'Marenca'**: eher violett, **'Tuscan Blue'**: dunkel.

• ***Rhododendron*, Rhododendron** ▶ S. 80
R. impeditum: Zwergform (1 m × 1 m), kleine bläuliche Blätter. Blüte im IV. Saure Erde.
'Blue Tit' Bild 8: einfache, violettblaue Blüten.
'Blue Diamond': genauso.

Eine Entdeckung wert

• ***Lithodora diffusa* 'Heavenly Blue' (Syn. *Lithospermum diffusum*), Steinsame** Bild 5
Kleine enzianblaue Blüten am Ende der halbniederliegenden Zweige. Dunkle immergrüne Blätter. Schatten. Kühle, durchlässige, kalkfreie Erde (10 cm × 60 cm).

Rhododendron augustinii: aufrechter Strauch, 2 m × 2 m, kräftig und sehr winterhart. Blüte im IV oder V. Saurer Boden. 'Electra' ist der „blaueste“; er überzieht sich mit großen Einzelblüten in lebhaftem Blau.

• ***Salvia*, Salbei** ▶ S. 158
Kleiner Busch (0,80 m × 0,80 m), immergrün, aromatisch. Durchlässiger Boden, volle Sonne. Empfehlenswerte Arten sind ***S. officinalis***: hellblaue Blüten im V und VII, ***S. fruticosa*** Bild 6: im V und VI viele fliederfarbene Blüten.

Sommerblüher

• ***Ceanothus* × *delileanus* 'Gloire de Versailles', Französische Hybrid-Säckelblume** Bild 2, 4
Himmelblaue Blüten in Sträußen von VII bis IX. Die länglichen zartgrünen, pelzigen Blätter sind sommergrün. Volle Sonne, gewöhnliche Erde, auch Kalk. **'Charles Detriché'**, **'Comtesse de Paris'**, **'Gloire de Plantières'** und **'Topaze'**: dunkelblau mit Lilastich. Zarte Pflanzen (1,80 m × 1,80 m).

8

1

2

3

4

5

6

• *Caryopteris* × *clandonensis* **'Heavenly Blue', Bartblume** Bild 9, 19
Königsblaue Blütensträuße von VIII bis X an der Spitze der diesjährigen Triebe. Aschgraues Laub. **'Kew Blue'**, **'First Choice'** und **'Grand Bleu'**: neuere Züchtungen in violett schimmerndem Dunkelblau. **'Worcester Gold'**: die Blüten kommen durch das hübsche hellgelbe Laub schön zur Geltung. Volle Sonne, gewöhnliche Erde, kleiner Busch (1 m × 1 m).
• *Perovskia atriplicifolia* **'Blue Spire', Silber-Perowskie** Bild 11
Große luftige Blütenrispen in leuchtendem Blau von VII bis X am Ende der aufrechten diesjährigen Triebe. Hellgraues Laub und weiße Zweige im Winter. Volle Sonne, steinige oder sandige Erde (1,20 m × 0,60 m). 'Little Spire' ist eine halb so große neuere Sorte, die ideal für den Pflanzkasten ist.
• *Hibiscus syriacus* **'Oiseau Bleu', Strauch-Eibisch, Roseneibisch** ▶ S. 52
Die breiten lilablauen Blüten mit rötlicher Mitte im VII, VIII und IX wirken exotisch. Aufrechter Busch. Volle Sonne, gewöhnliche, kalkhaltige Erde (2 m × 1,50 m).
• *Hydrangea*, **Hortensie** ▶ S. 54
H. macrophylla: großer rundlicher Busch (1,50 m × 1,50 m oder 2 m × 2 m) mit kugeligen oder flachen Blüten. Große, wie lackierte Blätter. Milde und gemäßigte Klimagebiete. Empfindlich gegenüber Spätfrösten.

15

Eine Entdeckung wert

• *Vitex agnus-castus*, **Mönchspfeffer** Bild 15
Diese Mittelmeerpflanze hat endständige, kräftig blaue Blütentrauben (VIII bis X) und große gefingerte Blätter mit pfeffrigem Duft. Sie verträgt nur mäßig Kälte und muss bei ungenügenden Bedingungen an eine Südwand gepflanzt werden. Volle Sonne, durchlässiger Boden (2 m × 2 m).
• *Parahebe catarractae*
Die schalenförmigen blauen Blüten am Triebende sind purpurn angehaucht (VII und VIII). Immergrünes Laub in Purpurgrün. Volle Sonne, steinige Erde. Kleiner breiter Strauch (0,30 m × 0,40 m), Kultur als Kübelpflanze.

16

H. serrata: ähnlich, aber kleiner (1,50 m × 1,50 m) mit kleineren, meist flachen Blütenständen. Die Blattnerven sind auffällig, im Sommer werden sie rötlich. Winterhärter, besser an raues Klima angepasst. Alle Sorten mit rosa Blüten werden in saurem Boden blau. Die interessantesten blauen Sorten von *H. macrophylla* und *H. serrata* sind:
Kugelige Blütenstände: 'Benelux': intensives Blau (1,50 m × 1,50 m), blühfreudig. **'Générale de Vicomtesse de Vibraye'** Bild 17: himmelblau, mittelgroß (1,60 m × 1,60 m). **'Tovelit'**: kräftiges Blau, Zwergwuchs (1 m × 1 m). **'Kluis Sensation'**, violettblau (1,20 m × 1,20 m).
Flache Blütenköpfe: **'Blue Wave'**: lebhaft blau (1,80 m × 1,80 m). **'Blaumeise'** (= **'Teller Blue'**) Bild 12: enzianblau (1,50 m × 1,50 m). **'Beauté Vendômoise'**: porzellanblau, sehr breite Blüte (1,50 m × 1,50 m), **'Blue Bird'** (= *H. serrata*):

17

himmelblau, auch in kaum saurer Erde (1,20 m × 1,20 m). **'Blue Deckle'** (= *H. serrata*): lebhaft blau, klein (0,80 m × 0,80 m).

Außerdem:
Abutilon* × *suntense **'Violetta'** ▶ S. 190
Buddleja davidii **'Nanhoe Blue'** ▶ S. 24
Hyssopus officinalis **'Aristatus'** ▶ S. 158
Lavandula* × *intermedia **'Hidcote Blue'** Bild 13 ▶ S. 62

Herbstblüher

• *Ceratostigma willmottianum*, **Willmotts Hornnarbe** Bild 14
Enzianblaue Blüten am Ende der jungen Triebe folgen aufeinander von VIII bis X. Volle Sonne, gewöhnliche, dränierte Erde. Kleiner lockerer Strauch (0,70 m × 0,70 m). 'Desert Skies': Sorte mit hellgelbem Laub, das die lebhaft blauen Blüten zur Geltung bringt. Ideal im Pflanzkübel, im Halbschatten.
C. plumbaginoides, **Kriechende Hornnarbe** blüht genauso, ist aber niedriger (30 cm) und Bodendecker.

9

10

11

12

13

14

Gelbe Blüten

Gelbe Blüten bringen eine muntere, fröhliche Note in Sträucher- und Staudengruppen. Doch muss man darauf achten, dass sie nicht zu gewaltig wirken (z. B. Forsythien und Ginster) und diese Sträucher durch einen Auslichtungsschnitt ausdünnen oder sie mit graublättrigen Pflanzen – Sträuchern oder Stauden – zusammenbringen. Vermeiden Sie unbedingt gelbe Blüten vor einem Hintergrund aus purpurrotem Laub, denn an dieser etwas zu kontrastreichen Zusammenstellung sieht man sich schnell satt.

7

Frühlingsblüher

• ***Forsythia* × *intermedia*, Forsythie** Bild 1 ▶ S. 44
Im III leuchten Unmengen goldgelber Blüten. Alle Böden, Sonne oder Halbschatten.

• ***Kerria japonica*, Kerrie, Ranunkelstrauch**
Große goldgelbe Blüten sitzen Ende III und IV an den biegsamen, leichten Trieben mit grüner Borke. Alle windgeschützten Standorte, gewöhnliche, kühle Erde (1,50 m × 2 m und mehr).
'Golden Guinea' Bild 2: einfache Blüten, 5 Blütenblätter.
'Pleniflora' Bild 3: bekannter, mit gefüllten Pomponblüten in Goldgelb.

• ***Cytisus* × *praecox* 'Allgold', Elfenbein-Ginster** ▶ S. 46
Ende IV oder V blüht er üppig in Zart- und Cremegelb.

Eine Entdeckung wert

• ***Magnolia* 'Elisabeth', Gelbe Magnolie** ▶ S. 64
'Yellow Lantern' ist ähnlich, aber widerstandsfähiger gegen Regen und Wind. 'Yellow Bird': kleinere Blüten, aber kräftigere Farbe.

• ***Ribes odoratum*, Wohlriechende Johannisbeere** ▶ S. 86
Die röhrenförmigen Blüten im IV duften stark.

Außerdem:
Mahonia aquifolium 'Apollo' ▶ S. 68
Camellia × williamsii 'Jury's Yellow' ▶ S. 28
Chaemomeles 'Kinsindin' ▶ S. 32
Rhododendron ▶ S. 80
Genista lydia ▶ S. 46
Paeonia lutea ▶ S. 72

Sommerblüher

• ***Spartium junceum*, Pfriemenginster** ▶ S. 46
Duftende goldgelbe Blüten von IV bis IX. Im Winter hübsche grüne Zweige. Volle Sonne, trockener Kalkboden (1,50 m × 1,50 m).

• ***Hypericum* 'Hidcote', Johanniskraut** Bild 4
Aus den großen goldgelben Blüten entspringt ein Büschel Staubgefäße. Von VI bis IX sehr blühfreudig. Im Frühling bronzegrünes Laub. Zu trockene Böden vermeiden. Volle Sonne. 'Sungold' ist sehr ähnlich (1,20 m × 1,20 m).

• ***Potentilla fruticosa* 'Elisabeth', Gewöhnlicher Fingerstrauch**
Große goldgelbe Blüten sitzen an dem kompakten, von Natur aus kugeligen Busch (1 m × 1 m). Volle Sonne, alle Böden. ▶ S. 76

Eine Entdeckung wert

• ***Diervilla sessiliflora* 'Butterfly', Stängelloses Buschgeißblatt Bild 5**
Aus den Blattachseln an den Triebenden wachsen Büschel kleiner röhrenförmiger Blüten (VI und VII). Die jungen Blätter sind leicht violett. Bildet Ausläufer (1 m × 1 m und mehr); verwandt mit der Weigelie, ideal als Bodendecker unter höheren Sträuchern. Alle kühlen Böden, Halbschatten.

Außerdem:
Genista hispanica ▶ S. 46
Lupinus arboreus ▶ S. 132

Herbstblüher

• ***Mahonia* × 'Charity', Mahonie** ▶ S. 68

Winterblüher

• ***Hamamelis mollis*, Chinesische Zaubernuss** ▶ S. 124

• ***Hamamelis* × *intermedia*, Hybrid-Zaubernuss** ▶ S. 126

• ***Corylopsis willmottiae*** Bild 6, 7, **Willmotts Scheinhasel** ▶ S. 126

Außerdem:
Chimonanthus praecox ▶ S. 126
Mahonia japonica ▶ S. 68
Stachyurus praecox ▶ S. 128
Ulex europaeus ▶ S. 46

1

2

3

4

5

6

6

Orange Blüten

Orange mit seinen Spielarten (Pfirsich, Lachs) ist immer noch recht selten bei Sträuchern. Diese warmen Farbtöne passen gut zu blauem oder purpurrotem Laub oder komponieren harmonisch mit kupfergelben und scharlachroten Blüten hübsche, lebhafte Szenen.

Frühjahrsblüher

• ***Berberis* × *stenophylla*, Schmalblättrige Berberitze** Bild 1
Die vorjährigen Triebe überziehen sich im IV und V mit einer Fülle kleiner Blüten. Die langen schmalen Blätter tönen sich im Herbst bronze und bleiben teilweise im Winter hängen. Alle Böden, volle Sonne (1,50 m × 1,50 m).

• ***Berberis darwinii*, Darwins Berberitze** Bild 2
Im V hängen massenhaft Blüten unter den immergrünen kleinen Blättern. Blaue Früchte, stachlige Triebe und Blätter. Alle Böden, alle Standorte. Mittelmäßige Winterhärte (1,80 m × 1,80 m).

• ***Berberis* × *lologensis* 'Apricot Queen', Lolog-Berberitze** Bild 6
Im IV und V drängen sich Büschel dicker Blüten in kräftigem Orange unter den immergrünen langen Blättern mit dunkelgrüner Ober- und silbriger Unterseite. Die spektakulärste Sorte dieser Art. Volle Sonne, Windschutz, durchlässiger Boden (1,50 m × 1 m).

• ***Colutea* × *media* 'Copper Beauty', Bastard-Blasenstrauch** Bild 3
Kupferorange „Erbsenblüten" im zartgrünen Laub im V und VI. Dicke Früchte im VII und VIII. Wächst schnell. Volle Sonne, alle Böden, auch karge (2 m × 2 m).

• ***Cytisus* 'Fulgens', Ginster, Geißklee** ▶ S. 46
Die Knospen sind rostrot, die späten Blüten im VI dann orangegelb und dunkelkarminrot. Volle Sonne, durchlässiger Boden (1,50 m × 1,50 m).

• ***Lonicera ledebourii*, Ledebours Heckenkirsche** Bild 4
Wachsartige, tiefgelbe Blüten sitzen paarweise im V entlang der steifen, aufrechten Triebe vom Vorjahr. Alle Böden, Sonne oder Halbschatten. Eine Entdeckung wert (2,50 m × 1,50 m).

• ***Ribes* × *gordonianum*, Gordons Johannisbeere** ▶ S. 86
Die orange getönten Blütentrauben werden gelber. Wirklich eigenartig. Prächtige Herbstfarben. Halbschatten oder Sonne, kühler Boden (1,70 m × 1,50 m).

Außerdem:

***Chaenomeles* 'Cameo'** ▶ S. 32
***Paeonia* × *suffruticosa* 'Souvenir de Maxime Cornu'** ▶ S. 72
***Rhododendron* 'Alison Johnstone'** ▶ S. 80
***Rhododendron* 'Glowing Embers'** ▶ S. 80
***Rhododendron* 'Orange Beauty'** ▶ S. 80

Sommerblüher

• ***Buddleja* × *weyeriana* 'Golden Glow', Schmetterlingsstrauch** ▶ S. 24
Orangegelbe Blüten mit etwas Lila in mehr oder weniger kugeligen Rispen von VII bis IX. Aschgraues Laub. Sonne, durchlässiger Boden (1,80 m × 1,80 m).

• ***Potentilla fruticosa* 'Marian Red Robin'** ▶ S. 76
Kräftig orangerote Blüte von V bis IX, dunkler. Robust. Volle Sonne, gewöhnliche, frische Erde (0,80 m × 0,80 m).

• ***Rosa* 'Buff Beauty', Rose** ▶ S. 88

Winterblüher

• ***Hamamelis* × *intermedia* 'Jelena', Hybrid-Zaubernuss** Bild 5
Fadenförmige duftende Blüten im II in Kupferorange. Orangerotes Laub im Herbst. Ausladender Wuchs. Halbschatten, kalkfreier Boden, sehr winterhart, wächst langsam (1,80 m × 2,50 m).

Noch mehr orange Blüten:

Schauen Sie sich bei den wenig winterharten Sträuchern für eine Überwinterung im Kalthaus um, falls es Sie nach mehr Orange gelüstet: *Abutilon, Colquhounia, Isoplexis, Cestrum elegans, Desfontainea, Salvia coccinea* usw. Dazu gesellen sich diverse orange blühende Kletterpflanzen: *Lonicera* 'Dropmore Scarlet Trumpet' und 'Mandarin', *Campsis* 'Mme Galen', *Bignonia capreolata*.

1

2

3

4

5

Rote Blüten

9

Sträucher mit Blüten in echtem Rot – Scharlach-, Karmin- oder Zinnoberrot – sind ziemlich selten. Wie viele andere Gärtner haben wir hier „rote“ gerechnet, die eigentlich rosa sind, aber lebhaft rosa: satte Farbtöne, die in bestimmtem Licht rot erscheinen.

Frühjahrsblüher

• ***Chaenomeles*** **'Nicoline'** Bild 1 **Scheinquitte** ▶ S. 32
Einfache Blüte, karminrot mit gelben Staubgefäßen von I bis IX (!). Der niedrige, sehr blühfreudige Strauch sollte an einen Felsen, einen Baumstumpf oder eine Wand gepflanzt werden. Sonne oder Halbschatten, kalkarmer Boden (0,80 m × 1 m).

• ***Ribes sanguineum*** **'Pulborough Scarlet', Blut-Johannisbeere** ▶ S. 86
Unmengen roter Blütentrauben im III und IV. Sonne oder Halbschatten, gewöhnliche Erde (2 m × 2 m).

• ***Malus*** **'Coccinella'** Bild 9 **Zier-Apfelbaum** ▶ S. 70
Dunkelrosa Blüte im IV auf sehr gesundem, purpurrotem Laub, das im Herbst rostrot wird. Sonne, gewöhnliche Erde (2,50 m × 2,50 m).

• ***Weigela*** **'Lucifer', Weigelie** ▶ S. 104
Große, lebhaft rote Blüten von VI bis IX. Schön grüne Blätter. Kräftig und sehr blühfreudig (1,80 m × 1,80 m). Volle Sonne, gewöhnliche Erde.

Eine Entdeckung wert

• ***Lonicera tatarica*** **'Hack's Red'** Bild 2
Tataren-Heckenkirsche
Karminrote Geißblattblüte im V und VI. Kompakter, sehr blühfreudiger, pflegeleichter Busch. 'Zabelii' ist seltener, stärker rot und blühfreudiger. Halbschatten oder Sonne, gewöhnliche Erde (2 m × 2 m).

Außerdem:

Paeonia × suffruticosa **'Sang Lorrain'** ▶ S. 72
Camellia japonica **'Adolphe Audusson'** Bild 3 ▶ S. 28
Rhododendren Bild 4 ▶ S. 80
(auf dem Foto mit *Viburnum plicatum* 'Mariesii')
Pieris japonica **'Valley Valentine'** ▶ S. 192
Kalmia latifolia ▶ S. 194

Sommerblüher

• ***Buddleja davidii*** **'Royal Red'** ▶ S. 24
Samtrote Blütenähren, passt wunderbar zu Stauden. Volle Sonne, durchlässiger Kalkboden (2 m × 2 m).

• ***Hibiscus syriacus*** **'Woodbridge'** ▶ S. 52
Mittelgroße rosarote Blüten mit roter Mitte im VII und VIII. Nicht die größten, aber die mit dem intensivsten Rotton. Volle Sonne, durchlässiger Kalkboden (1,80 m × 1,50 m).

Eine Entdeckung wert

• ***Calycanthus occidentalis*** Bild 5
Westlicher Gewürzstrauch
Die eigenartigen dunkelroten Blüten im VII und VIII riechen nach Wein. Auch das Laub duftet. Halbschatten oder Sonne, kühler Boden. Merkwürdig, aber nicht sehr dekorativ (2,50 m × 2,50 m).
C. fertilis und *C. floridus* (2 m × 2 m) haben kleinere, aber dekorativere Blüten.

Außerdem:

Hydrangea ▶ S. 54
Lagerstroemia ▶ S. 190
Rosa ▶ S. 88

Herbstblüher

• ***Fuchsia magellanica*** **'Riccartonii'** Bild 7
Scharlach-Fuchsie
Eine Fülle kleiner zarter, länglicher Blüten leuchtet von VII bis X in Karminrot und Violett. Gut winterhart, wächst aber jedes Frühjahr neu aus dem Wurzelballen (1,20 m × 1,20 m).

Winterblüher

• ***Hamamelis × intermedia*** **'Diane'** Bild 8
Ziegelrote Blüten im II und Anfang III ▶ S. 126

• ***Erica carnea*** **'Vivellii', Schnee-Heide** ▶ S. 48
Purpurrote Blüte von XII bis IV. 'Challenger' ist lebhafter und 'Ruby Glow' etwas kräftiger.

Eine Entdeckung wert

• ***Ribes speciosum*, Fuchsienblütige Johannisbeere** ▶ S. 86
Lange, hängende Blüten im II und III, in Deutschland nicht ausreichend frosthart.

1

2

3

4

5

6

7

8

7

Blüten im Winter

Obwohl manche von ihnen langsam bekannt werden, wundert es doch auch Kenner immer wieder, mitten im Winter blühende Sträucher zu sehen. Alle diese Pflanzen sind gut winterhart und blühen in der Regel mehrmals, wobei sie, sobald es etwas milder wird, die ersten erfrorenen Blüten durch neue ersetzen. Pflanzen Sie sie an die Stellen des Gartens, wo sie direkt vom Haus aus betrachtet werden können. Setzen Sie sie möglichst vor immergrüne Sträucher, damit ihre zarten Blüten noch besser zur Geltung kommen.

Blüten ab Dezember

• ***Viburnum farreri*** **(= *V. fragrans*)** Bild 1 **Duftender Schneeball** ▶ S. 102
Bei jeder Erwärmung kommen neue der kleinen, duftenden, zartrosa Blüten (IX bis IV). Fein und elegant, schirmförmig. Sonne oder Halbschatten, normler Gartenboden (2 m × 1 m).
'Candidissimum': weiße Blüten.
'Nanum': kompakter Wuchs (0,80 m × 0,80 m).

• ***Viburnum* × *bodnantense*** Bild 2 **Bodnant-Schneeball** ▶ S. 102
Rosa Knospen, weiße Blüten, größer als bei *V. farreri*. Kräftigerer, aber steiferer Strauch. Sonne oder Halbschatten, gewöhnlicher Boden (3 m × 2 m).
'Charles Lamont' Bild 4: schöne rosa Blüten, sehr blühfreudig. **'Dawn'**: Blüten in Rosé. **'Deben'**: weiß.

• ***Viburnum tinus*, Immergrüner Schneeball, Lorbeer-Schneeball** ▶ S. 102
Die weißen Blüten zwischen XI und V gehen oft einher mit den blauen Beeren der vorigen Blüte. Lanzettliche, zähe, dunkelgrüne Blätter. Alle Standorte im Schutz vor kaltem Wind; gewöhnlicher, auch Kalkboden (2 m × 2 m). Die Äste erfrieren bei −15 °C.
'Compactum': kompakter Wuchs (1 m × 1 m), Blüte XII bis II **'Spirit'** Bild 3: blüht ununterbrochen von XI bis IV.
'Eve Prince': rote Knospen, rosa, dann weiße Blüte, schmale Blätter, blaue Früchte, kompakter Wuchs (1,50 m × 1,50 m). 'Gwenllian': die Blüte bleibt mehr rosa.
'Lucidum' und **'Macrophyllum'**: große späte Blütenstände im II und IV, breite Blätter.
'Purpureum': junge Blätter sind purpurn, dann dunkelgrün.
'Bewley's Variegated': gelb panaschierte und marmorierte Blätter, lebhafter als bei 'Variegatum'.

• ***Mahonia* × *media*, Mahonien-Hybride** ▶ S. 68
Lebhaft gelbe, aufrechte Blütentrauben ab X. Erstaunlicher Maiglöckchenduft. Schatten oder Halbschatten, gewöhnlicher Boden (2,50 m × 1,50 m).
'Charity': aufrechte Blütentrauben manchmal schon ab Ende X.
'Buckland': sehr lange, waagerechte Trauben in Goldgelb.
'Lionel Fortescue': sehr lange aufrechte Blütenstände, früh (oft ab XI).
'Winter Sun': aufrechte Rispen in hellerem Gelb, später (XII und I).

• ***Mahonia lomariifolia*** ▶ S. 68
Inmitten sehr langer Blätter sitzen sehr lange Rispen, die zuerst aufrecht, dann breit sind (XII oder I). Spektakulär, aber wenig winterhart (−10 °C bis −12 °C). Schatten oder Halbschatten, kalkfreier Boden (2,50 m × 2 m).

• ***Erica carnea*, Schnee-Heide** ▶ S. 48
Purpurrote, rosa oder weiße Blüten von XII bis IV, zartes, immergrünes Laub. Kompakter Wuchs: 0,25 m × 0,50 m. Zahlreiche Sorten. *Erica* × *darleyensis* ist höher (0,40 m × 0,40 m). Volle Sonne, Halbschatten, gewöhnliche, leichte Erde.

• ***Ulex europaeus*, Gewöhnlicher Stechginster** ▶ S. 46
Gelbe Blüten von I bis IV. Sehr stachelige Triebe. Volle Sonne, Sandboden, auch Küstenbereiche (2 m × 2 m).

Blüten im Januar/Februar

• ***Hamamelis mollis*, Chinesische Zaubernuss** Bild 5, 7
Die Blüten im I haben lange fadenartige Blütenblätter in Goldgelb und duften nach Honig. 'Pallida': zitronengelbe, sehr leuchtende Blüte. Die Blätter sehen aus wie bei der Haselnuss und tönen sich im Herbst gelb. *H. virginiana* blüht früher (X, XI), aber weniger hübsch. *H. japonica* ähnelt *H. mollis* sehr, wird aber kaum gezogen. *H. vernalis* hat kleinere, unauffälligere Blüten. Halbschatten oder Schatten, kühler, kalkarmer oder -freier Boden. Wächst langsam und breit (2 m × 3 m).

• ***Cornus mas*, Kornelkirsche** Bild 6
Gelbe Blüten im I und II am zweijährigen und älteren Holz. Rote, essbare Früchte im VII und VIII. Sonne oder Halbschatten, gewöhnlicher Boden, auch Kalkboden (3 m × 3 m). Ideal in freier oder geschnittener Hecke. 'Golden Glory' scheint blühfreudiger.
'Aurea': gelbe Blätter. Wächst langsam. Im Halbschatten pflanzen.
'Elegantissima': im Frühling gelb und rosa panaschierte, im Sommer gesäumte Blätter, im

1

2

3

4

5

6

Herbst wieder rosé. Wächst langsam, blüht üppig. Sonne. 'Tricolor' ähnelt ihr sehr. **'Variegata'**: weiß gesäumte Blätter, üppige Blüte. Wächst langsam. Halbschatten.

• ***Cornus officinalis*, Japanische Kornelkirsche** ▶ S. 36
Größere Blüten als bei *C. mas*. Die mahagonifarbene Borke schält sich ab. Sonne oder Halbschatten, gewöhnlicher oder Kalkboden (4 m × 5 m). Einzeln oder in der Hecke pflanzen.

• ***Abeliophyllum distichum*** ▶ S. 44
Weiße Blüten, ähnlich wie bei der Forsythie, die im I und/oder II zart duften. Sonne, gewöhnlicher Boden. Eine Entdeckung wert (1,50 m × 1,50 m).

• ***Chimonanthus praecox*, Chinesische Winterblüte** Bild 10
Die schmutzig gelben Blütenglöckchen sind nicht sehr dekorativ, duften aber im I und II stark nach Hyazinthen. Die großen, rauen Blätter sind dunkelgrün. Sonne oder Halbschatten, gewöhnliche Erde (2,50 m × 2 m). **'Luteus'**: Blüten in leuchtenderem Gelb. Die ersten erscheinen sechs bis sieben Jahre nach der Pflanzung.

• ***Sarcococca*, Fleischbeere** Bild 11
Cremeweiße Blüten ohne Blütenblätter, aber mit starkem Vanilleduft zieren von I bis III die kleinen immergrünen Sträucher, die mit dem Buchsbaum verwandt sind, doch lockerer und schneller wachsen. Im tiefen Schatten unter den Bäumen ersetzen sie diese vorteilhaft. Gute Winterhärte. Schatten, Halbschatten, gewöhnliche, humusreiche Erde.
S. confusa: lanzettliche Blätter, kräftige, gebogene Triebe. Die schwarzen Früchte bleiben lange hängen. *R. ruscifolia* ähnelt ihr sehr (1,20 m × 1,50 m).

13

S. hoockeriana Bild 11: schmale länglich spitze Blätter. Kräftige, gebogene Triebe, ähnlich wie Himbeeren (1,20 m × 1,50 m).
'Purple Stem': auffällige purpurrote Triebe.
var. *humilis* (= ***S. humilis***): länglich schmale Blätter (0,30 m × 0,30 m), bildet etwas Ausläufer.
S. orientalis: Die lanzettlichen breiten Blätter sind glänzend dunkelgrün. Kräftiger, kompakter Strauch (1,50 m × 1,50 m).

• ***Eucommia ulmoides*, Guttaperchabaum**
Die Blüten im I oder II sind auf die zinnoberroten Staubgefäße reduziert, die ulmenartig gezahnten Blätter im Frühling bronzegrün. Ansonsten unauffällig. Halbschatten, kalkfreie Erde (2 m × 2 m).

Blüten im Februar und März

• ***Hamamelis* × *intermedia*, Hybrid-Zaubernuss** Bild 9
Blüten mit langen, fadenartigen Blütenblättern in kräftigem Gelb, je nach Sorte im II und III. Die Blätter sehen aus wie bei der Haselnuss, sind im Herbst orange oder rot. Breiter Wuchs (2,50 m × 4 m). Halbschatten oder Schatten, kühle, kalkarme oder -freie Erde. Wächst langsam.
'Primavera' Bild 6: sehr leuchtende blassgelbe Blüten.
'Pallida' Bild 8 (im Vordergrund): zitronengelbe, stark leuchtende Blüten.
'Arnold Promise': zartgelbe, sehr späte Blüten (die letzten der Gattung).
'Jelena': kupferorange duftende Blüten.
'Diane' Bild 8: ziegelrote Blüten.

• ***Daphne mezereum*, Gewöhnlicher Seidelbast** ▶ S. 130
Kräftig rosa Blüten, die stark duften, sitzen im II und III dicht an dicht um die jungen diesjährigen Triebe, direkt am Holz. Rote Beeren im VI und VII (giftig!). Sonne oder Halbschatten, gewöhnliche, eher kalkhaltige Erde (1,20 m × 0,80 m). *D. m.* 'Album': weiße Blüten, gefolgt von gelben Früchten.

• ***Daphne odora* 'Aureomarginata', duftender, panaschierter Seidelbast** Bild 12
Endständige zartrosa Blütenbüschel von II bis IV. Immergrüne Blätter, gesäumt von einer diskreten cremeweißen Linie. Die Art selbst wird nie gehandelt. Braucht einen wintermilden Standort und Halbschatten, normalen Gartenboden (1 m × 1 m).

• ***Corylopsis willmottiae*, Willmotts Scheinhasel** Bild 13
Goldgelbe Blütenähren im II oder III, die am intensivsten gelben und größten der Gattung. Plissierte Blätter, im Frühling bronze. Schatten oder Halbschatten, fruchtbare, kalkfreie Erde, windgeschützt (2 m × 2 m). *C. platypetala* und *C. spicata* sind weniger blühfreudig. *C. pauciflora* ist sehr verbreitet (1 m × 1 m) und bringt Unmengen kurzer Blütentrauben hervor, die aber oft von späten Frösten vernichtet werden.

8

9

10

11

12

• ***Lonicera fragrantissima*, Wohlriechende Heckenkirsche**
Die cremeweißen Blüten von I bis III, die aussehen und duften wie beim Geißblatt, sitzen in den Achseln lanzettlicher Blätter, die an Liguster erinnern. Sonne oder Halbschatten, gewöhnliche Erde (2 m × 2 m). Gut zu schneiden (Hecken). *L.* × *purpusii* und 'Winter Beauty' sind als blühfreudiger bekannt, sie sind aber schwer zu unterscheiden.
• ***Stachyurus praecox*, Japanischer Perlschweif**
Bild 14, 15
Grünlich gelbe Blütenglöckchen hängen im II und/oder III sehr wirkungsvoll als Kätzchen zusammen an den vorjährigen Trieben. Schatten oder Halbschatten, kalkfreier, kühler Boden (2 m × 2 m). *S. chinensis* (schwer zu unterscheiden) blüht 14 Tage früher.
• ***Prunus mume*, Japanische Aprikose** ▶ S. 78
Blüten im I oder II an den vorjährigen Trieben. Volle Sonne, durchlässiger Kalkboden (3 m × 2,50 m).
'Albo Plena': gefüllte weiße Blüten.
'Alphandii' Bild 20: einfache oder halbgefüllte rosa Blüten.

20

'O-noi-mama' Bild 16: halbgefüllte weiße oder teilweise rosa Blüten.
'Pendula': einfache oder halbgefüllte blassrosa Blüten.
• ***Prunus incisa*, Graue Kirschmandel** ▶ S. 78
Einfache weiße Blüten, die rosa werden, von II bis IV. Sonne oder Halbschatten, kalkarmer Boden (4 m × 4 m).
'Compacta': 2 m × 2 m.
'Praecox': blüht ab Dezember.
'February Pink': zartrosa Blüten ab Ende Januar.
'Pendula': hängender oder breiter Wuchs, weiße Blüten.
• ***Ribes speciosum*, Fuchsienblütige Johannisbeere** ▶ S. 86
Lange hängende Blüten im II und III. Kleine Blätter und stachlige Triebe wie bei der Stachelbeere. In M-Europa frostempfindlich; schützen Sie die frühe Blüte, indem Sie sie an eine Westwand pflanzen (1,50 m × 1,50 m).
• ***Spiraea thunbergii*, Thunbergs Spierstrauch** ▶ S. 96
Weiße Blüten an der Spitze zarter Triebe ab II und III. Fürchtet späte Fröste. Alle Böden, Halbschatten (1 m × 1 m). Nach der Blüte zurückschneiden.

Außerdem:
Camellia japonica ▶ S. 28
***Rhododendron* 'Christmas Cheer'** ▶ S. 80
Skimmia ▶ S. 192
Pieris floribunda* und *P. japonica ▶ S. 192

Vergessen Sie die Kätzchen nicht!

Im Grunde sind sie unauffälliger als die anderen Blüten, und doch bieten diese Blütenstände ein interessantes Schauspiel: oft sind sie sehr zahlreich oder sie sehen ganz weich oder zart aus.
• ***Corylus avellana*, gewöhnliche Hasel**
Lange gelbe Kätzchen hängen im II herab. Im IX und X reifen essbare Früchte (Haselnüsse). Bei *C. maxima* 'Purpurea', der Großen Hasel, sind die Kätzchen rot und sehr dekorativ. Volle Sonne oder Halbschatten, windgeschützt. Gewöhnliche Erde (3 m × 3 m).
• ***Garrya elliptica*** Bild 17
Die langen, grünlich grauen Kätzchen sehen eigenartig, aber in der Masse interessant aus. Immergrünes Laub. Stammt aus Kalifornien und ist nur an sehr wintermilden Standorten ausreichend winterhart. Volle Sonne (Südwand), durchlässige Erde (2 m × 1,50 m).
• ***Salix helvetica***
Die kleinen grauen Kätzchen drängen sich an den gelben Ästen. Im Sommer breite graue Blätter. Sonne, kühler Boden. Die Kätzchen von *S. lapponum* sehen ähnlich aus, die Blätter sind schmaler. *S. hastata* 'Wehrhanii' Bild 18 bringt seine silbrigen Kätzchen vor schwarzem Holz besser zur Geltung (1 m × 0,80 m).
• ***Salix gracilistyla*** Bild 19: durch ihre Zahl und Größe spektakuläre, dicke silbrige Kätzchen. Lange, recht breite Blätter, im Sommer silbergrau. Herrlich! Jedes Frühjahr nach dem Abfallen der Kätzchen kurz schneiden (2 m × 3 m). 'Melanostachys': schwarze Kätzchen, purpurn getöntes Laub.
• ***Salix* × *tsugaluensis* 'Gimne'**: die roten Knospen öffen sich, um silbrige Kätzchen hervorzulassen. Zartgrünes Laub. Im Frühling kurz schneiden (1,50 m × 2 m).
• ***Salix udensis* 'Sekka'**: silbrige Kätzchen an gewundenen, gebänderten purpurroten Trieben. Eigenartig. Nach den Kätzchen zurückschneiden (2 m × 2 m).
• ***Salix* × *seringeana***: viele erst silbrige, dann gelbe Kätzchen. Silbrige längliche Blätter. Sehr schön (2 m × 1,50 m).
• ***Salix caprea* 'Pendula'**: dicke silbrige Kätzchen entlang hängender Triebe. Wird oft auf einen kurzen Stamm veredelt. Nach den Kätzchen schneiden. Sonne oder Halbschatten, kühler Boden (1,60 m × 1 m).

14

15

16

17

18

19

7

Duftende Blüten

Viele Sträucher duften, doch diese Eigenschaft wird in Gärten zu wenig genutzt. Die folgende Auflistung fasst die Sträucher nach Jahreszeiten zusammen, die am schönsten duften, damit Sie für jeden Augenblick des Jahres Ihren eigenen Duft finden können. Aus dem Kapitel „Die wichtigsten Gattungen“ sind noch einige duftende Sträucher hinzugekommen, wie zum Beispiel Sommerjasmin und Flieder.

Frühlingsblüher

• ***Daphne*, Seidelbast**

Die Blüten des kleinen, langsam wachsenden Strauches duften stark nach Jasmin mit fruchtiger Note. Er muss unbedingt jung gepflanzt werden, damit er gut anwächst. Zur Zeit sind nur wenige Arten im Handel zu finden, also empfehlenswert:

***D. mezereum*, Gewöhnlicher Seidelbast** Bild 1, 2: Kräftig rosa Blüten drängen sich im II und III um die diesjährigen Triebe direkt am Holz. Der starke Duft ist wie Jasmin und Maiglöckchen gemischt. Rote Beeren im VI und VII (giftig). Sonne oder Halbschatten, gewöhnliche, eher kalkhaltige Erde (1,20 m × 1,20 m). 'Album': weiße Blüten, gelbe Früchte.

***D. odora* 'Aureomarginata'** ▸ S. 127: Blüten in endständigen zartrosa Büscheln von II bis IV. Die immergrünen Blätter sind von einer diskreten cremeweißen Linie gesäumt. Die grünblättrige Art ist nie im Handel zu finden. Nur bedingt winterhart, Halbschatten, gewöhnliche Erde (1 m × 1 m).

D.* × *burkwoodii Bild 3: endständige zartrosa Blütenbüschel im IV und V. Sommer- oder halbimmergrüne längliche Blätter in zartem Grün. 'Somerset': blüht noch einmal im VIII und IX. 'Gold Edge', 'Astrid', Bild 7 und 'Carol Mackie': gelb geränderte Blätter. Sonne oder Halbschatten, gewöhnliche Erde (1,20 m × 0,80 m).

***D. cneorum*, Rosmarin-Seidelbast** Bild 5: kleine, kräftig rosa Knospen, dann zartrosa Blüten im IV und V. Die kleinen Blätter erinnern an Thymian. Niedriger breiter Strauch. Halbschatten oder Sonne, Steingarten (0,25 m × 0,50 m). 'Eximia' gilt als blühfreudiger; 'Variegata' hat cremeweiße Blattränder.

***D. laureola*, Lorbeer-Seidelbast**: gelbgrüne Blüten gerade unter den letzten Blättern der Zweige im IV und V. Der Duft ist vor allem abends präsent. Immergrün, winterhart, Halbschatten oder Schatten, gewöhnliche, durchlässige Erde.

• ***Osmanthus* × *burkwoodii*** Bild 4
Burkwoods Duftblüte

Kleine reinweiße Blüten mit starkem Jasminduft im IV und V. Kleine dunkle immergrüne Blätter, die denen vom Buchsbaum ähneln; er lässt sich genauso schneiden. Gut winterhart, Sonne oder Halbschatten, gewöhnliche, auch kalkhaltige Erde (1,80 m × 1,80 m).

• ***Choysia ternata*, Mexikanische Orangenblume** Bild 6

Die weißen Blüten in endständigen Sträußen (im V und erneut im VIII und IX) duften nach Honig und Früchten und erinnern ein bisschen an Orangenblüten. Duftende dreilappige Blätter glänzen in Smaragdgrün (immergrün). Gut winterhart und pflegeleicht. Südlich der Alpen für alle Standorte, auch trockenen Schatten, alle Böden, die im Winter nicht zu feucht sind (1,50 m × 1,50 m und mehr). Schneiden Sie sie nach der ersten Blüte, damit sie kompakt bleibt.

'Sundance': grünlich gelbe Blätter, Halbschatten (1 m × 1 m).

'Aztec Pearl': Blätter mit feinen Fiedern, eleganterer Strauch. Volle Sonne (1,50 m × 1,50 m).

'Goldfinger': Blätter mit feinen gelben Fiedern. Sonne oder Halbschatten (1 m × 1 m).

• ***Lonicera syringantha*, Fliederblütige Heckenkirsche.** Kleine violettrosa Blüten mit kräftigem Geißblattduft sitzen im V am Blattansatz, kleine längliche Blätter an biegsamen, gebogenen Trieben. Hübscher, nicht sehr bekannter Strauch, der aber sehr leicht zu ziehen ist. Sonne oder Halbschatten, gewöhnliche Erde (1,20 m × 1,20 m).

• ***Elaeagnus* 'Quicksilver', Schmalblättrige Ölweide** ▸ S. 140

Kleine cremeweiße Blüten am Blattansatz mit jasminähnlichem Duft im V und Anfang VI. Die länglichen, sehr silbrigen Blätter sehen denen von Olivenbäumen sehr ähnlich. Winterhart, volle Sonne, alle durchlässigen Böden (2,50 bis 4 m × 3 m).

• ***Viburnum* × *carlesii* 'Aurora', Koreanischer Schneeball** ▸ S. 100

Dunkelrosa Knospen, weiße Blütenkugeln (8 cm) im IV. Duftet stark nach Levkojen. Breite flaumige Blätter. Robust, kompakt (2 m × 2 m), Schnitt unnötig.

• ***Mahonia aquifolium* 'Apollo', Gewöhnliche Mahonie** ▸ S. 68

Gelbe Blüten und Honigduft.

1

2

3

4

5

6

• ***Lupinus arboreus*, Baum-Lupine** Bild 9
Gelbe, weiße oder bläuliche Blüten bilden von V bis VII kurze Ähren an der Spitze der Triebe und Seitentriebe. Honigduft. Volle Sonne, karger, leichter, durchlässiger Boden. Wächst sehr schnell, lebt aber nicht lange, nur für frostfreie Standorte geeignet (1,20 m × 1,20 m).

• ***Paeonia* × *suffruticosa* 'Keops'** Bild 10
Strauch-Pfingstrose ▶ S. 72
Köstlicher fruchtiger Duft. 'Souvenir de Maxime Cornu' duftet ebenfalls stark.

• ***Philadelphus*** Bild 11 **Sommerjasmin** ▶ S. 74
Die Sorten mit einfachen oder halbgefüllten Blüten duften am meisten, die gefüllten viel weniger oder gar nicht.

• ***Poncirus trifoliata*, Bitterorange** Bild 17
Die weißen Blüten sehen aus und duften wie Orangenblüten, die kleinen Blätter sind dreigeteilt, die grünen Äste sind mit großen Dornen bewehrt. Winterhart bis −15 °C. Volle Sonne oder Halbschatten, gewöhnliche Erde (2 m × 2 m).

• ***Rhododendron luteum*, Pontische Azalee**
▶ S. 80
Goldgelbe Blüten im V mit starkem Jasmin- und Geißblattduft. Pflegeleicht; bildet Ausläufer. Halbschatten, saurer oder neutraler Boden (2 m × 2 m).

17

• ***Ribes odoratum*, Wohlriechende Johannisbeere** ▶ S. 86
Die gelben Röhrenblüten im IV duften schwer nach Levkojen. Die glatten blaugrünen Blätter tönen sich schön im Herbst. Sonne oder Halbschatten (1,80 m × 1,80 m).

• ***Syringa vulgaris* 'Katherine Havemeyer', Gewöhnlicher Flieder** ▶ S. 98
Gefüllte lila Blüten mit starkem Duft bilden breite Kegel (Ende IV oder Anfang V). Großer Strauch oder kleiner Baum einzeln oder für freie Hecke. Volle Sonne, gewöhnliche Erde (4 m × 3 m).

Außerdem:
Cytisus* × *praecox ▶ S. 46
***Erica arborea* 'Alpina'** ▶ S. 50

Sommerblüher

• ***Magnolia sieboldii* (= *M. parviflora*), Siebolds Magnolie** ▶ S. 66
An der Astunterseite hängen von V bis VII duftende, schalenförmige Blüten in kreidigem Weiß, verziert mit einem roten Stempel. Pflanzen Sie sie an einen Weg, um mehr davon zu haben. Halbschatten, kalkfreier, kühler Boden (3 m × 4 m).

• ***Rosa* 'Roseraie de l'Hay'** Bild 12 **Rosen** ▶ S. 88
Mittelgroße, stark gefüllte Blüten von V bis X (bei wenig Schnitt) mit kräftigem Duft nach Alten Rosen. Sehr gesunder, robuster Strauch. Volle Sonne oder Halbschatten, gewöhnliche Erde (2 m × 2 m).

• ***Spartium junceum*, Pfriemenginster, Spanischer Ginster** ▶ S. 46
Je nach Gegebenheit Vanille- oder Zitronenduft, braucht einen sehr wintermilden Standort.

• ***Ptelea trifoliata*, Dreiblättriger Lederstrauch**
Bild 13
Die grünlichen Blüten in kugeligen Büscheln im VI und VII duften stark nach Vanilleblume *(Heliotrop)*. Dreilappige Blätter in glänzendem, kräftigem Grün. Aus dem schönen Strauch wird ein sehr gesunder kleiner Baum. Klein pflanzen. Volle Sonne, gewöhnliche Erde (3 m × 2 m).

• ***Magnolia grandiflora* 'Exmouth', Immergrüne Magnolie** ▶ S. 66
Große elfenbeinweiße Blüten von VII bis IX mit Zitronenduft. Die Blätter sind oben wie lackiert, unten filzig (oft kupferbraun). Volle Sonne, verträgt alkalische Böden, vor starkem Frost schützen. Kompakter Wuchs, blüht etwa ab vier Jahren (4 m × 3 m).

• ***Ligustrum quihoui*, Quihouis Liguster** ▶ S. 108
Die großen Büschel kleiner weißer Blüten im IX sind spektakulär, die halbimmergrünen Blätter länglich. Alle Böden, volle Sonne. Lockerer Wuchs (2 m × 2 m). Eine Entdeckung wert.

• ***Itea virginiana*, Amerikanische Rosmarinweide** Bild 14
Weiße Blüten mit Honigduft in langen hängenden Ähren im VII. Sommergrün. Sonne oder Halbschatten, gewöhnlicher, kalkarmer und nicht zu trockener Boden (2 m × 1,50 m). Vor kaltem Wind schützen.

• ***Clerodendrum trichotomum*, Japanischer Losbaum** Bild 15
Im VIII und IX Büschel cremeweißer Blüten mit rosaroten Kelchen, duften abends stark nach Jasmin. Blätter herzförmig, riechen unangenehm. Volle Sonne, gewöhnliche Erde (3 m × 3 m). Kann zum kleinen Baum „erzogen" werden.

• ***Clerodendrum bungei*, Herrlicher Losstrauch**
Bild 16 (▶ auch S. 112)
Dunkelrosa Blütenkugeln mit sehr kräftigem, fruchtigem Duft sitzen im VIII und IX an der Spitze der diesjährigen Triebe, die großen pur-

9

10

11

12

13

14

15

16

purroten Blätter riechen unangenehm, wenn man sie zerknüllt. Volle Sonne, gewöhnlicher Boden. Als Kübelpflanze kultivieren und jährlich zurückschneiden.

Außerdem:
Clethra ▶ S. 194
Escallonia **'Donard Gem'** ▶ S. 204
Rhododendron **'Polar Bear'** ▶ S. 80

Herbstblüher

• ***Elaeagnus* × *ebbingei*, Wintergrüne Ölweide** Bild 18
Im IX und X kleine cremeweiße Blüten mit Jasminduft in den Blattachseln. Blätter oben bleigrau, unten silbrig. Wächst rasch und lässt sich gut zur Hecke schneiden. Für milde Zonen. Volle Sonne oder Halbschatten; gewöhnlicher, durchlässiger, karger Boden (Sand) (2,50 m × 2,50 m). Die Sorten mit panaschiertem Laub:
'Gildt Edge': breiter gelber Blattrand; Halbschatten.
'Limelight': Blattspreite mit großem gelbem Fleck. Halbschatten.

• ***Mahonia* × *media* 'Charity'** ▶ S. 68
Erstaunlicher Maiglöckchenduft.

• ***Osmanthus heterophyllus*, Stachelblättrige Duftblüte**
Im IX und × winzige weiße Blüten mit Jasminduft plus fruchtiger Note. Der ganze Strauch erzeugt eine süße Duftwolke. Die immergrünen Blätter erinnern an die Stechpalme, aber ohne Stacheln. Schatten oder Halbschatten, kühler, kalkfreier Boden (2 m × 2 m). Wächst gut im Kübel.
'Aureomarginatus': gelb gesäumte Blätter.
'Goshiki': gelb gesprenkelte Blätter. Wächst langsam.
'Gulftide': mehr oder weniger gezähnte Blätter, sehr stachlig, kompakter Wuchs, sehr interessant.
'Myrtifolius' Bild 19: Blätter fast stachellos.
'Purpureus': junge Triebe in dunklem Purpur. Morgens sonniger Standort.
'Variegatus' Bild 20: cremeweiß gesäumte Blätter.

• ***Viburnum farreri* (= *V. fragrans*), Duftender Schneeball** ▶ S. 124

Außerdem:
Camellia sasanqua ▶ S. 28

Winterblüher

• ***Abeliophyllum distichum*, Schneeforsythie** ▶ S. 44
Die weißen Blüten im II rechtfertigen ihren deutschen Namen; sie duften zart nach *Heliotrop* (Honig und Vanille). Gut winterhart, aber in die Sonne oder an eine Mauer pflanzen, damit ihr Holz gut ausreift und dem Frost widersteht. 'Roseum' hat rosé angehauchte Blüten. Eine Entdeckung wert (1,50 m × 1,50 m).

• ***Chimonanthus* × *praecox*, Chinesische Winterblüte** Bild 21
Blütenglöckchen in unschönem, schmutzigem Gelb, doch mit starkem Hyazinthenduft im I und II. Große, dunkelgrüne, raue Blätter. Sonne oder Halbschatten, gewöhnliche Erde (2,50 m × 2 m). 'Luteus': leuchtendere Blüten; die ersten erscheinen 6 oder 7 Jahre nach dem Pflanzen.

• ***Hamamelis mollis*, Chinesische Zaubernuss** ▶ S. 124
Die Blüten mit Honigduft haben lange, fadenartige Blütenblätter in Goldgelb. Die Blätter sehen aus wie bei der Haselnuss; im Herbst tönen sie sich gelb. Breiter Wuchs (2 m × 3 m). Halbschatten oder Schatten, kühle, kalkarme oder -freie Erde. Wächst langsam. *H.* × *intermedia* duftet viel weniger.

• ***Sarcococca*, Fleischbeere**
Die cremeweißen Blüten im I bis III haben keine Blütenblätter, aber starken Vanilleduft. Kleine immergrüne Sträucher, Verwandte des Buchsbaums, die jedoch lockerer und schneller wachsen. Sie ersetzen diese im tiefen Schatten unter Bäumen. Gute Winterhärte; Schatten, Halbschatten, gewöhnliche, humusreiche Erde.
S. confusa Bild 22: lanzettliche Blätter, Zweige gebogen und kräftig. Schwarze Früchte, die lange hängen bleiben. *S. ruscifolia* ähnelt ihr sehr (1,20 m × 1,50 m).
S. hoockeriana: schmale länglich spitze Blätter. Triebe kräftig und gebogen, etwa wie bei Himbeeren (1,20 m × 1,50 m).
'Purple Stern': auffällig purpurrote Triebe.
var. *humilis* (Syn. ***S. humilis***) Bild 23: länglich schmale Blätter, bildet etwas Ausläufer (0,30 m × 0,50 m).
S. orientalis: lanzettlich breite Blätter in glänzendem Dunkelgrün. Kräftiger, kompakter Strauch (1,50 m × 1,50 m).

• ***Skimmia japonica* 'Fragrans'** Bild 24 **Japanische Skimmie**
Männliche Blüten bilden im II und III dicke endständige Büschel mit kräftigem Maiglöckchenduft. Lanzettliche, zähe, immergrüne Blätter. Niedriger, kompakter Strauch. Schatten und Halbschatten, kühler, kalkfreier Boden (1,20 m × 1,20 m). Die anderen Skimmien duften etwas weniger (▶ S. 192).

• ***Lonicera fragrantissima*, Wohlriechende Heckenkirsche** Bild 25
Die cremeweißen Blüten von I bis III mit Form und Duft von Geißblattblüten sitzen in den Achseln der lanzettlichen Blätter, die an Liguster erinnern. Sonne oder Halbschatten, gewöhnliche Erde (2 m × 2 m). Lässt sich gut schneiden (Hecke). *L.* × *purpusii* und 'Winter Beauty' gelten als blühfreudiger, aber sie sind schwer zu unterscheiden.

• ***Mahonia japonica* 'Bealei' (= *M. bealei*), Japanische Mahonie** ▶ S. 68

• ***Viburnum* × *bodnantense* 'Charles Lamont', Bodnant-Schneeball** ▶ S. 192

18

19

20

21

22

23

24

25

Blütezeiten-Kalender

Zwar gelten die „offiziellen“ Jahreszeiten natürlich auch für den Blütezeiten-Kalender von Sträuchern, doch eigentlich müsste man ihn in acht „Halb-Jahreszeiten“ aufteilen, in der jede durch einige gut bekannte Sträucher gekennzeichnet ist. Dazu kommen noch die “rebellischen“ Blütezeiten einiger Büsche, die locker diese Perioden ignorieren und jeglichen Versuch einer genauen Ordnung durcheinander bringen, die sich jedoch für den Garten als sehr kostbar erwiesen haben, da sie eine fast ununterbrochene Blüte garantieren.

Frühling

Je nach Jahr und Gegend beginnt der richtige Frühling im Verhältnis zum offiziellen Datum im Kalender zwei Wochen zu früh oder spät. Viele Gärtner betrachten die Forsythie als wirkliches Signal für das Frühlingserwachen, aber natürlich steht sie nicht allein da!

Frühlingsbeginn (Mitte III bis Ende V)

- **Heide** ▶ S. 48

Die Blüte von Winterheide (*Erica carnea* und *E.* × *darleyensis*) geht bis Ende IV weiter, am spektakulärsten in dieser Periode ist aber die Baum-Heide.

- ***Camellia*, Kamelie** ▶ S. 28

Japanische Kamelien, *C. japonica*, kommen ans Ende ihrer Blütezeit, aber auffällig im März und April ist besonders *C.* × *williamsii*, die unter ihren großen Blüten fast zusammenbricht.

- ***Chaenomeles*, Scheinquitte** ▶ S. 32

Manche Sorten bringen ab Februar Blüten hervor ('Nicoline'), am stärksten blühen sie aber ziemlich zur gleichen Zeit wie die Forsythien.

- ***Forsythia*, Forsythie** ▶ S. 44

Alle Sorten blühen zwischen Mitte März und Mitte April und geben so das Startzeichen für den Frühling.

- ***Mahonia*, Mahonie** ▶ S. 68

Die Blüte von *M. aquifolium* begleitet die der Forsythie oder folgt ihr auf dem Fuße.

- ***Magnolia*, Magnolie** ▶ S. 64

M. stellata blüht als Erste im März, dicht gefolgt von den verschiedenen Hybriden mit sternförmigen Blüten, dann von denen mit „Tulpen“-Blüten (*M.* × *soulangiana*).

- ***Prunus*, Zier-Kirsche, Zier-Pflaume** ▶ S. 78

P. spinosa 'Purpurea', die Schlehe, erblüht Ende II und die anderen folgen bis Ende IV.

- ***Ribes*, Zier-Johannisbeere** ▶ S. 86

Blut-Johannisbeeren, *R. sanguineum*, blühen mit den Forsythien oder kurz darauf.

- ***Rubus*, Zier-Brombeere** ▶ S. 92

R. spectabilis, *R. odoratus* und *R.* 'Benenden' (= *R. tridel* 'Benenden') blühen im Mai, jedes Jahr in einer anderen Periode.

• ***Spiraea*, Spierstrauch** ▸ S. 96
Alle Frühjahrs-Spiersträucher bringen zwischen III (*S. thunbergii*) und Anfang VI (*S. nipponica*) Blüten hervor.

• ***Viburnum*, Schneeball** ▸ S. 100
Duftender Schneeball (*V. carlesii, V. × burkwoodii* usw.) blüht im IV und Anfang V.

Außerdem:

Ceanothus ▸ S. 114
Corylopsis ▸ S. 126
Osmanthus × burkwoodii ▸ S. 130
Amelanchier ▸ S. 106
Berberis darwinii ▸ S. 166
Kerria japonica ▸ S. 118
Pieris ▸ S. 192

Frühlingsende (V und Anfang VI)

• ***Buddleja*, Schmetterlingsstrauch** ▸ S. 24
B. alternifolia unterscheidet sich von den übrigen Schmetterlingssträuchern durch seine herrliche Blüte Ende V.

• ***Cornus*, Hartriegel** ▸ S. 34
Cornus florida blüht im V, während die lange Blühzeit von *C. kousa* und *C. nuttalii* sich über den ganzen Spätfrühling von Ende V bis Mitte VI erstreckt.

• ***Deutzia*, Deutzie** ▸ S. 40
Die kleinen Deutzien (*D. grazilis*) sind die frühesten und blühen ab Anfang V mit der Gefahr zu erfrieren.

• **Ginster** ▸ S. 46
Cytisus × praecox blüht schon Ende IV, dicht gefolgt von *C. scoparius* und den Hybriden, die bis Ende IV blühen. Dann werden sie gleich von den anderen Ginstern abgelöst.

• ***Paeonia*, Strauch-Pfingstrose** ▸ S. 72
Die ersten blühen Ende IV, doch die meisten im Laufe des Mai.

• ***Rhododendron*, Rhododendron** ▸ S. 80
Die duftenden sommergrünen Azaleen und die Rhododendron-Hybriden lassen bis Ende Juni Frühlingsstimmung aufkommen.

• ***Syringa*, Flieder** ▸ S. 98
Je nach Sorte und Gegend erblüht „traditioneller“ Flieder zwischen Ende IV und Mitte V. *S. × prestoniae* kommt später. *S. microphylla* ‘Superba’ blüht ab Mitte V.

• ***Viburnum*, Schneeball** ▸ S. 100
V. opulus blüht Anfang V nach dem letzten Nachtfrost, *V. plicatum* ist meist später dran.

• ***Weigela*, Weigelie** ▸ S. 104
Die Zwergsorten (‘Pink Poppet’ usw.) blühen zuerst, manchmal Mitte Juni.

Außerdem:

Choysia ▸ S. 130
Cotoneaster ▸ S. 38
Daphne × burkwoodii ▸ S. 130
Dipelta floribunda ▸ S. 130
Enkianthus ▸ S. 194
Exochorda ▸ S. 106
Kolkwitzia amabilis ▸ S. 104
Lavandula stoechas ▸ S. 62
Lonicera ▸ S.164
Pyracantha ▸ S. 168

Sommer

Frühsommer: Mitte Juni bis Ende Juli

Die Rosen verkünden die Ankunft des Sommers. Zwar erblühen einige „botanische" Rosen bereits Mitte oder Ende Mai, doch die meisten lassen bis Mitte Juni auf sich warten.

- **Heide** ▶ S. 48
Zwischen der letzten Winterheide und der *Calluna* vom Spätsommer blühen *Erica cinerea* und *Daboecia cantabrica*.
- ***Deutzia*, Deutzie** ▶ S. 40
Mehrere späte Arten, wie *D. pulchra, D. chunii* usw., warten mit dem Blühen auf die ersten Julitage.
- **Ginster** ▶ S. 46
Genista aetnensis, Spartium junceum und *G. tinctoria* blühen jetzt.
- ***Hydrangea*, Hortensie** ▶ S. 54
Zahlreiche „Kugel"-Hortensiensorten fangen in Gegenden mit mildem Klima ab Ende VI an zu blühen. Die „flachköpfigen" folgen auf dem Fuße.
- ***Lavandula*, Lavendel** ▶ S. 62
Alle Lavendelarten blühen im VII.
- ***Philadelphus*, Sommerjasmin** ▶ S. 74
P. coronarius und einige späte Sorten wie 'Beauclerc' oder 'Sybille' warten manchmal bis Anfang VII, um zu blühen.
- ***Potentilla*, Strauch-Fingerkraut** ▶ S. 76
Nicht oder wenig zurückgeschnittene Pflanzen blühen ab Ende V und betören durch ihre Blütenpracht.
- ***Rosa*, Rose** ▶ S. 88
Die „botanischen" Rosen und dann die Hybriden läuten den Sommeranfang ein. Einmal blühende Rosen tun dies eher gegen Ende VI und Anfang VII.
- ***Spiraea*, Spierstrauch** ▶ S. 96
Wenig zurückgeschnittene japanische Spiersträucher haben ihre ersten Blüten vor Ende VI.
- ***Weigela*, Weigelie** ▶ S. 104
Die großwüchsigen Hybriden ('Marjorie', 'Rubivif') blühen den ganzen Sommer über.

Außerdem:

Abelia ▶ S. 110
Buddleja globosa ▶ S. 24
Colutea × media ▶ S. 120
Escallonia ▶ S. 204
Holodiscus discolor ▶ S. 108
Hypericum ▶ S. 118
Indigofera ▶ S. 112
Kalmia ▶ S. 194
Neillia ▶ S. 110
Olearia traversii ▶ S. 204
***Rhododendron* 'Polar Bear'** ▶ S. 80
Spartium junceum ▶ S. 46
***Viburnum plicatum* 'Summer Beauty'** ▶ S. 100

Spätsommer: August bis Anfang September

In dieser Zeit beginnen viele Sträucher zu blühen, zusammen mit zahlreichen Stauden, Dahlien usw. Manch einer betrachtet diesen Zeitpunkt des Jahres als „zweiten Frühling", doch im Unterschied zur eher flüchtigen Frühlingsblüte bleiben die jetzigen Blüten meist bis zum ersten Frost.

- ***Buddleja*, Schmetterlingsstrauch** ▶ S. 24
Alle Hybriden (*B. davidii* und *B. × fallowiana*) bringen ihre Blütenrispen von Ende VII bis Ende IX hervor.
- **Heide** ▶ S. 48
Calluna vulgaris und *Erica vagans* sind mit dem Blühen an der Reihe.
- ***Hibiscus*, Hibiskus** ▶ S. 52
Jetzt ist seine Zeit: Die Blüten öffnen sich am Ende der jungen Triebe.
- ***Hydrangea*, Hortensie** ▶ S. 54
H. 'Annabelle', die Sorten von *H. paniculata*, *H. quercifolia* und der Samt-Hortensien blühen jetzt, wenn es etwas feuchter wird.

Außerdem:

Aralia elata ▶ S. 160
Caryopteris × clandonensis ▶ S. 116
Ceanothus × delilianus ▶ S. 114
Ceratostigma willmottianum ▶ S. 114
Clerodendrum ▶ S. 132
Clethra ▶ S. 194
Fuchsia magellanica ▶ S. 122
Hypericum ▶ S. 118
Leycesteria formosa ▶ S. 118
Perovskia atriplicifolia ▶ S. 116

Herbst und Winter

Wenige „neue" Blüten erscheinen im Herbst und Winter, wenn die wichtigste Farbquelle die Herbsttönung der Blätter ist. Vergessen wir nicht, dass die Blüten mancher Sträucher lange hübsch bleiben, wenn sie an der Pflanze trocknen (wie bei Hortensien aller Art), oder indem sie bis zum Beginn des richtigen Frosts weiterblühen (*Caryopteris, Fuchsia* usw.).

Frühherbst: September und Oktober

Die meisten Pflanzen, die im Spätsommer blühen, fahren im Frühherbst damit fort. Der Kleinblättrige Flieder *Syringa microphylla* 'Superba' und viele Weigelien blühen oft im September noch einmal, vor allem, wenn sie nach der Frühjahrsblüte leicht zurückgeschnitten worden sind.

- ***Camellia*, Kamelie** ▶ S. 28
In Regionen mit mildem Klima fängt manche *Camellia sasanqua* gegen Ende Oktober an zu blühen und gibt ihre Vorstellung bis zum ersten Frost.

Außerdem:

- ***Lespedeza thunbergii*** ▶ S. 112
- ***Vitex agnus-castus*** ▶ S. 116

Spätherbst und Winteranfang: November bis Mitte Januar (▶ auch S. 124)

Dies ist die blütenärmste Zeit des Jahres, obwohl einige Sträucher dem misslichen Wetter trotzen und uns ihre Blüten schenken.

- ***Erica carnea*, Schnee-Heide** ▶ S. 48

Die ersten Exemplare blühen schon vor Weihnachten.

- ***Mahonia*, Mahonie** ▶ S. 68

Mahonia × *media* mit der Sorte 'Charity' ist die erste „Winterblüherin", oft schon um Allerheiligen herum.

- ***Viburnum*, Schneeball** ▶ S. 100

Es kommt nicht selten vor, dass *V. farreri* und *V.* × *bodnantense* ein paar Blüten ansetzen, bevor die Blätter abfallen. *V. tinus* blüht oft, wenn die Früchte noch dran sind.

Außerdem:

Camellia sasanqua ▶ S. 28
Hamamelis virginiana ▶ S. 124
Ulex europaeus ▶ S. 46

Spätwinter: Mitte Januar bis Mitte März

Für Pflanzenliebhaber ist diese Jahreszeit mit ihren mannigfachen Blüten auch außerhalb der Gegenden mit mildem Klima ein „Vorfrühling". Die meisten Blüten duften jetzt überwältigend.

- **Heide** ▶ S. 48

Erica carnea wird von der höheren *E.* × *darleyensis* begleitet und abgelöst.

- ***Camellia*, Kamelie** ▶ S. 28

Die ersten Kamelien (*C. japonica*) erblühen um Weihnachten ('Nobilissima'), die übrigen folgen in den milderen Perioden.

- ***Cornus*, Hartriegel** ▶ S. 34

Cornus mas, die Kornelkirsche, und *C. officinalis*, die Japanische Kornelkirsche, bringen Unmengen kleiner gelber Blütenbüschel hervor, die an Mimosenblüten erinnern.

- ***Prunus*** ▶ S. 78

P. mume, die Japanische Aprikose, blüht ab Ende Januar, wenn sie geschützt an einer Süd- oder Westwand steht. *P. incisa* erblüht bei jeder Erwärmung neu.

- ***Rhododendron*, Rhododendron** ▶ S. 80

'Christmas Cheer' ist der erste, dann folgen bald *R.* × *praecox* und *R. dauricum*.

- ***Ribes*, Zier-Johannisbeere** ▶ S. 86

R. laurifolium und *R. speciosum* sind die frühesten: sie blühen im II und III.

Außerdem:

Abeliophyllum distichum ▶ S. 44
Chimonanthus praecox ▶ S. 126
Corylopsis ▶ S. 126
Daphne ▶ S. 130
Eucommia ulmoides ▶ S. 126
Garrya elliptica ▶ S. 128
Hamamelis ▶ S. 124, 162
Lonicera fragrantissima ▶ S. 134
Pieris ▶ S. 192
Sarcococca ▶ S. 134
Skimmia ▶ S. 192
Spiraea thunbergii ▶ S. 96
Stachyurus praecox ▶ S. 128

Rubus thibetanicus 'Silver Fern', *Acer palmatum* 'Senkaki' und *Caryopteris*

9

Graues Laub

Die graue Farbe der Blätter ist das Ergebnis einer Anpassung an sehr sonnige Standorte und eine relative Trockenheit des Bodens und/oder der Luft, die vom Wind kommen kann. Sie ist meist auf eine Schicht mehr oder weniger dichter Härchen zurückzuführen, die die Blätter vor der Wärme schützen und ihre Transpiration herabsetzen. Keiner dieser Sträucher fühlt sich im Schatten wohl. Sie heben wirkungsvoll zarte oder pastellfarbene Blüten hervor oder dämpfen die Wirkung lebhafter Blütenfarben. In punkto Laub passt purpurrotes am besten zu ihnen.

- ***Artemisia* 'Powis Castle'** Bild 1
Beifuß: Zart eingeschnittene, sehr silberne Blätter. Die biegsamen Triebe können anspaliert werden. Blüht nicht. Volle Sonne, durchlässiger, aber nicht zu karger Boden (0,60 m × 0,80 m). Im Frühjahr kurz schneiden. *A. abrotanum* ist aschgrauer und aromatischer. Die übrigen Beifuß-Arten sind Stauden.
- ***Brachyglottis* 'Sunshine' (Syn. *Senecio greyi*), Greiskraut** Bild 2 (und Bild 3: gelbe Blüten im Hintergrund): ovale Blätter mit silbergrauer Ober- und weißer, flaumiger Unterseite. Gelbe „Margeriten"-Blüten in Büscheln im VII. Volle Sonne, gewöhnliche Erde. Im Freiland nur bis etwa −5 °C winterhart (1 m × 1,50 m).
- ***Buddleja alternifolia* 'Argentea'** ▸ S. 24
- ***Helichrysum canescens*, Strohblume** Bild 3 (im Vordergrund; hinten: *Brachyglottis* 'Sunshine'): Kleine wollige Blätter mit an Curry erinnerndem Duft sitzen eng an aufrechten Trieben. Winterhart bis −15 °C. *H. italicum*: stärkerer Duft, schmale Blätter in glänzendem Silber, erfriert zwischen −5 °C und −10 °C. Gelbe Blütenköpfchen nach der Blüte entfernen. Volle Sonne, gut dränierter Boden (0,40 m × 0,60 m).
- ***Elaeagnus* 'Quicksilver'** Bild 9 und Bild 10: Elliptische Blätter, leuchtend silbergrau (bei *E. angustifolia* sind sie mattgrau). Duftende Blüten im V und VI (2,50 m × 4 m × 3 m).

10

- ***Hippophae rhamnoides*, Gewöhnlicher Sanddorn** Bild 4
Lange schmale Blätter, bleigrau, Unterseite heller. Stachlige Zweige voll orangefarbener Früchte von VIII bis XII an weiblichen Pflanzen. Volle Sonne, karger, leichter Sandboden (2,50 m × 2,50 m). Bildet Ausläufer.
- ***Phlomis fruticosa*, Strauchiges Brandkraut** Bild 5
Mittelgroße Blätter, Oberseite silbergrau, Unterseite flaumiger und gelber. Im VIII gelbe Blütenkugeln um die Triebe herum. Winterhart bis −15 °C in gut durchlässiger Erde. Volle Sonne (1 m × 1,20 m).
- ***Santolina chamaecyparissus*** Bild 6
Graues Heiligenkraut: Das wollige aromatische Laub sitzt dicht an den Trieben, die gelben Blüten im VII sind unscheinbar. Volle Sonne, durchlässiger Boden (0,50 m × 0,50 m). Im VIII kompakt zurückschneiden.
- ***Pyrus salicifolia* 'Pendula', Weiden-Birne** Bild 7
Lange silbergraue Blätter an hängenden Trieben. Weiße Blüten im IV. Kleine harte Früchte. Volle Sonne, gewöhnlicher, durchlässiger Boden (2,50 m × 2 m). Meist auf einen Stamm veredelt (▸ auch S. 180).
- ***Salix repens* 'Argentea' Kriech-Weide** Bild 8
Die kleinen ovalen Blätter in Silbergrau sind an den jungen, aufrechten Zweigen sehr glänzend. Pflegeleicht und sehr schön. Volle Sonne, gewöhnliche Erde (0,50 m × 1,50 m). 'Dart's Silver' glänzt noch etwas mehr. 'Voorthuizen': sehr kleinwüchsig, für Steingärten (0,05 m × 0,30 m).

Außerdem:

Atriplex halimus ▸ S. 204
***Buddleja fallowiana* 'Lochinch'** ▸ S. 24
***Calluna vulgaris* 'Silver Knight'** und **'Silver Queen'** ▸ S. 26
Lavandula* × *angustifolia ▸ S. 62
Caryopteris* × *clandonensis ▸ S. 114
***Perovskia atriplicifolia* 'Blue Spire'** ▸ S. 114
***Potentilla fruticosa* 'Vilmoriniana'** ▸ S. 76
Salvia officinalis ▸ S. 158
Salix lantana, S. lapponum, S. gracilystila ▸ S. 128

1

2

3

4

5

6

7

8

Blaues Laub

Blaues Laub ähnelt dem grauen, doch wirkt es betörender, irrealer. Nutzen Sie die faszinierende Farbe, um orange oder blassgelbe Blüten besser zur Geltung zu bringen. Setzen Sie sie als Kontrast neben purpurrote oder gelbe Blätter oder auch als symbolische Darstellung von Wasser. Manche Sträucher scheinen ihre Zweige wie das Wasser eines Springbrunnens hochzuwerfen.

• ***Berberis dictyophylla*, Netzblättrige Berberitze**
Kleine Blätter mit himmelblauer Ober- und silbriger Unterseite, rötliche junge Triebe. Gelbe Blüten im IV und V, gefolgt von roten Beeren. Kräftig (2 m × 2 m). Leider noch recht selten. Gute Winterhärte. Volle Sonne, gewöhnliche, durchlässige Erde.

• ***Berberis temolaica***
Große ovale Blätter in metallischem Blau an steifen Trieben. Gelbe Blüten im IV und/oder V, gefolgt von birnenförmigen, dicken roten Früchten mit Wachsüberzug. Die Triebe werden im Spätsommer mahagonifarben. Gut angewachsen kräftig (2,50 m × 2,50 m). Volle Sonne, Südwand, gewöhnliche, kühle, aber durchlässige Erde. Vor strengem Frost schützen. Noch selten.

• ***Fothergilla gardenii* 'Blue Mist', Erlenblättriger Federbuschstrauch**
Junge Blätter oval, dick, in schönem Silberblau, werden im Sommer grüner. Im IV und/oder V cremeweiße Blüten in aufrechten Büscheln. Halbschatten, kühler, kalkfreier Boden. Im Herbst herrliche Gelb- und Orangetöne. Wächst langsam (1 m × 1 m).

• ***Eucalyptus gunnii*** Bild 2
Die jung runden Blätter sitzen zu zweien an den jungen Trieben und bleiben in milden Wintern hängen. Der Wurzelstock verträgt mindestens bis –10 °C. Wenn die Triebe nicht erfrieren, kürzen Sie sie radikal im Frühling, damit wieder schönes blaues Laub nachwächst. Sonne, gewöhnlicher Boden (1,20 m × 1,20 m).

• ***Hebe pinguifolia* 'Pagei'** Bild 3
Fettblättriger Strauchehrenpreis
Kleine dicke Blätter in metallischem Blau sitzen ganzjährig dicht an dicht an den steifen Trieben. Im VII und VIII erscheinen weiße Blüten in endständigen Büscheln. Einer der winterhärtesten der Gattung. Volle Sonne, gewöhnlicher, gut dränierter Boden (0,25 m × 0,30 m).

• ***Melianthus major*, Honigstrauch** Bild 4
Große zusammengesetzte Blätter in wunderbarem Stahlblau. Fast schwarze Blüten an der Spitze der vorjährigen Triebe im V und VI. Gilt als wenig winterhart, der Wurzelstock hält aber unter einer Laubschicht –10 °C aus. Volle Sonne, gewöhnliche, gut durchlässige Erde. Patio, Südwand (1 m × 1,50 m).

• ***Rhododendron campanulatum* subsp. *aeruginosum*, Glockenblütiger Rhododendron**: Ovale zähe Blätter in glänzendem, sehr intensiven Stahlblau. Unauffällige zartrosa Glockenblüten. Kompakter Wuchs (0,80 m × 0,80 m). *R.* 'Alison Johnstone' ist etwas weniger blau, eher grau, doch seine Glöckchenblüten in Lachsorange sind dekorativer (1,80 m × 1,80 m).

• ***Rosa glauca* (= *Rosa rubrifolia*)** Bild 1
Bereifte Rose, Rotblättrige Rose
Blattoberseite in dunklem Stahlblau, Blattunterseite im Frühling intensiv purpurrosa. Auf die kleinen zartrosa Blüten im VI folgen von VIII bis XI sehr dekorative, lebhaft rote Früchte. Sonne, Halbschatten, gewöhnliche Erde (2 m × 2 m).

• ***Ruta graveolens* 'Jackman's Blue'** Bild 5
Wein-Raute
Sehr blaue Blätter mit kräftigem, aromatischem Geruch. Gelbe Blüten an den Triebspitzen im VI und VII. Im Frühjahr zurückschneiden, damit die Farbe intensiv bleibt. Kleiner dichter Busch, ideal für Randbepflanzung oder zusammen mit Rosen. Volle Sonne, gewöhnliche Erde (0,40 m × 0,30 m). *Ruta chalepensis* hat weniger dichtes Laub und einen lockereren, fast kriechenden Wuchs.

• ***Zenobia pulverulenta* 'Blue Sky', Zenobie** Bild 6
Längliche (3 bis 4 cm) Blätter mit stahlblauer Ober- und weißlicher Unterseite. Aufrechte, dann bogige Triebe mit zimtbrauner Borke, im Winter sehr hübsch. Weiße Glockenblüten an der Triebspitze im IV und V mit leichtem Maiglöckchenduft. Halbschatten, humusreicher, kühler, kalkfreier Boden (1,50 m × 1,50 m).

6

1

2

3

4

5

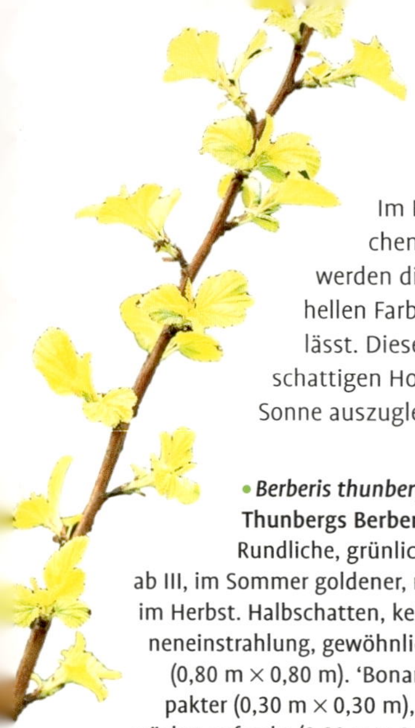

9

Gelbes Laub

Im Frühling leuchten junge gelbe Blätter so stark, dass sie mit manchen Blüten geradezu in Wettstreit treten. Später dann, im Sommer, werden diese Blätter wieder grüner, bewahren jedoch einen erfrischenden hellen Farbton, der sich schön im Spiel mit den anderen, dunkleren einsetzen lässt. Diese Sträucher eignen sich am besten für den Halbschatten, einen schattigen Hof und für Gegenden mit kühlen Sommern, wo sie den Mangel an Sonne auszugleichen scheinen.

- ***Berberis thunbergii* 'Aurea'** Bild 1
Thunbergs Berberitze
Rundliche, grünlich gelbe Blätter ab III, im Sommer goldener, mit rosa Reflexen im Herbst. Halbschatten, keine direkte Sonneneinstrahlung, gewöhnlicher Boden (0,80 m × 0,80 m). 'Bonanza Gold' ist kompakter (0,30 m × 0,30 m), 'Golden Torch' wächst aufrecht (0,80 m × 0,30 m).
- ***Cornus alba* 'Aurea', Tatarischer Hartriegel** ► S. 34
- ***Corylus avellana* 'Aurea', Gewöhnliche Hasel** Bild 2
Gleich nach den orange angehauchten Kätzchen leuchten im Frühling gelbe Blätter, die im Sommer und Herbst schön grüngelb sind. Kleine Haselnüsse. Halbschatten, gewöhnliche Erde (3,50 m × 3 m).
- ***Fuchsia magellanica* 'Aurea'** Bild 3
Goldgelbe Blätter im Frühjahr und Sommer, von VIII bis X prächtige Blüten in Karminrot und Violett. Schlanker leichter Wuchs (0,90 m × 0,80 m). 'Genni': breitere Blätter und Blüten (0,60 m × 0,50 m).
- ***Hypericum × inodorum* 'Summergold'** Bild 4
Duftloses Johanniskraut: Die länglichen, im Frühling lebhaft gelben, dann grüneren Blätter werden im Spätsommer wieder heller. Im VII und VIII kleine gelbe Blüten, rote Früchte. Halbschatten, gewöhnliche Erde (0,80 m × 0,80 m).
- ***Ligustrum* 'Vicaryi', Goldener Liguster**
Das im Frühling zartgrüne Laub wird im Sommer zitronengelb und dann nach der weißen Blüte im VII goldgelb. Halbimmergrün, schwarze Früchte. Sonne oder Halbschatten, gewöhnlicher Gartenboden (2 m × 2 m).
- ***Philadelphus coronarius* 'Aureus'** ► S. 74
- ***Physocarpus opulifolius* 'Dart's Gold'** Bild 5, 9
Blätter mit drei oder vier Spitzen: grellgelb am Frühlingsanfang, dann goldgelb, gelbgrün im Sommer und ockergelb-kupfer im Herbst. Zimtbraune Borke. Herrlich. Keine direkte Sonne, Halbschatten, gewöhnliche, nicht zu trockene Erde (2,50 m × 2 m). Kann jeden Frühling radikal zurückgeschnitten werden.
- ***Ptelea trifoliata* 'Aurea'** Bild 6, **Dreiblättriger Lederstrauch**
Dreifiedrige, leuchtend zitronengelbe Blätter. Grünliche Blüten in kugeligen Büscheln im VI und VII mit starkem Duft nach *Heliotrop*. Der Busch wird zum sehr gesunden kleinen Baum. Jung pflanzen. Volle Sonne, gewöhnlicher Gartenboden (2 m × 2 m).
- ***Sambucus racemosa* 'Plumosa Aurea'** ► S. 94
- ***Spiraea japonica* 'Gold Flame', 'Gold Princess', 'Goldmund'** ► S. 96
- ***Ribes sanguineum* 'Brocklebankii'** Bild 7
Blut-Johannisbeere. Die kräftig gelben Blätter bringen die rosa Blüten schön zur Geltung. Nicht sehr kräftig, aber sehr leuchtend. Halbschatten, gewöhnliche Erde (1,50 m × 1,50 m).
- ***Viburnum opulus* 'Aureum'** Bild 8
Gewöhnlicher Schneeball, Goldform: Im Frühjahr lebhaft gelbes, im Sommer zitronengrünes, im Herbst je nach Bodentrockenheit kupfern oder rosé angehauchtes Laub. Weiße Blüten im V, rote Früchte im VII und IX. Halbschatten, kühler Boden (2 m × 1,50 m). 'Harvest Gold' ist genauso.
- ***Weigela* 'Olympiade'** ► S. 104

Außerdem:

***Acer shirawasanum* 'Aureum'** ► S. 22
***Acer campestre* 'Postelense'** ► S. 22
***Cornus mas* 'Aurea'** ► S. 36
***Erica carnea* 'Aurea', *Calluna vulgaris* 'Gold Haze'** ► S. 48, 50
***Hydrangea serrata* 'Golden Sunlight'** ► S. 54
***Ribes alpinum* 'Aureum'** ► S. 86
***Sambucus canadensis* 'Aurea'** ► S. 94
***Spiraea thunbergii* 'Aurea'** Bild 10, ***S. × vanhouttei* 'Gold Fountain'** ► S. 96
***Viburnum lantana* 'Aurea'** ► S. 100

10

1

2

3

4

5

6

7

8

6

Purpurrotes Laub

An der richtigen Stelle im Garten gesetzt, spielt purpurrotes Laub mit dem Licht wie die Buntglasfenster einer Kathedrale. Aus diesem Grund pflanzt man diese Sträucher am besten auf die Ost- oder Westseite des Gartens. Sie bilden einen wunderbaren Hintergrund für rosa, blaue, rote oder orange Blüten und passen gut zu grauem Laub. Vermeiden Sie die Nähe gelber Blüten, zu denen der Kontrast zu stark ist.

• ***Berberis thunbergii*** **'Atropurpurea Nana'** Bild 1
Thunbergs Berberitze
Kleine rundliche Blätter in leicht glänzendem Purpurrot, diskrete, gelbe Blüten im IV und rote Früchte im VIII. Sonne, gewöhnliche Erde. Wächst als Halbkugel (0,60 m × 0,60 m); 'Bagatelle' ist kompakter (0,30 m × 0,30 m). *B. t.* 'Atropurpurea': diffuser Wuchs (1,20 m × 1,20 m). 'Red Chief': schmale dunkle Blätter, diffuser Bogen-Wuchs, sehr schön (1,50 m × 1 m).

• ***Berberis × media*** **'Red Jewel'** Bild 2
Länglich schmale Blätter im Frühling purpurn, im Sommer grüner, im Winter fast schwarz. Gelbe Blüten im IV. Sonne, Halbschatten, gewöhnliche Erde (0,80 m × 0,80 m).

• ***Cercis canadensis*** **'Forest Pansy'** Bild 6
Kanadischer Judasbaum
Herzförmige Blätter im Frühling purpurn, dann stärker rot, im Herbst rostorange. Zartrosa Blüten im IV, nicht immer sehr zahlreich. Wunderhübsch. Sonne, durchlässige Erde, Schutz vor kaltem Wind. Gut winterhart, alle 3–5 Jahre radikal verjüngen (2,50 m × 2 m).

• ***Corylus maxima*** **'Purpurea'** Bild 3
Große Hasel
Im Frühling dunkelpurpurne Blätter, im Sommer intensiveres Rot. Im II purpurn getönte Kätzchen. Köstliche Nüsse im IX und X. Sonne, Halbschatten, gewöhnliche Erde (4 m × 3 m).

• ***Cotinus coggygria*** **'Royal Purple', Europäischer Perückenstrauch**
Die rundlichen Blätter sind im Frühling durchscheinend, im Sommer dunkelpurpurrot, im Herbst orange getönt. Prächtige, sehr dunkle Sorte. 'Red Beauty': heller. 'Grace' Bild 5: größere Blätter mit mehr Kupferrot und herrlichen Herbstfarben. Volle Sonne, gut durchlässiger Boden (2,50 m × 2,50 m).

• ***Hypericum × inodorum*** **'Alburry Purple', Duftloses Johanniskraut**
Längliche Blätter, im Frühling purpurn, dann mehr kupfern. Kleine gelbe Blüten im VII und VIII, rote, dann schwarze Früchte. Halbschatten, gewöhnliche Erde (0,80 m × 0,80 m).

• ***Malus*** **'Coccinella'** ▶ S. 70

• ***Photinia × fraseri*** **'Red Robin'** Bild 4
Frasers Glanzmispel
Die jung karminroten Blätter werden im Herbst dunkelgrün. Nach einem leichten Rückschnitt im Frühsommer wächst sie noch einmal wunderbar nach. Sonne, Halbschatten, gewöhnliche, nicht zu trockene Erde (2,50 m × 2,50 m). Ersetzt in säurefreiem Boden vorteilhaft *Pieris*. 'Birminham': ähnlich, etwas kompakterer Wuchs.

• ***Prunus × cistena*** **, Rote Sand-Kirsche** ▶ S. 78, 172

• ***Physocarpus opulifolius*** **'Diabolo'** Bild 7
Schneeball-Blasenspiere
Die herzförmigen Blätter sind am Frühlingsanfang purpurrot, im Sommer purpurschwarz, im Herbst kupfrig rosa. Zimtbraune Borke. Herrlich. Keine direkte Sonne, Halbschatten, gewöhnliche, nicht zu trockene Erde (2,50 m × 2 m). Kann jedes Frühjahr radikal verjüngt werden.

• ***Sambucus nigra*** **'Guincho Purple', Schwarzer Holunder** ▶ S. 94

• ***Weigela florida*** **'Purpurea', Liebliche Weigelie** ▶ S. 104

Außerdem:

Acer palmatum 'Bloodgood', 'Chishio Improved', 'Dissectum Nigrum' usw. ▶ S. 20
Cornus alba 'Kesselringii' ▶ S. 34
Hydrangea macrophylla 'Merveille Sanguine' ▶ S. 56
Leucothoe 'Scarletta' ▶ S. 192
Mahonia aquifolium 'Atropurpureum' ▶ S. 68
Salvia officinalis 'Purpurascens' ▶ S. 158

7

1

2

3

4

5

5

Rosa oder rosa panaschiertes Laub

In der Gärtnerei sehen diese Pflanzen immer ein bisschen wie Süßigkeiten aus und lassen sich gut verkaufen, weil sie so „schnuckelig“ sind. Doch der unwiderstehliche rosa Farbton ist ziemlich schwierig in einen Garten zu integrieren, es sei denn, man kombiniert sie mit rosa oder blauen Blüten oder auch mit purpurbelaubten Pflanzen. Nach einem leichten Schnitt der jungen Zweige im Sommer ist der Neuaustrieb deutlicher rosa getönt.

• ***Acer palmatum*** **'Butterfly', Fächer-Ahorn** ▶ S. 20
Im Frühling sind die Blätter elegant weiß gesäumt und rosa getönt. Halbschatten, kühle, kalkfreie Erde (2,20 m × 2 m). Herrlich.

• ***Acer pseudoplatanus*** **'Brillantissimum'** Bild 2
Berg-Ahorn ▶ S. 22
Die jungen Blätter sind sehr hübsch terrakotta- bis orangefarben, werden aber im Sommer blassgelb. Halbschatten, gewöhnlicher, auch kalkhaltiger Boden (3 m × 2 m in 35 Jahren).

• ***Aesculus × neglecta*** **'Erythroblastos'** Bild 5
Carolina-Rosskastanie
Die jungen Blätter sind lebhaft kupfrig rosa, werden im Sommer gelbgrün. Sonne oder Halbschatten (3 m × 2 m). Wächst sehr langsam, ein kostbares Stück!

• ***Berberis thunbergii*** **'Rose Glow', Thunbergs Berberitze**
Die im Frühjahr purpurroten Blätter werden an manchen Blattnerven allmählich heller, so dass sie von weitem rosa wirken. 'Harlequin' Bild 1 und 'Pink Queen' scheinen im Sommer stärker rosa. Sonne, gewöhnliche Erde (1,20 m × 1,20 m). Sehr schön als Kugel geschnitten.

• ***Fuchsia magellanica*** **'Versicolor', Scharlach-Fuchsie**
Das silbrig rosa Laub mit ein paar grünen Feldern passt wunderbar zu den zinnoberroten und violett getönten Blüten im VII, IX und X. Herrlich und schön winterhart. Halbschatten, kühle Erde (0,80 m × 0,80 m). Im Frühling radikal verjüngen.

• ***Hypericum × moserianum*** **'Tricolor', Bastard-Johanniskraut**
Der cremeweiße Rand der im Sommer und Herbst kupfrig rosa getönten Blätter wird gelb. Wunderschön! Sonne, im Winter durchlässige Erde (0,30 m × 0,50 m).

• ***Photinia glabra*** **'Variegata', Glanzmispel**
Immergrüne längliche Blätter mit cremeweißem Rand und rosa Schattierungen. Von weitem herrliche Gesamtfarbe. Keine direkte Sonne, kühler Boden. Winterhärte: −15 °C (2 m × 1,50 m).

• ***Photinia davidiana*** **'Palette' (=** ***Stranvaesia davidiana*** **'Palette'), Lorbeermispel**
Im Frühjahr und einen Teil des Sommers sind die länglichen Blätter stark weiß und orangerosa panaschiert, im Winter intensivieren sich die Farben. Eigentümlich, aber sehr hübsch. Halbschatten, kühler Boden. Winterhärte: −10 °C (1,50 m × 1,50 m).

• ***Pieris*** **'Bert Chandler'** Bild 3
Das lebhafte Rosa der jungen Blätter hat einen Hauch Korallenrot; dann werden sie gelber und im Sommer grün. Sehr spektakulär. Halbschatten, saurer Boden (1,20 m × 1,50 m). Wächst gut in Kübeln.

• ***Rubus crataegifolius*** **'Variegatus'**
Kleine rosa und cremefarben panaschierte Blätter. Herrlich im Frühling. Halbschatten, gewöhnliche, kühle Erde (1 m × 1 m). Im II zurückschneiden.

• ***Salix integra*** **'Hakuro-nishiki'** Bild 4
Die rosa, dann weißen Blätter werden allmählich grüner. Triebe in orange getöntem Rosa. Sehr schön, vor allem auf einen kleinen Stamm veredelt. Keine direkte Sonne, stets kühler Boden (1 m × 1 m). Im Spätwinter zurückschneiden.

• ***Salix cinerea*** **'Tricolor', Grau-Weide**
Junge Blätter cremeweiß und rosa, werden im Sommer grüner. Halbschatten, kühler Boden (2 m × 2 m). Im Spätwinter stark zurückschneiden.

• ***Spiraea × vanhouttei*** **'Pink Ice'**
Das weiße und rosa Laub ist grün gesprenkelt; die Blüten bilden cremeweiße Büschel im V und Anfang VI. Halbschatten, gewöhnliche Erde (1,80 m × 1,50 m).

1

2

3

4

7

Weiß panaschiertes Laub

Der weiße Rand um die Blätter betont ihre Zeichnung und verleiht ihnen besondere Leuchtkraft, mit der sie dunkle oder schattige Gartenecken wirkungsvoll aufhellen. Auf den ersten Blick scheinen weiß gefleckte Blätter krank zu sein, von weitem aber sehen sie grau aus. Man kann sie im Schatten einsetzen, wo echtes graues Laub nicht gedeihen kann. Alle weiß panaschierten Sträucher passen gut zu weißen Blüten.

Blätter mit weißem Rand

- ***Acer campestre*** **'Carnival'** ▶ S. 22
- ***Cornus alba*** **'Elegantissima'** usw. ▶ S. 186
- ***Eleutherococcus sieboldianus*** **'Variegatus'** (= ***Acanthopanax pentaphyllus*** **'Variegatus'**) Bild 1, 7: die Blätter ähneln Holunderblättern, nur kleiner und zartgrün mit weißem Rand. Die Triebe sind mehr oder weniger stachelig. Schatten (auch trockener) oder Halbschatten, gewöhnliche Erde (1,50 m × 1,50 m). Eine Entdeckung wert.
- ***Euonymus fortunei*** **'Emerald Gaiety'** und **'Silver Gem'** ▶ S. 42
- ***Ligustrum ovalifolium*** **'Argenteum'** Bild 2 Halbimmergrüne lanzettliche Blätter in Salbeigrün mit leuchtend weißem Rand. Ausgezeichneter Strauch für den Schatten unter Bäumen. Gewöhnliche, sogar im Sommer trockene Erde (1,80 m × 1,50 m).
- ***Kerria japonica*** **'Variegata'** (= ***K. j.*** **'Picta'**) Bild 3 Mit ihren kleinen spitzen Blättern in Zartgrün mit weißem Rand sieht sie „wolkig“ aus. Gelbe einfache Blüten im II und IV. Grüne Borke. Halbschatten, gewöhnliche Erde (0,80 m × 1 m).
- ***Sambucus nigra*** **'Variegata'** ▶ S. 94
- ***Symphoricarpos orbiculatus*** **'Taff's Silver Edge', Korallenbeere** Bild 4 Durch seine winzigen runden Blätter mit zartem weißem Saum wirkt der Strauch wie Nebel. Herrlich. Schatten oder Halbschatten, gewöhnliche Erde.
- ***Rhamnus alaternus*** **'Argenteovariegatus'** Bild 5 Die immergrünen länglichen Blätter sind glänzend weiß umrahmt und in der Mitte weiß, grau und grün marmoriert. Erstaunliche Winterhärte für einen Strauch, der als empfindlich gilt (–10 °C bis –15 °C). Rote Früchte im VII und VIII. Sonne oder Halbschatten, durchlässige Erde (2 m × 2 m). Wächst schnell.
- ***Weigela florida*** **'Nana Variegata', Liebliche Weigelie** ▶ S. 104

Außerdem:

Aralia elata **'Variegata'** ▶ S. 160, 188
Buddleja davidii **'White Harlequin'** Bild 6 usw. ▶ S. 24
Buxus sempervirens **'Elegantissima'** ▶ S. 26
Cotoneaster horizontalis **'Variegatus'** ▶ S. 38
Fatsia japonica **'Variegata'** ▶ S. 160
Hydrangea macrophylla **'Quadricolor'** ▶ S. 54
Ilex aquifolium **'Handsworth New Silver'** ▶ S. 60
Osmanthus heterophyllus **'Argenteovariegatus'** ▶ S. 162
Philadelphus coronarius **'Variegatus'** ▶ S. 188
Prunus lusitanica **'Variegata'** ▶ S. 162
Pyracantha **'Mohave Silver'** und **'Harlequin'** und **'Sparkler'**
Rhododendron ponticum **'Variegatum'** ▶ S. 80
Rubus fruticosus **'Variegatus'** ▶ S. 92

Blätter mit weißen Punkten

- ***Deutzia scabra*** **'Punctata'** ▶ S. 40
- ***Hypericum androsaemum*** **'Glady's Brabazon'** Die jungen Blätter sind weiß gepunktet und gestreift, dann grüner. Im Sommer gelbe Blüten, rote, später schwarze Früchte. Sät sich immer wieder selbst aus. Halbschatten, kühle Erde (0,80 m × 0,80 m).
- ***Prunus laurocerasus*** **'Marble White', Lorbeerkirsche**: Die immergrünen, unregelmäßig geäderten Blätter sind von nahem recht hässlich, wirken aber von weitem sehr hell. Schatten oder Halbschatten, gewöhnliche Erde (2,50 m × 2,50 m). Mit Kugelschnitt prächtig.
- ***Euonymus fortunei*** **'Harlequin'** ▶ S. 42
- ***Sambucus nigra*** **'Pulverulenta', Schwarzer Holunder** ▶ S. 94
- ***Ulmus parvifolia*** **'Frosty', Japanische Ulme** Sehr hübsche kleine, wie weiß gepuderte Blätter. Grazil. Im Topf als „Bonsai“ ziehen. Halbschatten, kühle Erde (1,20 m × 1,20 m).

Außerdem:

Acer campestre **'Pulverulentum'** ▶ S. 22
Acer palmatum **'Ukigumo'** ▶ S. 20
Ribes sanguineum **'Pulborough Scarlet Variegated'**, ***R. americanum*** **'Variegatum'** ▶ S. 86
Spiraea thunbergii **'Mt Fuji'** ▶ S. 96

1

2

3

4

5

6

8

Gelb panaschiertes Laub

Der gelbe Rand, der die Blätter säumt, verleiht ihnen einen goldenen, hellen Farbton, der sie ähnlich wirken lässt wie ganz gelbe Blätter. Allerdings vertragen die nur teilweise grünen Blätter dank eben dieser Farbe besser Sonne. Strauchsorten mit gelber Blattspreite sind seltener und lassen sich nur schwer daran hindern, komplett grüne Blätter hervorzubringen. Gelb gesprenkeltes Laub ist wegen seines meist schwefelgelben Gesamteindrucks interessant – dieser Ton ist milder und passt besser zu Blüten in lebhaften Farben.

Blätter mit gelbem Rand

- ***Berberis thunbergii* 'Golden Ring', Thunbergs Berberitze**
Purpurrote Blätter mit einem zarten goldenen Saum. Die hübsche Panaschierung ist von weitem unsichtbar, aber aus der Nähe sehr schön! Sonne, gewöhnliche Erde (1,20 m × 1,20 m).
- ***Ligustrum ovalifolium* 'Aureum', Japanischer Liguster** Bild 1
Lanzettliche, goldgesäumte und zartgrün-gelb marmorierte, auch ganz gelbe Blätter. Sonne oder Halbschatten, gewöhnliche Erde (2,50 m × 2,50 m). Sehr schnittverträglich.
- ***Cornus alba* 'Gouchaultii'** ▶ S. 34
- ***Euonymus fortunei* 'Emerald'n Gold'** ▶ S. 42
- ***Ilex aquifolium* 'Mme Briot'** ▶ S. 60, 208
- ***Elaeagnus × ebbingei* 'Gilt Edge'** Bild 2
Wintergrüne Ölweide: Immergrüne Blätter in kräftigem Grün mit breitem, regelmäßigem Rand. Diskrete, duftende Blüte im X und XI. Sonne oder Halbschatten, gewöhnliche oder sandige Erde (2 m × 2 m).
- ***Forsythia × spectabilis* 'Golden Times', Forsythie** ▶ S. 44
Große gezahnte Blätter mit breitem goldgelbem Rand. Halbschatten, gewöhnliche Erde (2 m × 2 m).
- ***Kerria japonica* 'Aureomarginata'** Bild 3
Kerrie, Ranunkelstrauch
Spitze Blätter, zartgrün mit schmalem, recht leuchtend gelbem Rand. Einfache gelbe Blüte im IV. Grüne Borke. Halbschatten, gewöhnliche Erde (1,20 m × 1,50 m).
- ***Symphoricarpos orbiculatus* 'Foliis Variegatis', Korallenbeere** Bild 4
Kleine Blätter mit zart gelbem Rand, so dass sie aussehen wie ganz leicht gelb. Halbschatten, gewöhnliche Erde (1 m × 0,60 m).
- ***Viburnum tinus* 'Bewley's Variegated'** ▶ S. 102
- ***Weigela florida* 'Variegata'** ▶ S. 104

Außerdem:
Aralia elata 'Aureovariegata' ▶ S. 160
Daphne × burkwoodii 'Gilt Edge' ▶ S. 130
Daphne odora 'Aureomarginata' ▶ S. 130
Osmanthus heterophyllus 'Aureomarginatus' und 'Aureovariegatus' ▶ S. 164
Salvia officinalis 'Icterina' ▶ S. 158

Blätter mit gelber Blattspreite

- ***Aucuba japonica* 'Picturata'** ▶ Immergrüne
- ***Cornus kousa* 'Goldspot'** Bild 6, 7 Bild 8
Die mittelgrünen Blätter zeigen nach und nach in der Mitte einen gelben Fleck, der im Herbst rosé wird. Die weißen Blüten werden im V und VI rosa. Halbschatten, gewöhnliche Erde ohne Kalk (2,50 m × 2 m).
- ***Euonymus fortunei* 'Sunspot'** ▶ S. 42
- ***Elaeagnus pungens* 'Maculata'** ▶ S. 164
- ***Forsythia* 'Fiesta'** ▶ S. 44
- ***Rhododendron* 'President Roosevelt'** ▶ S. 80

Gelb gefleckte Blätter

- ***Aucuba japonica* 'Variegata'** ▶ S. 162
- ***Buxus sempervirens* 'Latifolia Maculata', Gewöhnlicher Buchsbaum**: junge Blätter sehr gelb, dann panaschiert, später mehr oder weniger grün. Die jungen Triebe können in der Sonne verbrennen. Halbschatten, gewöhnliche Gartenerde (2 m × 2 m).
- ***Philadelphus × lemoinei* 'Innocence'** ▶ S. 74
- ***Sambucus nigra* 'Marmorata'** ▶ S. 94
- ***Mahonia aquifolium* 'Versicolor'** ▶ S. 68

Außerdem:
Osmanthus heterophyllus 'Goshiki' ▶ S. 164
Leucothoe fontanesiana 'Rainbow' ▶ S. 192

1

2

3

4

5

6

7

Laub mit Herbstfarben

Das Laub zahlreicher Sträucher nimmt im Herbst prachtvolle Farbtöne an, doch wählt man sie kaum allein deshalb aus – obwohl es sich für manche lohnen würde. Die Herbstfarben variieren häufig von einem Jahr zum anderen, je nach Feuchtigkeit, manchmal auch nach Bodenbeschaffenheit. Oft sind sie bei Sträuchern, die in zu engen Containern gezogen wurden, sehr intensiv. Wenn sie dann ausgepflanzt worden sind, muss man sich häufig drei oder vier Jahre gedulden, bevor die Farben wieder so kräftig werden.

6

Rosa Laub

• ***Euonymus alatus*, Flügel-Spindelstrauch** ▶ S. 42
Normalerweise rotes Laub, nach einem trockenen Sommer aber sehr schön rosa. Dekorativ auch wegen seiner Triebe, die mit breiten Korkflügeln verziert sind. Halbschatten, gewöhnliche Erde (2 m × 2 m).

• ***Berberis thunbergii* 'Silver Queen' oder 'Harlequin', Thunbergs Berberitze** ▶ S. 148
Die purpurroten, weiß panaschierten Blätter wirken im Sommer rosa, im Herbst intensiver. Sonne, Halbschatten, gewöhnliche Erde (1,50 m × 1,50 m).

• ***Cornus alba* 'Gouchaulthii', 'Sibirica Variegata'** ▶ S. 170
Die Blätter sind gelb bzw. weiß panaschiert und tönen sich im Herbst stark rosa. Sonne oder Halbschatten, gewöhnliche Erde (2 m × 2 m).

• ***Viburnum opulus* 'Aureum', Gewöhnlicher Schneeball** Bild 1 ▶ S. 144
Das im Sommer gelbe Laub wird erst an den Rändern, dann komplett rosa. Nach einem schönen Sommer ist das Rosa intensiver und bringt die roten Früchte zur Geltung. Halbschatten, kühler Boden (2 m × 1,80 m).

Außerdem:
***Prunus glandulosa* 'Alba Plena'** ▶ S. 78
***Cornus florida* 'Rainbow'** ▶ S. 36

Gelbes Laub

• ***Callicarpa bodinieri*, Bodniéres Schönfrucht** ▶ S. 166
Manchmal werden die Blätter im Herbst buttergelb, wodurch die violetten Früchte gut zur Geltung kommen. Halbschatten, gewöhnliche Erde (1,80 m × 1,80 m).

• ***Cornus stolonifera* 'Flaviramea'** ▶ S. 170
Weißer Hartriegel mit gelbem Holz
Die Blätter werden buttergelb und sind harmonisch abgestimmt auf die grüngelbe Borke der Zweige. Sonne oder Halbschatten, kühle Erde (2 m × 2 m).

• ***Corylus avellana*, Gewöhnliche Hasel**
Die gelben Blätter sind im X, während der Nussernte, mehr oder weniger rostrot. Sonne oder Halbschatten, windgeschützt, gewöhnliche Erde (3 m × 3 m).

• ***Spiraea japonica* 'Albiflora'** Bild 2
Japanischer Spierstrauch mit weißen Blüten
Die im Sommer zartgrünen Blätter werden im Herbst sehr hübsch buttergelb. Sonne oder Halbschatten, gewöhnliche Erde (0,80 m × 0,80 m).
Spiraea × *cinerea* 'Grefsheim' und *S. thunbergii* sind ebenfalls sehr reizvoll, da sie sehr spät ihr Laub umfärben.

Außerdem:
***Acer palmatum* 'Senkaki'** ▶ S. 139, 170
Aesculus parviflora ▶ S. 108
Chionanthus virginicus ▶ S. 106
Clethra alnifolia ▶ S. 194
Corylopsis willmottiae ▶ S. 118, 126
Hamamelis mollis ▶ S. 124
Kerria japonica ▶ S. 118
Poncirus trifoliata ▶ S. 132

Kupferrotes Laub

• ***Berberis amurensis* 'Rugidicans'** Bild 3
(= 'Flamboyant')
Das zartgrüne Laub tönt sich ab VIII kupferrot, dann orange und endlich gegen Ende X karminrot, und damit sind uns 3 Monate Herbstfarben sicher! Sonne, gewöhnliche Erde (1,40 m × 1,60 m).

• ***Cercis canadensis* 'Forest Pansy', Kanadischer Judasbaum** ▶ S. 146, 196
Die dunkelpurpurroten Herzblätter tönen sich Ende IX und X herrlich rostrot. Sonne, durchlässiger Boden (2,50 m × 2 m).

• ***Spiraea betulifolia aemeliana*** Bild 4
Birkenblättriger Spierstrauch
Die rundlichen, sich dicht an den Trieben drängenden Blätter färben sich ab VII zuerst an den Nerven kupferrot, später ganz. Weiße, unscheinbare Blüten im VII. Sonne oder Halbschatten, kühle Erde. Niedriger Busch,

1

2

3

4

5

Bodendecker (0,50 m × 0,80 m). Selten, ihn zu entdecken lohnt sich!

- ***Viburnum sargentii*** **'Onondaga', Sargents Schneeball** Bild 5 (Foto vorangehende Seite mit *Aralia schmidtii* im Vordergrund): Die purpurn getönten Blätter werden im Herbst rostrot, orange oder kupfer, je nach Jahr, manchmal zusammen mit den roten Früchten. Sonne oder Halbschatten, kühle Erde (2 m × 2 m).

Außerdem:

Aralia elata ▶ S. 160
Cornus **'Norman Hadden'** ▶ S. 36
Cornus sanguina **'Midwinter Fire'** ▶ S. 170
Malus **'Coccinella'** ▶ S. 70, 168
Photinia villosa ▶ S. 168
Prunus incisa ▶ S. 70
Rubus spectabilis **'Flore Plena'** ▶ S. 92
Stephanandra tanakae ▶ S. 172

Orangefarbenes Laub

- ***Amelanchier lamarkii*** **(Syn. *A. canadensis*)** Bild 7
Kanadische Felsenbirne
Wunderbares herbstliches Orange und Rostrot im IX und X. Reinweiße Blüten im III oder IV. Sonne oder Halbschatten, alle nicht zu trockenen Böden (2,50 m × 2 m).
- ***Cotinus coggygria*** **'Grace'** Bild 6 (vorige Seite), **Europäischer Perückenstrauch**
Sorte mit großen Blättern, orange getönt im Sommer, kräftig orange im Herbst. 'Royal Purple' und die anderen *Cotinus*-Arten (*C. coggygria* und *C. obovatus*) bringen Orange- und Karminrottöne hervor, deren Intensität von Jahr zu Jahr variiert. Volle Sonne, gewöhnlicher, durchlässiger Boden (2 m × 2 m).
- ***Rhus × pulvinata*, Sumach** Bild 9
Die großen Fiederblätter sind im Sommer leuchtend grün, im Herbst kupfer, orange oder karminrot getönt (je nach Jahr). Junge Triebe mahagonibraun. Kreuzung aus *R. glabra* und *R. typhina*, die verbreiteter sind und auch berühmt für ihre Herbstfarben. Gewöhnliche Erde, Sonne oder Halbschatten (2,50 m × 4 m und mehr).

Außerdem:

Enkianthus ▶ S. 194
Fothergilla major ▶ S. 194
Kolkwitzia amabilis ▶ S. 104
Prunus incisa ▶ S. 70
Viburnum carlesii, V. × carlcephalum, V. × burkwoodii ▶ S. 100
Spiraea nipponica ▶ S. 96
Viburnum lantana ▶ S. 100

Leuchtend rotes Laub

- ***Euonymus alatus*** **'Compactus', Flügel-Spindelstrauch** Bild 8
Scharlachrotes Laub Ende IX bis Ende XI. Die Flügel um die Äste fehlen oder sind kaum zu sehen. Halbschatten oder nicht zu heiße Sonne, gewöhnliche Erde (1,20 m × 1,20 m).
- ***Rosa virginiana*, Virginische Rose**
Das karmin- oder zinnoberrote Laub wird je nach Jahr lebhafter oder dunkler. Rote Früchte, Borke der Äste purpurrot. Bildet Ausläufer. Sonne, gewöhnlicher oder Sandboden (1,20 m × 2 m).
- ***Viburnum opulus*** **'Roseum', Gewöhnlicher Schneeball** ▶ S. 100
Samtig rote Blätter, je nach Jahr mehr oder weniger rosa. Manchmal werden sie auch gelb! Sonne oder Halbschatten, kühle Erde (2,50 m × 2,50 m). *V. trilobum* 'Spring Red Compact' ist kaum bekannt, leuchtet aber im X sehr rot.

Außerdem:

Euonymus hamiltonianus ▶ S. 42
Hamamelis × intermedia **'Jelena'** ▶ S. 120
Rhododendron, Laub abwerfende Azaleen ▶ S. 80
Ribes odoratum ▶ S. 86

Purpurrotes Laub

- ***Hydrangea quercifolia*, Eichenblättrige Hortensie** ▶ S. 58
Die großen, fiedrig gelappten Blätter sind im Sommer khaki und im Herbst weinrot. Sehr schön mit trockenen Blütenständen. Schatten oder Halbschatten, kühler Boden (1,20 m × 2 m).
- ***Rosa nitida*, Glanzblättrige Rose**
Ab Anfang IX tönen sich die Blätter purpurviolett; an den Triebspitzen sitzen rote Früchte. Sonne oder Halbschatten. Bildet Ausläufer: Guter Bodendecker. Gewöhnlicher oder Sandboden (0,50 m × 1,50 m).
- ***Viburnum plicatum*, Japanischer Schneeball** Bild 10
(auf dem Foto unter einem *Prunus*): Bevor das Laub abfällt, ist er mehrere Wochen lang purpurweinrot, manchmal belebt durch die orangefarbenen Früchte. Halbschatten oder Sonne, gewöhnliche, kühle, kalkarme Erde (3 m × 2 m).

Außerdem:

Ceratostigma plumbaginoides ▶ S. 116
Cornus alba **'Sibirica'** und **'Kesselringii'** ▶ S. 170
Cornus canadensis ▶ S. 40
Berberis × stenophylla ▶ S. 120
Eucommia ulmoides ▶ S. 126
Physocarpus opulifolius **'Diabolo'** ▶ S. 146
Prunus nipponica **var. *kurilensis*** **'Ruby'** ▶ S. 78, 174

7

8

9

10

Aromatisches Laub

Selbst einfache Speisen kommen kaum ohne die bekanntesten von ihnen aus; mit ihren mannigfaltigen Varietäten zieren sie aber auch wunderbar unsere Beete. Gemeinsam mit den übrigen Sträuchern mit duftendem Laub tragen sie dazu bei, bestimmte Krankheiten oder Parasiten von den am häufigsten befallenen Pflanzen, wie Rosen oder kleinen Obstbäumen, fernzuhalten.

• ***Hyssopus officinalis*, Ysop**
Kleine immergrüne Blätter in kräftigem Grün. Dunkelblaue Blütenähren im VIII–IX. Die Pflanze ähnelt einem schön grünen Lavendel und blüht gleich nach diesem. Volle Sonne, durchlässiger Boden (0,50 m × 0,50 m). Randbepflanzung.
H. albus: weiße Blüten.
'Aristatus' Bild 1: Wuchs und Blüte dichter (0,30 m × 0,50 m).
'Roseus' Bild 2: rosa Blüten.

• ***Laurus nobilis*, Lorbeer** Bild 3
Die lanzettlichen immergrünen Blätter haben einen kräftigen Balsamduft. Er stammt vom Mittelmeer und ist bei uns eine häufig gezogene Kübelpflanze. Volle Sonne, gewöhnlicher, durchlässiger Boden, auch Kalk (3 m × 2 m). Verträgt Schnitt gut.

• ***Rosmarinus officinalis*, Rosmarin** Bild 4
Längliche Blätter mit dunkler Ober- und silbriger Unterseite, zäh, sehr aromatisch. Himmelblaue Blüten von I bis V. Aufrechter Wuchs. Volle Sonne, durchlässiger Boden, wintermilde Standorte (1 m × 1 m).
'Corsican Blue', **'Repens'**: dichter, halb gedrungener Wuchs (0,40 m × 1 m), hängt gut von Mäuerchen herab.
'Miss Jessop Upright': graugrüne Blätter, fast weiße Blüten.
'Marjocan Pink': zartrosa Blüten.
var. *albiflorus*: weiße Blüten.

• ***Salvia officinalis*, Salbei**
Grünlich graues, halbimmergrünes Laub mit Balsamduft. Blaue Blütenähren im VI. Sonne, durchlässiger Boden (0,50 m × 0,70 m).
'Albiflora': weiße Blüten.
'Aurea': ganz gelbe Blätter. Schwachwüchsige Pflanze, Halbschatten.
'Berggarten' Bild 5: große, sehr samtige Blätter, wenige, sehr dicke Blüten (0,60 m × 1,50 m).
'Icterina': gelb gesäumte zartgrüne Blätter. Blüht nicht.
'Lavandulifolia': schmale, sehr silbrige Blätter. Kleine, aber zahlreiche Blüten.
'Purpurascens' Bild 6: violett getönte, in praller Sonne sehr schöne Blätter.
'Tricolor': graue und grüne Blätter mit weißem Rand, rosa getönte junge Triebe. Prachtvoll.

• ***Thymus vulgaris*, Thymian** Bild 8
Kleine, stark duftende Blätter drängen sich entlang der Triebe, rosa Blüten bilden im VI und VII endständige Büschel. Volle Sonne, leichte, durchlässige Erde. Lehmerde durch Zusatzstoffe auflockern. *T. × citriodorus*: „zitronigerer" Duft. Viele dekorative Sorten sind ebenso nützlich für die Küche:
'Aureus': gelbes Laub, Blüte rosa, Wuchs aufrecht.
'Bertram Anderson' (**'Anderson's Gold'**): gelbes Laub, blüht kaum.
'Silver Queen' (**'Silver Posie'**) Bild 7: Blätter graugrün, weiß gesäumt. Starker Duft.
'Doone Valley': Blätter grün, manche gelb. Kriechender Wuchs.

Außerdem:
Artemisia ▸ S. 140
Caryopteris ▸ S. 116
Helichrysum splendidum ▸ S. 140
Lavandula ▸ S. 62
Choisya ▸ S. 130
Gaultheria procumbens ▸ S. 194
Ruta officinalis ▸ S. 142
Santolina chamaecyparissus ▸ S. 142
Skimmia ▸ S. 192
Perovskia abrotanoides ▸ S. 116
Ptelea trifoliata ▸ S. 144

8

1

2

3

4

5

6

7

7

Großblättrige Sträucher

Große Blätter wirken besonders im Kontrast zu mittelgroßen und kleinen, sie schaffen aber auch eine exotische, üppige Atmosphäre, wenn sie zusammen mit Bambus, Gräsern, Blumenrohr, ja sogar frostempfindlichen Bananenstauden stehen. Die Sträucher sind zwar winterhart, sie sollten aber an windgeschützten Standorten stehen, da der Wind die schönen Blätter durch Austrocknen oder Zerreißen gefährdet. Gewährleisten Sie die Fruchtbarkeit des Bodens mit Kompost oder Mist und unterstützen Sie so die Produktion erstaunlicher Blätter; verhindern Sie, dass der Boden im Sommer zu sehr austrocknet und zögern Sie nicht, sie alle zwei oder drei Jahre am Winterende radikal oder teilweise zu verjüngen, damit sie weiter so kräftig wachsen.

• ***Aralia elata*, Japanischer Angelikabaum** Bild 1, 2
Die 80 cm bis 1 m langen Fiederblätter (50 bis 60 cm breit) stehen schirmartig am Ende der nackten Triebe zusammen. Auf die cremeweißen Blüten in breiten Dolden im VIII folgen schwarze Früchte. Herbstfarbe Kupfer und Orange. Kaum stachlige Triebe. *A. chinensis*: ähnlich, aber sehr stachlige Triebe. Sonne oder Halbschatten, kühler Boden (3 bis 4 m × 2 m). Breitet sich durch Ausläufer aus. 'Variegata' (= 'Albomarginata'): weiß gesäumte Einzelblätter. 'Silver Umbrella': breiterer weißer Rand. 'Aureovariegata': gelber Rand. Wächst langsam (2,50 m × 2,50 m).

• ***Broussonetia papyrifera*, Papiermaulbeerbaum** Bild 7
(▸ auch S. 202): raue, eigenartig eingeschnittene Blätter, im Herbst buttergelb. Als Busch gezogen sehr schön; ab und zu radikal verjüngen. Volle Sonne, Halbschatten (3 m × 2 m).

• ***Decaisnea fargesii*, Blauschote** Bild 4
(auf dem Foto mit *Catalpa bignonioides* 'Aurea' im Vordergrund): 60 cm lange zusammengesetzte Blätter an der Spitze nackter Triebe (wie Kokospalmen). Grünliche Blüten im V, dann blaue bohnenförmige Früchte im IX und X. Sehr winterhart. Sonne (keine direkte) oder Halbschatten, gewöhnliche, kühle Erde (3 m × 2 m). Eine Entdeckung wert.

• ***Fatsia japonica*, Zimmeraralie** Bild 3
Handförmige immergrüne Blätter in glänzendem Dunkelgrün. Weiße Blüten in kugeligen Körbchendolden im IX und X. Schatten, Halbschatten, kühle Erde. Kultur in der Regel als Kübelpflanze. 'Variegata': unregelmäßig weiß gesäumte Blätter. In milden Lagen ausgepflanzt teils gute Winterhärte (2 m × 1,50 m).

• ***Hydrangea aspera* 'Macrophylla'** ▸ S. 56
30 bis 35 cm lange, 20 cm breite dicke, pelzige Blätter. Im VII und VIII rosa und lila Blüten. *H. a.* var. *sargentiana* Bild 5 (= *H. sargentiana*): hellere Blätter, dichterer Pelz. Blütenstände blasslila. Bildet Ausläufer. Schatten oder Halbschatten, am besten unter Bäumen. Stets kühle Erde (3 m × 3 m).

• ***Kalopanax septemlobus*, Baumkraftwurz** Bild 6
Die fünffach gelappten Blätter sitzen an dicken Trieben mit schwarzen Stacheln. Die Pflanze wirkt sehr eigenartig und exotisch. *K. s.* var. *maximowiczii*: tief eingeschnittene Blätter. Sonne oder Halbschatten, windgeschützt, gewöhnliche, kühle Erde (2,50 m × 1,50 m).

• ***Paeonia lutea*** ▸ S. 72

• ***Prunus laurocerasus* 'Magnoliifolia', Lorbeerkirsche** ▸ S. 162
Immergrüne ovale Blätter (30 bis 35 cm lang, 10 bis 12 cm breit). Weiße Blüten im V und VI. Schatten oder Halbschatten, windgeschützt, gewöhnliche, kalkfreie Erde (3 m × 3 m).

• ***Rhus glabra*, Scharlach-Sumach** ▸ S. 156, 202
Zusammengesetzte, gefiederte Blätter an kahlen, blau bereiften Trieben. Herrliche Herbstfarben, die zwischen Orange und kräftigem Rot variieren. *R. typhina*: flaumig behaarte Zweige. *R. typhina* 'Laciniata': eingeschnittene Blätter. *R.* × *pulvinata*: Kreuzung der beiden: kräftiger; glatte Zweige in Mahagonibraun. Sonne, gewöhnliche, kühle Erde (2,50 m × 4 m).

• ***Sambucus canadensis* 'Maxima'** ▸ S. 94

Außerdem:

Mahonia lomariifolia ▸ S. 68

***Rhododendron* 'Polar Bear'** ▸ S. 80

Radikal verjüngte Bäume als Strauchersatz

Viele Bäume können als großblättrige Sträucher gezogen werden, wenn man sie jedes Jahr im Spätwinter radikal zurückschneidet. So erhält man Blätter mit spektakulären Ausmaßen bei *Catalpa bignonioides, Paulownia tomentosa, Morus alba, Populus lasiocarpa, Ailanthus altissima* usw.

1

2

3

4

5

6

9

Immergrünes Laub

Diese Sträucher zählen sicherlich zu den wertvollsten, denn sie sind auch im Winter präsent und bilden das „Skelett" des Gartens. Sie verdienen es also, sorgfältig ausgewählt zu werden – sei es, um Hecken zu bilden, die Biegung eines Weges zu betonen oder einer Pflanzung ihren Rhythmus zu geben. Es ist ganz wichtig, die Sträucher auszusuchen, die in der jeweiligen Gegend am besten den Winter überstehen, damit die Struktur des Gartens oder der Pflanzung auch in strengen Wintern nicht leidet. Im Allgemeinen fürchten immergrüne Laubgehölze kalten Wind ebenso wie zu warme Standorte.

• ***Aucuba japonica*, Japanische Aukube**
Dicke lanzettliche Blätter, grün oder panaschiert. Im VI unscheinbare Blüten, aus denen an den weiblichen Pflanzen rote, giftige Früchte in Olivengröße werden, die von IX bis XII dekorativ aussehen. Unter Bäumen sehr resistent. Schatten oder Halbschatten, gewöhnliche Erde (2,50 m × 2,50 m). Die Äste erfrieren bei –20 °C, doch der Wurzelstock überlebt.
'Aucubaefolia', **'Crotonifolia'** (männlich), **'Variegata'**: gelb gefleckte Blätter. Sehr verbreitet.
'Rozannie': sehr hübsche grüne Blätter, üppige Fruchtbildung (Selbstbefruchter). Passt gut zu Bambus.
'Longifolia' (weiblich): lange schmale Blätter (15 bis 20 cm × 2 bis 4 cm).
'Nana Rotundifolia' (weiblich) Bild 1: kleine, am Ansatz fast runde Blätter. Kompakt (1 m × 1 m).
'Picturata' (männlich): großer gelber Fleck in der Blattmitte. Nicht so kräftig.
'Sulphurea Marginata' (weiblich) Bild 2: im Frühjahr ist der Blattrand schwefelgelb, im Winter zartgrün. Schatten.

• ***Prunus laurocerasus*, Lorbeerkirsche**
Robuster Strauch mit schönen, glatten, glänzenden Blättern in kräftigem Grün. Im V weiße Blüten in aufrechten Ähren, manchmal gefolgt von roten, dann schwarzen (giftigen) Früchten in der Größe kleiner Oliven. Alle Standorte, aber schöner im Schatten; gewöhnlicher, nicht zu kalkiger und im Winter nicht zu feuchter Boden. Je nach Sorte unterschiedliche Größe. Alle vertragen den Schnitt.
'Rotundifolia': der häufigste, aber auch der empfindlichste gegenüber Echtem Mehltau und Kalk. Am wenigsten winterhart (4 m × 4 m).
'Caucasia' Bild 3, 9: große längliche, schön grüne Blätter. Sehr winterhart, kräftig, verträgt Kalk. Geeignet für große Hecken, als Solitärpflanze oder als Unterpflanzung (5 m × 3 m).
'Otto Luyken': Die kleinen schmalen Blätter stehen senkrecht. Kompakter, von Natur aus kugeliger Wuchs (2 m × 2 m). Dekorative Blüte. 'Reynvaanii' ist vergleichbar. 'Van Nes': gleicher Wuchs, aber breitere, horizontalere Blätter. 'Cherry Brandy': wie 'Van Nes', kompakter (1 m × 1 m), junge Triebe rötlich.
'Dart's Low Green', **'Mount Vernon'**: neuere Sorten, sehr kompakt und niedrig (0,50 m × 1 m).
'Zabeliana' (▶ S. 174): schmale, lange Blätter an horizontalen Ästen. Wunderbar am Hang (1,50 m × 4 m). 'Schipkaensis' und 'Herbergii': ähnlich, aber aufrechter Wuchs (3 m × 4 m).
'Magnoliifolia': Riesen-Blätter (30 cm!). Empfindlich bei Wind und starkem Frost (4 m × 4 m).
'Marble White': junge Blätter kräftig weiß marmoriert. Herrlich von weitem oder zur Kugel geschnitten. Schatten (2,50 m × 2 m).

• ***Prunus lusitanica*, Portugiesische Lorbeerkirsche** Bild 4, 5
Mittelgroße spitze, am Ansatz abgerundete Blätter in Dunkelgrün. Im V hängen weiße Blütenähren herab. Erstaunliche Winterhärte, leicht zu schneiden. Sehr gut im Kübel. Kalte Zugluft vermeiden. Sonne oder Halbschatten, gewöhnliche, auch Kalkerde (4 m × 2 m).
'Azorica': Blattstiele und junge Blätter rötlich. Winterhärter als die Art.
'Myrtifolia' (= **'Angustifolia'**): kleinere Blätter, kompakter, von Natur aus pyramidenförmiger Wuchs. Sehr schön im Kübel, wo Lorbeer nicht winterhart genug ist.
'Variegata': weiß gesäumte Blätter, rötliche Blattstiele. Herrlich im Halbschatten.

• ***Photinia × fraseri* 'Red Robin', Glanzmispel**
▶ S. 146 und 211. Die anfangs karminroten Blätter werden im Sommer dunkelgrün. Nach leichtem Schnitt im Frühsommer treibt sie noch einmal spektakulär aus. Sonne, Halbschatten, gewöhnliche, nicht zu trockene Erde (2,50 m × 2,50 m). Ersetzt in säurefreiem Boden *Pieris*.

• ***Berberis × candidula* 'Jytte'** Bild 6 **Schneeige Berberitze**
Kleine schmale und längliche Blätter mit sehr dunkelgrüner Ober- und weißlicher Unterseite. Unmengen gelber Blüten im V. Sehr dichter Kugel-Wuchs. Herrlich und die winterhärteste der immergrünen Berberitzen. Sonne oder Halbschatten, gewöhnliche Erde (1,50 m × 1,50 m). *B. × gagnepaignii* 'Chenaultii': Blätter breiter und länger, Wuchs lockerer, bildet Ausläufer.

1

2

3

4

5

6

7

8

• ***Berberis julianae*** Bild 7 **Julianes Berberitze**
Längliche dunkelgrüne Blätter, werden im Herbst orange und rot. Gelbe Früchte im VII und VIII. Sehr winterhart, ideal für Schutzhecken. Sonne oder Halbschatten (2 m × 2 m).

• ***Lonicera pileata*, Immergrüne Kriech-Heckenkirsche**
Kleine ovale Blätter, kräftig grün, an mehr oder weniger waagerechten Trieben. Wächst schnell.

Eine Entdeckung wert

• ***Arbutus unedo*, Westlicher Erdbeerbaum** Bild 11
(im Hintergrund): Zähe flache zartgrüne Blätter, cremefarbene Blütenglöckchen und dicke rote Früchte (essbar) im Herbst. Überlebt −15 °C. Sonne, durchlässiger Boden (2 m × 2 m).
• ***Danae racemosa*, Alexandrinischer Lorbeer** Bild 13
Kleiner, klumpförmig wachsender Strauch mit kurzen Rhizomen und blattähnlichen Phyllokladien. Herrlich. Sonne, Halbschatten, sehr wintermilde Lagen, tiefgründige, durchlässige Erde (1 m × 1 m).
• ***Hedera helix* 'Arborescens', Gewöhnlicher Efeu** (Kletterform) Bild 14
Rundliche oder rhombenförmige Blätter an aufrechten Trieben. Blüten in grünen Büscheln im X und XI. Schwarze Früchte von II bis IV. Sehr winterhart. Natürlicher Kugel-Wuchs. Ideal für „Skulpturen“ oder Kübelbepflanzungen. Volle Sonne, gewöhnliche Erde (1,20 m × 1,20 m).
• ***Ruscus aculeatus*, Stacheliger Mäusedorn**
Kleine zähe spitze Blätter an aufrechten Zweigen. Im Winter rote Früchte. Bildet stark Ausläufer, ideal unter großen Bäumen. Schatten, leichte Erde, sehr wintermilde Lagen (0,30 m × 1,50 m).
• ***× Mahoberberis aquisargentii***
Gedrängter Wuchs, unscheinbare gelbe Blüte im Frühling. Sehr winterhart. 'Dart's Desire': dunkelgrünes Laub, das im Winter dunkelpurpur-rot wird. Herrlich. Kaum bekannt. Sonne oder Halbschatten, gewöhnliche Erde (1 m × 1 m).
• ***Viburnum × pragense*, Prager Schneeball** Bild 15, 16
Glänzende dunkelgrüne Blätter; im V und VI erst rosa, dann cremeweiße Blüten. Sehr kälteresistent (−25 °C). Schatten, Halbschatten oder Sonne (keine sengende). Verträgt systematischen Schnitt. Freie Hecke (2,50 m × 2,50 m).

Außerdem:
Brachyglottis **'Sunshine'** ▶ S. 140
Daphne odora, Daphne laureola ▶ S. 126
Euonymus myrianthus ▶ S. 42
Fatsia japonica ▶ S. 160

Alle nicht zu heißen Standorte; keine zu trockenen Böden (1 m × 2 m). Leicht zu schneiden. Ideal als Bodendecker, am Hang, für „Skulpturen“ usw. 'Maigrün' Bild 8: aufrechter, buschiger (2 m × 2 m). 'Lemon Beauty': goldgelb gesäumte Blätter, im Schatten sehr leuchtend.
Lonicera nitida: ähnlich, kleinere Blätter (5 mm), Wuchs unordentlicher, weniger winterhart. 'Baggesen's Gold': gelbe, im Winter und Frühjahr sehr leuchtende Blätter.
• ***Elaeagnus × ebbingei*, Wintergrüne Ölweide**
Breite Blätter mit bleigrauer Ober- und silbriger Unterseite. Kleine Blüten mit Jasminduft im IX und X. Wächst schnell und lässt sich gut zur Hecke schneiden. Für Küste geeignet. Volle Sonne oder Halbschatten. Gewöhnlicher Boden, durchlässig oder sandig (2,50 m × 2,50 m). **'Gildt Edge'**: Blätter mit breitem gelbem Rand. Halbschatten. 'Limelight': großer gelber Fleck in der Blattmitte. Halbschatten.
• ***Elaeagnus pungens* 'Maculata'** Bild 11 **Dornige Ölweide**
Lanzettliche zähe Blätter, zartgrün, gelb marmoriert, dunkelgrüner Rand, Unterseite silbrig. Leuchtet im Winter. Volle Sonne oder Halbschatten, gewöhnliche Erde (2 m × 2 m). Wächst unordentlich. Grüne Triebe entfernen. **'Goldrim'**, **'Dicksonii'** und **'Variegata'**: grüne, gelb gesäumte Blätter. Nicht sehr kräftig.
• ***Osmanthus heterophyllus*, Stachelblättrige Duftblüte**: die Blätter sehen aus wie bei der Stechpalme, aber ohne Stacheln. Duftende weiße Blüten im IX und X. Schatten oder Halbschatten, kühle, kalkfreie Erde (2 m × 2 m). Wächst gut im Kübel.
'Aureomarginatus': gelb gesäumte Blätter.
'Goshiki' Bild 12: gelb gesprenkelte Blätter, langsames Wachstum
'Gulftide': mehr oder weniger gedrehte, sehr stachlige Blätter, kompakter Wuchs, sehr interessant.
'Myrtifolius': fast stachellose Blätter.
'Purpureus': junge Blätter dunkelpurpurn. Morgens sonniger Standort.
'Variegatus': Blätter mit cremeweißem Rand.

Außerdem:
Buxus ▶ S. 26
Camellia ▶ S. 28
Ceanothus thyrsiflorus, C.t. var. *repens* ▶ S. 114
Choisya ternata ▶ S. 130
Euonymus ▶ S. 42
Garrya elliptica ▶ S. 128
Ilex ▶ S. 60
Laurus nobilis ▶ S. 158
Leucothoe ▶ S. 192
Mahonia ▶ S. 68
Osmanthus × burkwoodii ▶ S. 130
Pieris ▶ S. 192
Rhododendron ▶ S. 80
Sarcococca ▶ S. 126, 134
Viburnum davidii, V. tinus ▶ S. 102

10

11

12

13

15

14

16

9

Dekorative Früchte

Im Spätsommer und Herbst werden die Blüten von Früchten abgelöst, die den Garten mit leuchtenden Farben schmücken, kurz bevor (oder während) auch das Laub anfängt, sich bunt zu tönen. Manche sind essbar, viele sind es nicht, doch sehr giftige Früchte kommen in unseren Gärten glücklicherweise selten vor. Übrigens lassen es sich die Vögel schmecken, die in großer Zahl angelockt werden.

Weiße Früchte

• ***Symphoricarpos albus*, Gewöhnliche Schneebeere** Bild 1

Die dicken runden Früchte in mattem Weiß erinnern an Wattekugeln. Sie sind nicht essbar, doch ihr etwas schwammiges Aussehen erweckt auch keine Lust dazu. Der kleine Strauch bildet Ausläufer, weshalb er als Bodendecker unter großen Bäumen oder am Fuße einer Hecke nützlich ist. Schatten oder Halbschatten (1,20 m × 2 m).

• ***Skimmia japonica* 'Fructo Albo', Japanische Skimmie** Bild 2

Büschel weißer Früchte sitzen, eingebettet in immergrünes Laub, an den Triebspitzen weiblicher Pflanzen. Sehr schön unter Weißbirken. 'Kew White': ähnlich. Schatten, kalkfreier Boden (0,80 m × 1,20 m).

• ***Callicarpa japonica* 'Leucocarpa', Japanische Schönfrucht** Bild 3

Während das Laub strohgelb wird, bilden sich Büschel kleiner Beeren. Weckt Sammlerstolz, hat aber im Garten wenig Wirkung. Halbschatten, gewöhnliche Erde (1,50 m × 1,50 m).

Außerdem:

Cornus alba ▸ S. 34, 170, 186

Rosa Früchte

• ***Symphoricarpos* × *doorenbosii* 'Mother of Pearl'** Bild 4, 9 **Schneebeere**

Zartrosa Kugelfrüchte wie Wattekugeln. Wunderschön. Kleiner pflegeleichter, anspruchsloser Strauch, passt gut an den Fuß freier Hecken. Schatten oder Halbschatten, gewöhnliche Erde (0,80 m × 0,80 m).

• ***Euonymus phellomanus*, Kork-Spindelstrauch** Bild 5

Früh (VII und IX) dicke Früchte, die im grünen Laub schön auffallen. Halbschatten, gewöhnliche Erde (1,50 m × 1,50 m).

• ***Viburnum lentago* 'Pink Beauty', Kanadischer Schneeball**

Dicke endständige Fruchtsträuße prangen zwischen großen halbimmergrünen Blättern, die im Herbst roségrün werden. Hübsche Farben. Sonne oder Halbschatten, gewöhnliche Erde (2 m × 2 m).

Außerdem:

Euonymus europaeus 'Red Cascade' ▸ S. 42

Blaue Früchte

• ***Berberis darwinii*, Darwins Berberitze** Bild 6

Violettblaue Früchte sitzen im VIII und IX wie Perlen unter den Blättern und erfreuen die Vögel. Kleine immergrüne Blätter, im IV orange Blüten. Alle Böden, alle Standorte, mittlere Winterhärte (1,80 m × 1,50 m).

• ***Decaisnea fargesii*, Blauschote** Bild 10

10 cm lange, bohnenförmige Früchte hängen in Büscheln an den Zweigen. Sehr schön! Grüne Blüten im V und VI. Sonne oder Halbschatten, windgeschützt, gewöhnliche Erde (3 bis 4 m × 2 m).

10

Außerdem:

Amelanchier ▸ S. 106
Clerodendron trichomotum ▸ S. 112, 132
Mahonia japonica ▸ S. 68
Viburnum davidii ▸ S. 102

Violette Früchte

• ***Callicarpa bodinieri* var. *giraldii* 'Profusion'** Bild 7, 8 **Bodiniéres Schönfrucht**

Glänzende, violett getönte Früchte bilden Büschel am Ansatz der diesjährigen Triebe (zu dieser Zeit zartgrün). Sehr spektakulär. Sonne (nicht zu heiß) oder Halbschatten, gewöhnliche Erde (1,80 m × 1,80 m).

1

2

3

4

5

6

7

8

Rote Früchte

• ***Aronia × prunifolia* 'Brillant', Filzige Apfelbeere**
Kleine Trauben roter Früchte sitzen an der Spitze der diesjährigen Triebe. Herbstlaub ab IX orange und rot. Im V weiße Blüten. Der kleine Strauch bildet Ausläufer und füllt den Raum unter Bäumen oder am Fuß einer freien Hecke gut aus. Schatten oder Halbschatten, gewöhnliche Erde (1,20 m × 1,50 m).

• ***Cotoneaster salicifolius*, Weidenblättrige Zwergmispel** Bild 11 ▶ S. 38

• ***Euonymus planipes*, Flachstieliger Spindelstrauch** Bild 12 ▶ S. 42

• ***Malus* 'Crittenden', Zier-Apfel** Bild 13 ▶ S. 70

• ***Viburnum opulus* 'Compactum'** Bild 14 **Gewöhnlicher Schneeball**
Unmengen orangeroter Früchte hängen bis zum Winterende, da die Vögel sie nicht beachten. Sonne oder Halbschatten, kühle Erde. Kompakter Wuchs (1,80 m × 1,80 m). 'Notcutt's Variety': dickere rote Früchte, die schnell von den Vögeln vertilgt werden.

Außerdem:
Arbutus unedo ▶ S. 164, 200
Aucuba japonica ▶ S. 164
Cornus kousa ▶ S. 36
Gaultheria procumbens ▶ S. 194
Ilex ▶ S. 60
Rosa rugosa, R. glauca ▶ S. 90
Skimmia ▶ S. 192

Orange Früchte

• ***Hippophae rhamnoides*, Gewöhnlicher Sanddorn** ▶ S. 140
Weibliche Pflanzen produzieren massenhaft essbare Beeren in kräftigem Orange, die viel Vitamin C enthalten. Wunderschönes graues Laub, stachlige Triebe. Volle Sonne, karger, leichter Sandboden (2,50 m × 2,50 m). Verbreitet sich durch Ausläufer.

• ***Pyracantha* 'Orange Glow', Feuerdorn**
Anspalierte oder zurückgeschnittene Exemplare tragen herrliche Früchte. Stachlige Triebe. Sonne oder Halbschatten, gewöhnliche Erde (2,50 m × 2,50 m).

Außerdem:
***Malus* 'Evereste'** ▶ S. 70
Viburnum plicatum ▶ S. 100

Gelbe Früchte

• ***Malus* 'Golden Hornet', Zier-Apfel** ▶ S. 70
Die essbaren Früchte sind so groß wie dicke Kirschen; sie reifen mit dem ersten Frost und fallen ab. 'Comtesse de Paris': kleinere, aber sehr zahlreiche Früchte, die den ganzen Winter hängen bleiben.

• ***Photinia davidiana* 'Fructo Luteo'** Bild 15 **(= *Stranvaesia davidiana*), Lorbeermispel**
Kräftig gelbe, herabhängende Fruchtbüschel. Immergrünes Laub, dessen Grün teilweise im Herbst rot wird. Sehr schön. Eine Entdeckung wert. Schatten oder Halbschatten, gewöhnliche Erde (3 m × 2 m).

• ***Pyracantha* 'Renault d'Or', Feuerdorn**
Herrliche Früchte an anspalierten oder zurückgeschnittenen Exemplaren. Stachlige Triebe. Sonne oder Halbschatten, gewöhnliche Erde (2,50 m × 2,50 m).

• ***Viburnum opulus* 'Xanthocarpum', Gewöhnlicher Schneeball** ▶ S. 102
Büschel mit dicken, kräftig gelben Früchten hängen den ganzen Winter über an den Zweigenden, da die Vögel sie ignorieren. Unmengen reinweißer Blüten im Frühjahr. Halbschatten oder keine direkte Sonne, gewöhnliche, kühle Erde (2 m × 2 m).

Außerdem:
Chaenomeles japonica ▶ S. 32
***Ilex aquifolium* 'Bacciflava'** ▶ S. 60
Poncirus trifoliata ▶ S. 132

Schwarze Früchte

• ***Aronia melanocarpa*, Kahle Apfelbeere** Bild 16
An der Spitze diesjähriger Triebe hängen kleine Trauben glänzend schwarzer Früchte. Herbstlaub ab IX orange und rot. Im V weiße Blüten. Der kleine, Ausläufer bildende Strauch füllt den Raum unter Bäumen oder am Fuße einer freien Hecke schön aus. Schatten oder Halbschatten, gewöhnliche Erde (1,20 m × 1,50 m).

• ***Hedera helix* 'Arborescens', Gewöhnlicher Efeu** (Kletterform)▶ S. 164
Die Früchte von II bis IV dienen den Vögeln im Spätwinter als Futter.

• ***Leycesteria formosa*, Schöne Leycesterie** Bild 17
Die Früchte sind dunkelpurpurn, fast schwarz, und folgen rasch den weißen Blüten. Sie hängen von VIII bis X in Trauben am Ende der Triebe mit grüner Borke. Eleganter Schirmwuchs. Schatten oder Halbschatten (2 m × 1,50 m). 'Golden Lantern': gelbe Blätter, die die Fruchttrauben schön zur Geltung bringen. Sehr schön.

Außerdem:
Ligustrum vulgare ▶ S. 210
Sambucus nigra ▶ S. 94

Die Früchte/Beeren und die Vögel

Während die orangefarbenen, roten und schwarzen Früchte bis auf wenige Ausnahmen oft schnell von den Vögeln geplündert werden, verschmähen sie die weißen, gelben, blauen und violetten, die so länger eine dekorative Rolle spielen.

11

12

13

14

15

16

17

Dekorative Zweige

Die jungen Äste mancher Sträucher stellen eine farbige Rinde zur Schau, die sich ausgezeichnet für das winterliche Arrangement des Gartens nutzen lässt, sei es, um Farbakzente zu schaffen, sei es als Gesellschaft für die immergrünen Sträucher, für jene, die lange ihre Früchte tragen oder auch die, welche in der kalten Jahreszeit blühen. Allgemein verblasst die Farbe im zweiten Jahr. Ein regelmäßiger Rückschnitt an jedem Winterende entfernt die ältesten Zweige, die am wenigsten bunt sind, und fördert so eine Erneuerung der Triebe in kräftigen Farben.

Abgesehen von der Farbe können andere Details wie Stacheln, Flügel oder auch ihre bizarre, knorrige Form den Blick auf die Äste lenken. Diese Sträucher, die man aus der Nähe bewundern muss, erlangen im Winter ihre volle Bedeutung und sollten an eine Stelle gepflanzt werden, wo man sie gut vom Haus aus sieht.

Gelbe Triebe

• ***Cornus sericea*** **'Flaviramea'** Bild 1 (mit *Salix alba* 'Nova' mit roten Zweigen im Hintergrund): Triebe im Winter und im zeitigen Frühjahr auffallend grüngelb. 'White Gold' bringt hübsche, weiß gesäumte Blätter hinzu. Halbschatten oder Sonne, kühler oder feuchter Boden (1,80 m × 1,80 m).

• ***Salix alba*** **var.** ***vitellina*****, Dotter-Weide**
Die grünlichen Zweige werden im Winter buttergelb. Normalerweise ein Baum, bei jährlichem Schnitt aber leicht als Strauch zu ziehen. Sonne, feuchte Erde (2 m × 2 m).

Rote Triebe

• ***Acer palmatum*** **'Senkaki'** Bild 2 (▶ auch S. 139)
Aufrechte Äste, im Winter leuchtend rosarot. Wächst schnell, baumförmig, kann aber durch regelmäßigen Schnitt klein gehalten werden. Halbschatten, kühle, humusreiche, kalkfreie Erde (5 bis 7 m × 3 m).

• ***Cornus alba*** **'Sibirica'** Bild 3
Korallenrote Zweige im kältesten Winter, dann eher himbeerrot. Die dunkelroten Herbstfarben vervollständigen das Bild. In einem kleinen Garten nehmen Sie lieber die Form mit panaschiertem Laub (▶ S. 34). Sonne oder Halbschatten, gewöhnlicher oder kühler Boden (1,50 m × 1,50 m).

• ***Salix alba*** **'Nova', Silberweide** Bild 4 (und Bild 1 Hintergrund)
Bei Frost werden die Triebe korallenrot. Im Sommer sehr schönes graues Laub. Normalerweise ein Baum, aber mit jährlichem Schnitt leicht als Strauch zu ziehen. Sonne, feuchte Erde (2 m × 2 m).

• ***Rubus phoenicolasius*****, Japanische Weinbeere**
▶ S. 92. Karminrote Triebe, dicht mit Stacheln besetzt, die aber kaum stechen. Im VII orange, essbare Früchte. Herrlich. Alle Standorte, kühler Boden (1,80 m × 2 m).

Orange Triebe

• ***Cornus sanguinea*** **'Midwinter Fire'** Bild 5
• **Blutroter Hartriegel in „Leuchtorange"**
Zweige in Gelb (Richtung Ocker), nach dem ersten Frost in lebhaftem, fast fluoreszierendem Orange. Zartgrünes Laub, ockergelb im Herbst. Herrlich! Sonne oder Halbschatten, gewöhnliche Erde, auch trocken und kalkig (1,80 m × 1,80 m).

• ***Salix alba*** **'Chermesina'** Bild 6
Bei Frost leuchtend orange Triebe. Normalerweise ein Baum, aber mit jährlichem Schnitt leicht als Strauch zu halten. Sonne, feuchte Erde (2 m × 2 m).

6

Schwarze Triebe

• ***Cornus alba*** **'Kesselringii'** ▶ S. 34
Glänzend schwarze Zweige, wie lackiert – setzen Sie ihn vor einen Immergrünen mit goldenem Laub! Purpurlaub, schöne Herbstfarben. Sonne, kühle Erde (2 m × 2 m).

• ***Salix myrsinifolia*****, Schwarzwerdende Weide**
Feine tiefschwarze Zweige, längliche Blätter, die in zu nassem Boden krankheitsanfällig sind. Sonne, kühler, aber durchlässiger Boden (1,20 m × 1 m).

Weiße Triebe

• ***Rubus thibetanus*** ▶ S. 92
Aufrechte, bläulich weiße Triebe. Sonne oder Halbschatten, gewöhnliche Erde (2 m × 1,50 m). Verbreitet sich mäßig. *R. cockburnianus* Bild 7 und *R. biflorus*: gleiche Farben, bogige Triebe, stark Ausläufer bildende Wurzeln!

1

2

3

4

5

• *Perovskia atriplicifolia*, **Silber-Perowskie**
▶ S. 116
Zahlreiche zarte, gespenstisch weiße Zweige, bekleidet mit schönem, aromatischem Silberlaub und im Sommer überragt von blauen Ähren. Volle Sonne, durchlässige Erde (1 m × 1 m).

• *Salix irrorata*, **Amerikanische Reif-Weide**
Bild 8
Die zarten, bläulich weißen Zweige sind vor dem Fall der silbrigen Blätter sehr hübsch. Sonne, kühler Boden (1,50 m × 1,50 m). *S. daphnoides* und *S. acutifolia*: dickere Triebe; müssen jährlich radikal verjüngt werden.

Grüne Triebe

• *Kerria japonica*, **Kerrie, Ranunkelstrauch**
▶ S. 118
Zahlreiche feine Triebe in Smaragdgrün, im IV bedeckt mit gelben (einfachen oder gefüllten) Blüten. Sonne oder Halbschatten, gewöhnliche Erde. Bildet Ausläufer. Nützlich zwischen größeren Sträuchern (1,50 m × 2 m und mehr).

• *Leycesteria formosa*, **Schöne Leycesterie**
▶ S. 168
Die diesjährigen Triebe sind schlank, jadegrün, und biegen sich an der Spitze unter dem Gewicht der weißen Blütentrauben. Von VII bis X Früchte in dunklem Purpurrot. Schatten oder Halbschatten, gewöhnliche, kühle Erde (1,80 m × 1,50 m).

Zimt- oder hellbraune Triebe

• *Deutzia* Bild 9 ▶ S. 40
Junge Triebe in rosé angehauchtem Zimtbraun (erster Winter), besonders nach einem Schnitt nach der ersten Blüte. Sonne oder Halbschatten, gewöhnliche Erde (2 m × 1 m).

• *Spiraea japonica*, **Japanischer Spierstrauch**
▶ S. 96
Junge Triebe mahagonibraun oder (je nach Sorte) heller. Diese Farbe ist auffälliger bei radikalem Rückschnitt im vorangegangenen Frühling bzw. bei Sorten mit goldenem Laub. Sonne oder Halbschatten, gewöhnliche Erde (0,80 m × 0,80 m).

• *Stephanandra tanakae* Bild 10 ▶ S. 172
Aufrechte, dann unter dem Gewicht der weißen Blütentrauben im VI gebogene Zweige. Sehr schöne, glänzende Borke wie dunkler Zimt, manchmal eher rost- oder mahagonibraun. Schirmwuchs. Halbschatten, gewöhnliche, kühle Erde (1,50 m × 1 m).

Außerdem:
Clethra alnifolia ▶ S. 194
Dipelta floribunda ▶ S. 104

Stachelige Triebe

• *Rosa serica* **subsp.** *omeiensis* **fo.** *pteracantha*
Bild 11
An den Zweigen sitzen breite, im Gegenlicht leuchtend rote Stacheln. Einfache weiße Blüten im VI, kleine, zusammengesetzte Blätter. Herrlich. Sonne, gewöhnliche Erde (2 m × 1 m).

Außerdem:
Berberis ▶ S. 120, 142 ff, 152 ff, 162 ff, 172 ff
Rubus ▶ S. 92
Aralia spinosa ▶ S. 160

Kork- oder Flügelborke

• *Euonymus alatus*, **Flügel-Spindelstrauch**
▶ S. 42
Die grünen Zweige sind mit zwei bis vier unterschiedlich breiten Flügeln verziert, die an alten Trieben stehen bleiben. Im Herbst rosa Laub. Sonne oder Halbschatten, gewöhnliche Erde (2 m × 1,50 m). *E. phellomanus* (seltener) trägt noch breitere Flügel Bild 12.

Außerdem:
Acer campestre ▶ S. 22

Korkenzieher-Triebe

• *Corylus avellana* **'Contorta', Gewöhnliche Hasel** Bild 13
Die korkenzieherartig gewundenen Zweige sehen bereift und mit Kätzchen wunderschön aus (II und III). Im Sommer infolge der großen, krank aussehenden Blätter unattraktiv. Sonne oder Halbschatten, gewöhnliche Erde (2 m × 2 m).

• *Prunus incisa* **'Kojo-no-mai', März-Kirsche**
Bild 14
Ihre verwinkelten Äste und komplizierten Verzweigungen schränken ihr Wachstum ein und lassen sie wie einen Bonsai erscheinen. Hübsche frühe weiße Blüten im II und III. Wunderschöne purpurrote Herbstfarben im IX und X (1,50 m × 1,50 m).

• *Robinia pseudoacacia* **'Pigmy', Gewöhnliche Scheinakazie**
Abgewinkelte, langsam wachsende Äste geben ihr das Aussehen eines Bonsai. Die hängenden, ebenfalls verdrehten Blätter zeigen ihre hellere Unterseite. Sehr dekorativ. Sonne, gewöhnliche, durchlässige Erde (1,80 m × 1,50 m).

• *Salix alba* **'Dart's Snake'**
Gewundene „Zickzacktriebe" mit schwarzer Borke. Im Sommer graues Laub. Deutliche Verbesserung von S. × *erythroflexuosa*, die krankheitsanfälliger ist. Im Winter ockergelbe Äste. Volle Sonne, gewöhnliche, kühle, aber durchlässige Erde. Jedes Frühjahr radikal zurückschneiden.

• *Salix udensis* **'Sekka', Japanische Drachen-Weide**
Gewundene, gebänderte Triebe in Purpurrot, silbrige Kätzchen im II und III. Seltsam. Nach den Kätzchen kurz schneiden. Sonne, feuchte Erde (2 m × 2 m).

7

8

9

10

11

12

13

14

Aufrechter Wuchs

Manche Sträucher haben einen schlanken, aufrechten Habitus wie Bäume. Ihre Äste wachsen fast parallel zueinander senkrecht nach oben. Diese besondere, grafisch wirkende Form lässt Pflanzengruppen leichter erscheinen und vor allem bildet sie einen Kontrast zu markanten Kugelformen sowie Hänge- oder Schirmformen.

• ***Berberis thunbergii* 'Helmond Pillar'** Bild 1
Die dünnen senkrechten Äste haben Stacheln und Purpur-Blätter. Die ältesten „tanzen leicht aus der Reihe“ und müssen zugunsten der jüngeren entfernt werden. Volle Sonne, gewöhnliche Erde (0,80 m × 0,30 m). **'Golden Torch'**: ähnlich, gelbes Laub, wächst langsam. Halbschatten (0,50 m × 0,20 m).

• ***Hedera helix* 'Conglomerata Erecta', Gewöhnlicher Efeu**
Vertikale Äste mit kleinen aufrechten, fischgrätartig angeordneten Blättern (am Ansatz größer als an der Spitze): sehr malerisch. Sonne, gewöhnliche Erde (0,60 m × 0,50 m).

• ***Ilex aquifolium* 'Pyramidalis', Gewöhnliche Stechpalme** Bild 3
Ähnelt der Art, nimmt aber von allein eine dichte Pyramidenform an. Unmengen roter Früchte. Alle Standorte, gewöhnliche, kühle Erde (5 bis 6 m in 25 Jahren).

• ***Malus* 'Van Eseltine', Zier-Apfel** Bild 2
Einige vertikale Äste voller rosa Blüten im IV. Pralle Sonne, gewöhnliche Erde (3 m × 0,80 m).

• ***Prunus lusitanica* 'Myrtifolia'** ▶ S. 162
Portugiesische Lorbeerkirsche
Kompakter Pyramidenwuchs, kleinere Blätter als die Art. Sehr schön im Kübel, wo Lorbeer nicht winterhart genug ist. Sonne oder Halbschatten, gewöhnliche, auch Kalkerde (4 m).

• ***Prunus nipponica* var. *kurilensis* 'Ruby'** Bild 4
Aufsteigende Äste voll einfacher Blüten in kräftigem Rosa im IV. Schöne Herbstfarben. Volle Sonne, gewöhnliche Erde (2 m × 1 m).

• ***Rosmarinus officinalis* 'Miss Jessop Upright', Rosmarin** ▶ S. 158
Senkrechte Äste, dichter Wuchs, graugrünes Laub und blasse, fast weiße Blüten. Durch den Schnitt ausgleichen. Volle Sonne, durchlässige Erde (1,20 m × 0,60 m).

Außerdem:
Daphne mezereum ▶ S. 130
Perovskia atriplicifolia ▶ S. 116
Philadelphus × *lemoinei* 'Erectus' ▶ S. 74

Eine Entdeckung wert

• ***Acer palmatum* 'Shishigashira', Fächer-Ahorn**
Aufrechte, wenig verzweigte Äste, die dicht besetzt sind mit gekräuselten, im Sommer grünen und im Herbst ockergelben Blättern. Halbschatten, kalkfreie Erde (3 m × 1,50 m).

• ***Buxus microphylla* 'National'**
Buchsbaum in natürlicher Kegelform mit flachen runden Blättern in schönem Smaragdgrün. Volle Sonne, gewöhnliche Erde (5 m in 30 Jahren). *Buxus sempervirens* 'Pyramidalis' hat leicht strukturierte Blätter, wächst langsamer und unregelmäßiger (4,50 m in 30 Jahren). Ideal im Topf.

• ***Ilex crenata* 'Fastigiata'**
Senkrechte Triebe tragen kleine, buchsbaumähnliche Blätter. Volle Sonne oder Halbschatten, kalkfreier Boden. Wächst langsam, bleibt schmal (2 m × 0,40 m in 15 Jahren).

• ***Potentilla fruticosa* 'Vilmoriniana'** Bild 5
An schlanken Ästen sitzen glänzendes Silberlaub und blassgelbe Blüten. Sehr schön (1,20 m × 0,40 m). 'Primrose Beauty': gleiche Blüten, aber Laub grün und Habitus etwas buschiger (1,20 m × 1 m). Volle Sonne, gewöhnliche Erde.

• ***Sambucus nigra* 'Fastigiata', Schwarzer Holunder**
Die Blätter an den völlig senkrechten Trieben stehen so dicht, dass sie daran zu kleben scheinen. Blüten im IV an der Spitze oder an kurzen Verzweigungen. Seltsam. Sonne oder Halbschatten (2 m × 0,50 m).

1

2

3

4

5

Kugeliger Wuchs

Oft wird im Garten zur Kugel geschnittener Buchsbaum verwendet, wenn eine Randbepflanzung einen Rhythmus bekommen, eine Beetecke betont oder ein Kübel bepflanzt werden soll. Dabei gibt es etliche andere Sträucher, die von allein diese Form annehmen, die unterschiedliches, meist farbiges Laub haben und ähnliche Wirkungen an Standorten ermöglichen, wo Buchsbaum nicht gut wächst – und sogar ohne Schnitt!

• ***Berberis thunbergii*** **'Atropurpurea Nana'** Bild 1
Thunbergs Berberitze
Perfekte Halbkugel, trägt die ganze schöne Jahreszeit purpurrotes Laub. Volle Sonne, gewöhnliche Erde, (0,60 m × 0,60 m). 'Bagatelle' ist kompakter (0,30 m × 0,30 m). 'Kobold' hat grüne Blätter, im IV viele gelbe Blüten und im X rote Früchte (0,50 m × 0,50 m). 'Aurea': dichter Wuchs, gelbes Laub. Halbschatten, gewöhnliche Erde (0,80 m × 0,80 m). 'Bonanza Gold': wie 'Bagatelle', aber gelb. Halbschatten.

• ***Cornus sericea*** **'Kelseyi'** Bild 2 ▶ S. 34
Sehr zahlreiche dünne, dichte Zweige, grün am Ansatz und purpurrot an der Spitze, zur Halbkugel angeordnet. Dichtes, dunkelgrünes Laub. 'Kelsey Gold': goldenes, sehr leuchtendes Laub. Alle Standorte, kühler Boden (0,80 m × 0,80 m).

• ***Euonymus alatus*** **'Compactus', Flügel-Spindelstrauch**
Dichter Wuchs, mehr oder weniger kugelig, durch Schnitt ausgleichen. Lebhafte Herbstfarben. Sonne oder Halbschatten, gewöhnliche Erde (1,20 m × 1,20 m).

• ***Hedera helix*** **'Arborescens', Gewöhnlicher Efeu (Kletterform)** ▶ S. 162

• ***Potentilla fruticosa*** **'Elisabeth', Gewöhnlicher Fingerstrauch** ▶ S. 76
Große goldgelbe Blüten an kompaktem Strauch (1 m × 1 m). 'Beesii' ist ähnlich, aber kleiner (0,60 m × 0,60 m) und hat herrliches Silberlaub. Sonne, gewöhnliche Erde.

• ***Viburnum opulus*** **'Compactum'**
Wächst kompakt und schnell, hat Unmengen Blüten und Früchte, die bis zum Winterende bleiben. Sonne oder Halbschatten (1,80 m × 1,80 m). 'Nanum': dichter, blüht kaum (0,80 m × 0,80 m)

Eine Entdeckung wert

• ***Acer campestre*** **'Nanum', Feld-Ahorn** Bild 3
Kompakter, sehr dichter Wuchs. Blätter: im Frühling zart-, im Sommer dunkelgrün, im Herbst ockergelb. Auch interessant auf kleinem Stamm. Sonne oder Halbschatten, gewöhnliche Erde (2 m × 2 m).

• ***Buxus microphylla*** **'Morris Midget'**
Wächst jung kugelig, dann als Polster. Schmale länglich ovale Blätter, sehr dicht. Wächst 2 bis 3 cm pro Jahr. Alle Standorte, gewöhnliche Erde (0,30 m × 0,50 m). 'Morris Dwarf' ist runder und höher (0,50 m × 0,50 m).

• ***Lonicera nitida*** **'Twiggy', Glänzende Heckenkirsche**
Der kleine, sehr kompakte Busch hat kleine immergrüne Blätter, die rund und hellgrün sind, im Winter leicht golden. Hübsch im Topf oder Kasten. Alle Standorte, gewöhnlicher Boden (0,30 m × 0,30 m).

• ***Prunus × eminens*** **'Umbraculifera'**
Dichter Busch mit länglichen glänzenden Blättern. Im II oder IV Massen weißer Blüten. Oft auf kleinen Stamm veredelt. Sonne, gewöhnliche Erde (1 m × 1 m).

• ***Spiraea japonica*** **'Bullata'** Bild 4
Klein, sehr dicht, mit gekräuselten Blättern, die dicht an dicht an den dünnen Äste sitzen. Von VII bis IX kompakte rosarote endständige Blütenbüschel. Für Kübel. Sonne, gewöhnliche Erde (0,30 m × 0,30 m).

• ***Viburnum farreri*** **'Nanum'** ▶ S. 124
Die Zweige des dichten Busches enden von XI bis III in rosa Blütenbüscheln (weniger als die Art). Halbschatten, gewöhnliche Erde (0,80 m × 0,10 m).

Außerdem:

Acer palmatum 'Dissectum', 'Coonara Pigmy' ▶ S. 20
Caryopteris ▶ S. 116
Choisya ternata ▶ S. 130
Hydrangea macrophylla 'Nikko Blue', 'Pia', 'Tovelit' ▶ S. 54
Hydrangea serrata 'Mont Aso', 'Rosalba' ▶ S. 54
Hyssopus officinalis 'Aristatus' ▶ S. 158
Lavandula ▶ S. 62
Rhododendron 'Blue Diamond', *R. williamsanum* Bild 5 usw. ▶ S. 80
Salvia officinalis ▶ S. 158
Sarcococca confusa ▶ S. 134
Spiraea japonica ▶ S. 96
Syringa meyeri 'Palibin' ▶ S. 98
Viburnum tinus 'Compactum' und 'Spirit' ▶ S. 102
Weigela florida 'Purpurea' ▶ S. 104

1

2

3

4

5

Etagen- oder ausladender Wuchs

Diese Sträucher haben die Besonderheit, dass sie ihre Hauptäste in der Waagerechten ausstrecken. Diejenigen, die in der Lage sind, sich in die Höhe zu erheben, „stapeln" dabei ihre Äste übereinander, was eine Etagenform ergibt, die manchmal an chinesische Pagoden erinnert. Sie sehen sehr malerisch aus und verdienen es, in die Nähe von Gebäuden gepflanzt zu werden, um ihre Architektur zu unterstreichen. Sie sind auch ausgezeichnete Blickpunkte am Ende eines Weges oder das Schlüsselelement einer Komposition, in der Sträucher unterschiedlichen Volumens zusammen wirken. Niedrig bleibende Sträucher wachsen ausladend. Sie bedecken wunderbar eine Böschung oder übernehmen die Rolle eines Bodendeckers – allerdings muss für eine dichte Decke eng gepflanzt werden (1 m).

Etagenwuchs

• ***Cornus controversa*** **'Variegata'** Bild 1 **Pagoden-Hartriegel**
An den rotborkigen Ästen in mehreren Etagen sitzen weiß geränderte Blätter, die im Herbst rosa werden. Herrlich majestätisch. Gilt auch als kleiner Baum, wächst aber jung sehr langsam. Halbschatten, kühle Erde (5 m × 4 m in 20 Jahren).

• ***Hamamelis* × *intermedia*** Bild 2 **Hybrid-Zaubernuss** ▶ S. 124
Die zunächst aufrechten Triebe stehen waagerecht, wenn sie länger werden. Der Etagenwuchs ist bei Pflanzen, die von anderen großen Sträuchern isoliert stehen, sehr deutlich. Halbschatten, kühle, kalkfreie Erde (2,50 m × 4 m).

• ***Rubus thibetanus*, Tibet-Himbeere** ▶ S. 92
An den aufrechten, leuchtend weißen Ästen sind die Verzweigungen horizontal, sie bilden ein Fischgrätenmuster. Im Winter sehr dekorativ. Sonne oder Halbschatten, kühle Erde (1,80 m × 1,50 m).

• ***Viburnum plicatum*, Japanischer Schneeball** Bild 3 ▶ S. 100
Alle Sorten dieses Schneeballs nehmen einen sehr charakteristischen Etagenwuchs ein, der während der Blüte im V besonders auffällt. Sonne oder Halbschatten, kühle, kalkfreie Erde (1 bis 2,50 m × 1 bis 3 m).

Eine Entdeckung wert

• ***Cercis canadensis*** **'Forest Pansy'** ▶ S. 146 **Kanadischer Judasbaum**
Zuerst wachsen die Äste in die Breite, dann, länger werdend, horizontal, wenn man den Strauch Baumform annehmen lässt. Große herzförmige Blätter in dunklem Purpurrot. Sonne, durchlässige Erde, Schutz vor kaltem Wind (2,50 m).

• ***Cornus kousa*, Japanischer Blumen-Hartriegel** Bild 4 ▶ S. 36
Das Gewicht der Blüten und Früchte zieht die Äste immer weiter in die Waagerechte und der Strauch nimmt einen auffälligen Etagenwuchs an. Sonne oder Halbschatten, kalkfreie, kühle Erde (5 m × 4 m).

• ***Robinia pseudoacacia*** **'Pigmy', Gewöhnliche Scheinakazie**
Die abgewinkelten Äste werden horizontal und bilden einen Kontrast zu den hängenden Blättern, die auch verdreht sind und ihre hellere Unterseite zeigen. Sehr hübsch. Sonne, gewöhnliche, durchlässige Erde (1,80 m × 1,50 m).

• ***Cornus alternifolia*** **'Argentea'** ▶ S. 34
Die Äste tragen Unmengen kleiner, zartweiß gesäumter, im Herbst rosa Blätter. In allen Jahreszeiten wunderschön. Kühler Boden, Halbschatten (3 m × 2 m). Ersetzt in kleinen Gärten *Cornus controversa* 'Variegata'.

Ausladender Wuchs

• ***Cotoneaster horizontalis*, Fächer-Zwergmispel** ▶ S. 38
Auf eine Böschung gepflanzt, strecken sich die fischgrätenartig verzweigten Äste in der Waagerechten aus, wodurch ein hübscher Kontrast zum Hang entsteht. Alle Standorte, gewöhnliche Erde (1 m × 3 m). *C. dammeri*, *C. microphyllus* und *C. salicifolius* 'Parkteppich' liegen bodennah auf.

• ***Lonicera pileata*, Immergrüne Kriech-Heckenkirsche** ▶ S. 164
Junge und auf Böschungen gesetzte Pflanzen wachsen in charakteristischen Etagen. Die Blätter sind auch im Winter kräftig grün, ähneln Buchsbaumblättern, nur länglicher. Alle Standorte, außer zu trockene (1 m × 2 m).

• ***Prunus laurocerasus*** **'Zabeliana'** Bild 5
Die horizontalen Äste tragen immergrüne längliche Blätter. Die weißen Blütenstände stehen aufrecht wie Kerzen. Alle Standorte, gewöhnliche Erde (1,50 m × 3 m). 'Cherry Brandy' und 'Dart's Low Green' sind viel kleiner (0,50 m × 1,50 m) und geeignet für kleine Flächen.

Außerdem:
Forsythia* × *intermedia **'Marée d'Or'** ▶ S. 44
Rosmarinus officinalis **'Corsican Blue'** ▶ S. 158

1

2

3

4

5

Trauerform und Schirmwuchs

Man bezeichnet Sträucher als „hängend“, wenn sie lange biegsame Triebe haben, die zum Boden herabhängen. Diese „Trauerform“ ist malerisch und dekorativ. Sie bildet einen wirkungsvollen Kontrast zu anderen Formen und kann an einer kleinen Wasserfläche sogar einen echten Springbrunnen ersetzen. Manchmal veredeln die Gärtner sie auch auf kleine Stämme und rechnen sie zu den „grünen Skulpturen“, die im Topf oder in kleinen, streng gestalteten Gärten wirkungsvoll sind. Sträucher mit „Schirmwuchs“ sehen ähnlich aus, doch durch die zunächst aufrechten Triebe sind sie etwas höher. Im Allgemeinen wird der hängende Charakter zum Zeitpunkt der Blüte durch deren Gewicht noch verstärkt.

Trauerform (hängender Wuchs)

• ***Caragana arborescens* 'Pendula'** Bild 1
Gewöhnlicher Erbsenstrauch: Die bogigen Äste wachsen direkt zum Boden. Zusammengesetzte Blätter und gelbe Blüten im V. Meist auf einen 1,50 oder 1,80 m hohen Stamm veredelt. 'Walker': zarte gefiederte Blätter. Sehr leicht. Volle Sonne, durchlässige Erde, auch Kalk.

• ***Exochorda × macrantha* 'The Bride'** Bild 2
Radspiere
Die überhängenden Äste mit bläulich grünen Blättern sind im IV oder V mit dicken Sträußen reinweißer Blüten beschwert. Sonne oder Halbschatten, gewöhnliche Erde (1,50 m × 1,50 m).

• ***Lespedeza thunbergii*, Thunbergs Buschklee**
▸ S. 112
Die Äste biegen sich unter den großen purpurrosa Blütenbüscheln. Auf eine Böschung pflanzen. Volle Sonne, gut durchlässige Erde (1,50 m × 1,50 m). Im Frühling radikal verjüngen.

• ***Malus* 'Red Jade', Hänge-Apfelbaum** Bild 3
Die bogigen Äste hängen im V unter dem Gewicht der großen weißen Blüten zum Boden; es folgen viele rote Früchte. Wunderschön, wenn er als Stammbusch veredelt ist. Sonne, gewöhnliche Erde (1,80 m × 2,50 m).

• ***Salix caprea* 'Kilmarnock'** und **'Weeping Sally'**
Im II und III sind die überhängenden Äste bei 'Kilmarnock' mit dicken silbrigen Kätzchen geschmückt. Oft auf einen 1 m hohen, geraden Stamm veredelt, aber hübscher als Stammbusch in Trauerform. Sonne oder Halbschatten, gewöhnliche, kühle Erde (1,20 m × 1 m). Im IV zurückschneiden.

• ***Salix purpurea* 'Pendula', Purpur-Weide**
An langen biegsamen Ästen sitzen bläulich grüne Blätter, so dass sie aussieht wie eine echte Trauerweide, dabei ist sie höchstens 2 m × 2 m groß.

Außerdem:

Forsythia suspensa* var. *sieboldii ▸ S. 44
Holodiscus discolor ▸ S. 108
***Ilex aquifolium* 'Argenteomarginata Pendula'** und **'Pendula'** ▸ S. 60
***Buxus sempervirens* 'Pendula'** und **'Aurea Pendula'** ▸ S. 26
***Sambucus nigra* 'Pendula'** ▸ S. 94

Eine Entdeckung wert

Am Wurzelhals veredelte hängende Bäume: Statt auf einen Stamm veredelt zu werden (man sagt auch „Kopfveredelung“), um einen kleinen Baum zu bilden, können diese Sorten auch als „Stammbusch“ veredelt werden, d. h. direkt am Wurzelhals (dicht am Boden), so dass sie ausladend wachsen und sehr schön von einem Mäuerchen hängen oder sich auf einer Kiesfläche ausbreiten. Mit der Zeit bilden sie sehr schöne Pflanzen.

• ***Fagus sylvatica* 'Purpurea Pendula'**, hängende Rot-Buche
• ***Fraxinus excelsior* 'Jaspidea Pendula'**, Gewöhnliche Esche, hängend, mit gelbem Holz
• ***Prunus cerasifera* 'Feketeana'**, hängende Kirschpflaume
• ***Prunus incisa* 'Pendula'** Bild 4, hängende März-Kirsche
• ***Prunus subhirtella* 'Pendula Rosea'**, hängende Higan-Kirsche
• ***Pyrus salicifolia* 'Pendula'**, Weiden-Birne

Schirmform

Sie sieht fast genauso aus wie die hängende Form, durch ihre zunächst aufrechten Triebe sind die Pflanzen jedoch etwas höher. Meist wird ihr hängender Charakter durch das Gewicht der Blüten verstärkt.

• ***Cotoneaster lacteus*** ▸ S. 38
• ***Cytisus praecox*** und ***C. scoparius*** ▸ S. 46
• ***Deutzia*** ▸ S. 40
• ***Kolkwitzia amabilis*** ▸ S. 104
• ***Leycesteria formosa*, Schöne Leycesterie** ▸ S. 168
• ***Neillia thibetica*, Tibetische Traubenspiere** ▸ S. 110
• ***Sarcococca hookeriana*, Himalaya-Fleischbeere** ▸ S. 134
• ***Sorbaria tomentosa* var. *angustifolia* (= *S. aitchisonii*), Fiederspiere** Bild 6 ▸ S. 108
• ***Stephanandra tanakae*** ▸ S. 172
• ***Spiraea × vanhouttei*, Belgischer Spierstrauch** ▸ S. 96

Philadelphus × lemoinei ▸ S. 74
***Rubus cockburnianus*, *R.* 'Benenden'** usw. ▸ S. 92
Syringa × josiflexa ▸ S. 98
Weigela ▸ S. 104

1

2

3

4

5

6

Nach Größe sortiert

Fachleute sind sich einig, dass es schwierig ist, für jeden Strauch eine Standardgröße anzugeben, denn natürlich hängt viel von den Lebensbedingungen und dem Alter der Pflanze ab. Dennoch kann man für die meisten eine Größenordnung nennen, die sie ausgewachsen, also mit fünf bis zehn Jahren, erreichen. Die Angaben können dabei helfen, in der Größe zueinander passende Pflanzen, aber auch den richtigen Standort für sie zu wählen. Allerdings überragen manche zuweilen ihre Kategorie, wenn die Bedingungen günstig sind oder sie „Baumform" annehmen, oder sie bleiben deutlich darunter, wenn ihre Grundbedürfnisse nicht erfüllt werden.

Unter 50 cm

- **Heide** ▶ S. 48
Abgesehen von Baum-Heide bleiben alle niedrig.
- ***Buxus*, Buchsbaum** ▶ S. 26
Buxus microphylla 'Morris Dwarf' und 'Morris Midget' bleiben auch ohne Schnitt klein.
- ***Cornus*, Hartriegel** ▶ S. 34
Cornus canadensis bildet einen 10 bis 15 cm hohen Teppich.
- ***Cotoneaster*, Zwergmispel** ▶ S. 38
C. microphyllis und *C. dammeri* wachsen bodennah.
- ***Euonymus*, Spindelstrauch** ▶ S. 42
Ohne Stütze wachsen die meisten Kultivare von *E. fortunei* ausladend.
- **Ginster** ▶ S. 46
Genista pilosa ist der niedrigste, *G. lydia* kann auch unter 50 cm Höhe bleiben.
- ***Lavandula*, Lavendel** ▶ S. 62
Außerhalb der Blütezeit bleibt *Lavandula angustifolia* unter 50 cm.
- ***Mahonia*, Mahonie** ▶ S. 68
M. repens und *M. nervosa* werden selten über 30 cm hoch.
- ***Rubus*, Zier-Brombeere** ▶ S. 92
R. calycinoides, Triebe und Blätter bedecken den Boden.

Außerdem:

Andromeda polifolia ▶ S. 194
***Berberis thunbergii* 'Bagatelle'** ▶ S. 146
Ceratostigma plumbaginoides ▶ S. 116
Chamaespartium sagittalis ▶ S. 46
Daphne cneorum ▶ S. 130
***Deutzia crenata* 'Nikko'** ▶ S. 40
Gaultheria procumbens ▶ S. 194
***Hebe pinguifolia* 'Pagei'** ▶ S. 142
***Hypericum × moserianum* 'Tricolor'** ▶ S. 148
***Hyssopus officinalis* 'Aristatus'** ▶ S. 158
***Lithodora diffusa* 'Heavenly Blue'** ▶ S. 114
Parahebe catarractae ▶ S. 116
***Pieris japonica* 'Little Heath'** ▶ S. 192
***Prunus laurocerasus* 'Mount Vernon'** ▶ S. 162
***Rosmarinus officinalis* 'Corsican Blue'** ▶ S. 158
***Salix repens* 'Voorthuizen'** ▶ S. 140
Salvia officinalis ▶ S. 158
Sarcococca hoockeriana* var. *humilis ▶ S. 134
***Spiraea japonica* 'Bullata'** ▶ S. 176
Stephanandra incisa ▶ S. 186
Thymus vulgaris ▶ S. 158
Xanthorhiza simplicissima ▶ S. 186

50 cm bis 1 m

- ***Chaenomeles*, Zierquitte, Scheinquitte** ▶ S. 32
Die nicht so kräftigen Sorten wie 'Nicoline' oder 'Caméo' werden selten höher als 1 m.
- ***Cornus*, Hartriegel** ▶ S. 34
C. sericea 'Kelsey' bildet eine etwa 0,80 m hohe Kugel.
- ***Deutzia*** ▶ S. 40
D. gracilis und *D. rosea* werden etwa 1 m hoch.
- ***Forsythia*** ▶ S. 44
'Marée d'Or' wächst ausladend und überschreitet selten 0,80 m Höhe.
- **Ginster** ▶ S. 46
Im Frühjahr radikal verjüngte *Genista tinctoria* werden im Sommer etwa 1 m hoch.
- ***Hydrangea*, Hortensie** ▶ S. 54
Einige Sorten bleiben „klein": *H. involucrata* 'Hortensis' und 'Sterilis', *H. macrophylla* 'Hörnli', 'Pia', 'Tovelit', *H. arborescens* 'Annabelle' und *H.* 'Preziosa' werden höchstens bis 1,20 m. *H. serrata* 'Beni Gaku', 'Mont Aso', 'Diadem', 'Blue Deckle', 'Rosalba' und 'Koreana' werden selten über 1 m hoch.
- ***Lavandula*, Lavendel** ▶ S. 62
Lavandula × intermedia bildet robuste Büsche, die bis zu 1 m Höhe erreichen.
- ***Mahonia*, Mahonie** ▶ S. 68
M. 'Apollo', 'Moseri' und 'Versicolor' überschreiten nie 1 m.
- ***Philadelphus*, Sommerjasmin** ▶ S. 74
P. 'Silberregen', *P. microphyllus* und einige andere „Zwerg"-Sorten erreichen 0,80 bis 1,20 m.
- ***Potentilla*, Fingerstrauch** ▶ S. 76
Die im Winter bis zum Boden zurückgeschnittenen Pflanzen werden im Sommer nicht über 1 m hoch.
- ***Rhododendron*** ▶ S. 80
Dies ist die Durchschnittsgröße der immergrünen Azaleen und der „Zwerg"-Rhododendren wie *R. impeditum* 'Blue Tit', *R.* Forrestii-Grp. 'Elisabeth'. *R. yakushimanum* und *R. williamsanum* sowie einige andere Ausnahmen brauchen 15 Jahre, um über 1,20 m hoch zu werden.

• ***Rosa*, Rose** ▸ S. 88
'The Fairy', 'Bonica', 'Frau Dagmar Hartopp' (rosa), 'Swanny', 'Schneezwerg' (weiß) und 'Little White Pet' (weiß) behalten bescheidene Ausmaße.
• ***Spiraea*, Spierstrauch** ▸ S. 96
Eine ganze Gruppe von Sommer-Spiersträuchern bleibt kompakt: *S. japonica* 'Little Princess', 'Gold Princess', 'Gold Mound' und 'Magic Carpet'.
• ***Viburnum*, Schneeball** ▸ S. 100
V. davidii und *V. farreri* 'Nanum' sowie *V.* 'Eskimo' sind die niedrigsten.
• ***Weigela*, Weigelie** ▸ S. 104
W. florida 'Purpurea', *W.* 'Alexandra', *W.* 'Pink Poppet' und mehrere andere Zwergsorten werden kaum über 1 m hoch, vor allem wenn man sie zurückschneidet, damit sie mehr blühen.

Außerdem:
***Acer palmatum* 'Filigree'** und **'Red Pigmy'** ▸ S. 20
***Artemisia* 'Powis Castle'** ▸ S. 140
***Berberis thunbergii* 'Atropurpurea Nana'** und **'Bonanza Gold'** ▸ S. 146, 176
***Buddleja davidii* 'Purple Emperor'** ▸ S. 24
Caryopteris × clandonensis ▸ S. 116
Ceanothus thyrsiflorus* var. *repens ▸ S. 114
Ceratostigma willmottianum ▸ S. 116
Danae racemosa ▸ S. 164, 186
***Daphne*-Arten** ▸ S. 130
Fuchsia magellanica ▸ S. 122
Gaultheria (= Pernettya) mucronata ▸ S. 194
Gaultheria shallon ▸ S. 194
***Hedera helix* 'Arborescens'** ▸ S. 164
Helichrysum splendens ▸ S. 140
***Hypericum* 'Hidcote'** und andere ▸ S. 118
Hyssopus officinalis ▸ S. 158
Indigofera gerardiana ▸ S. 112
Leucothoe walteri ▸ S. 192
***Lonicera pileata* 'Lemon Beauty'** ▸ S. 164
Perovskia atriplicifolia ▸ S. 116
***Pieris japonica* 'Debutante', 'Prelude', 'White Pearl'** ▸ S. 192
Prunus tenella ▸ S. 78
Ribes laurifolium ▸ S. 86
Rosmarinus officinalis ▸ S. 158
***Ruta graveolans* 'Jackman's Blue'** ▸ S. 142
***Salix repens* 'Argentea'** ▸ S. 158
Sarcococca confusa, S. hookeriana ▸ S. 134

1 bis 2 m

• ***Acer*, Ahorn** ▸ S. 20
Die meisten japanischen Ahorne mit farbigem Laub (*A. palmatum* 'Shishio Improved', 'Mme Butterfly' usw.) bleiben in dieser Größenordnung.
• ***Chaenomeles*, Scheinquitte** ▸ S. 32
Die kräftigesten Sorten ('Pink Lady', 'Crimson & Gold', 'Ernst Finken') werden 2 m hoch, vor allem, wenn sie als Hecke wachsen.
• ***Cornus*, Hartriegel** ▸ S. 34
Alle zwei Jahre radikal verjüngt, überschreiten Hartriegel mit buntem Holz selten 2 m.
• ***Cotoneaster*, Zwergmispel** ▸ S. 38
C. franchettii und *C. lacteus* werden 2 m hoch oder etwas mehr.
• ***Deutzia*, Deutzie** ▸ S. 40
Wenn man sie alljährlich schneidet, um die jungen Triebe anzuregen, werden Deutzien-Hybriden kaum höher als 2 m.
• ***Euonymus*, Spindelstrauch** ▸ S. 42
Japanische Spindelsträucher (*E. japonicus*) können in wintermilden Gegenden 2 m hoch werden, *E. alatus, E. planipes, E. phellomanus* werden selten höher.
• ***Forsythia*, Forsythie** ▸ S. 44
'Mélée d'Or', 'Week End' und einige neuere Sorten werden garantiert nicht über 2 m hoch.
• **Ginster** ▸ S. 46
Spartium junceum wird leicht so hoch, desgleichen die Edelginster (*Cytisus scoparius*-Hybriden).
• ***Hibiscus*, Hibiskus** ▸ S. 52
Wird er zur Anregung der Blüte geschnitten, bleibt er unter 2 m.
• ***Hydrangea*, Hortensie** ▸ S. 54
Die meisten Hortensien mit „Teller"- oder Kugelblüte werden 1 bis 2 m hoch.
• ***Magnolia*, Magnolie** ▸ S. 64
In gewöhnlicher Erde wird *M. stellata* in 20 Jahren selten über 1,50 m.
• ***Mahonia*, Mahonie** ▸ S. 68
Die Sorten von *M. aquifolium* passen in diese Kategorie.
• ***Paeonia*, Strauch-Pfingstrose** ▸ S. 72
Außer einigen Sonderfällen ist dies die normale Größe von Strauch-Pfingstrosen.
• ***Philadelphus*, Sommerjasmin** ▸ S. 74
'Erectus', 'Beauclerck', 'Avalanche', 'Belle Etoile' und alle anderen mittelgroßen Sorten werden nicht über 2 m hoch.
• ***Prunus*, Zier-Kirsche und -Pflaume** ▸ S. 78
P. × eminens 'Umbraculifera', *P. glandulosa, P. incisa* 'Compacta' *und P. nipponica* var. *kurilensis* 'Rubby', *P. triloba* und *P. × cistena* halten sich zwischen 1 und 2 m.
• ***Rhododendron*** ▸ S. 80
Laub abwerfende Azaleen, einige Ausnahme-Rhododendren ('Alison Johnston', *R. dauricum* usw.) erreichen diese Höhe und viele Hybriden werden 2 m hoch, wenn die Kulturbedingungen nicht ganz ideal sind.
• ***Ribes*, Zier-Johannisbeere** ▸ S. 86
R. sanguineum-Sorten und verwandte Arten (z. B. *R. nigrum*) werden kaum über 2 m hoch, wenn sie zur Anregung der Blüte geschnitten werden.
• ***Rosa*, Rose** ▸ S. 88
Eine Menge Strauchrosen gehören dazu: 'Cornelia', 'Felicia', 'Ballerina', 'Buff Beauty', 'Thérèse Bugnet', 'Ferdy', 'lanc Double de Coubert' usw.

• ***Rubus*, Zier-Brombeere** ▶ S. 92
Die Arten *R. odoratus* und *R. spectabilis* erreichen diese Höhe.
• ***Syringa*, Flieder** ▶ S. 98
S. patula 'Miss Kim' und *S. meyeri* 'Palibin' werden über 1 m, aber selten bis zu 2 m hoch.
• ***Viburnum*, Schneeball** ▶ S. 100
V. carlesii und *V. opulus* 'Compactum' wachsen langsam und werden nur sehr selten über 2 m hoch.

Außerdem:
***Abelia × grandiflora* 'Edward Goucher'** ▶ S. 110
Aesculus parviflora ▶ S. 108
***Aronia arbutifolia* 'Brillant'** ▶ S. 168
Artemisia abrotanum ▶ S. 140
***Aucuba japonica* 'Nana Rotundifolia'** ▶ S. 162
Baccharis halimifolia ▶ S. 204
Berberis ▶ S. 120, 142 ff, 152 ff, 162 ff, 172 ff
***Brachyglottis* 'Sunshine'** ▶ S. 140
***Callicarpa bodinieri* var. *bodinieri* 'Profusion'** ▶ S. 166
Calycanthus floridus ▶ S. 122
Camellia sasanqua ▶ S. 28
Ceanothus × delileanus ▶ S. 114
Ceanothus × impressus ▶ S. 114
Cephalanthus occidentalis ▶ S. 192
Choisya ternata ▶ S. 130
Clerodendrum bungei ▶ S. 132
Clethra alnifolia ▶ S. 194
Corylopsis paucifolia, C. spicata ▶ S. 118, 126
Escallonia × virgata ▶ S. 204
***Exochorda × macrantha* 'The Bride'** ▶ S. 106
Garrya elliptica ▶ S. 128
Holodiscus discolor ▶ S. 108
Kerria japonica ▶ S. 118
Ligustrum ovalifolium ▶ S. 150
Lonicera fragrantissima, L. nitida, L. tatarica, L. syringantha ▶ S. 122, 134, 164
Nandina domestica ▶ S. 213
Osmanthus heterophyllus ▶ S. 134, 164
Photinia davidiana ▶ S. 148, 168
Physocarpus opulifolius ▶ S. 144, 146
***Pieris* 'Bert Chandler', *P.* 'Forest Flame'** usw. ▶ S. 192
Poncirus trifoliata ▶ S. 132
***Prunus laurocerasus* 'Otto Luycken'** ▶ S. 162
Salix gracilistyla ▶ S. 128
Spiraea × vanhouttei ▶ S. 96
Stephanandra tanakae ▶ S. 172
Vitex agnus-castus ▶ S. 116, 192

2 bis 4 m

• ***Acer*, Ahorn** ▶ S. 20
Die kräftigsten Sorten von *A. palmatum* werden in 6 bis 10 Jahren über 2 m hoch: 'Atrolineare', 'Bloodgood', 'Sindeshojo', 'Garnet', 'Ornatum', 'Senkaki'. Die schwachwachsenden Sorten von *A. campestre* und die rosafarbenen von *A. pseudoplatanus* brauchen etwa genauso lange für die gleiche Höhe.
• ***Buddleja*, Schmetterlingsstrauch** ▶ S. 24
Mit leichtem Schnitt werden die meisten über 2 m, aber keine 3 m hoch.
• ***Buxus*, Buchsbaum** ▶ S. 26
Baumförmige, kräftige Buchsbaumsorten ('Handsworhiensis', 'Rotundifolia' usw.) werden in etwa 10 bis 15 Jahren so hoch.
• ***Camellia*, Kamelie** ▶ S. 28
Ausgewachsen (mit 20 bis 30 Jahren) und ungeschnitten erreichen die meisten Sorten 2 bis 4 m Höhe.
• ***Cornus*, Hartriegel** ▶ S. 34
Hartriegel mit Winterblüte sowie Blumen-Hartriegel und *C. alternifolia* 'Argentea' werden in 10 bis 15 Jahren 3 bis 4 m groß.
• ***Hydrangea*, Hortensie** ▶ S. 54
Nur *H. paniculata* und Samt-Hortensien (*H. sargentiana, H. aspera* Villosa-Grp. usw.) erreichen diese Ausmaße.
• ***Ilex*, Stechpalme** ▶ S. 60
Ungeschnitten werden die meisten in 20 Jahren so groß.
• ***Magnolia*, Magnolie** ▶ S. 64
Sorten von *M. × soulangeana* werden in 35 bis 40 Jahren bis zu 4 m hoch und nehmen dann Baumform an. Die Hybriden ('Star Wars', 'Heaven Scent', 'Wadas' Memory') erreichen sie in nur 10 bis 12 Jahren.
• ***Malus*, Zier-Apfel** ▶ S. 70
Dies ist die Größe der meisten Apfelbaum-Hybriden.
• ***Philadelphus*, Sommerjasmin** ▶ S. 74
Die „großen" ('Minnesota Snowflake', 'Natchez' usw.) werden 2,50 bis 3 m, seltener 4 m groß.
• ***Prunus*, Zier-Kirsche, -Aprikose, -Pflaume** ▶ S. 78
P. incisa, P. cerasifera, P. spinosa und in geringerem Maße *P. mume* werden 3 bis 4 m hoch, wenn sie Baumform annehmen.
• ***Rhododendron*** ▶ S. 80
Bei guten Bedingungen erreichen viele großblumige Hybriden in 10 bis 12 Jahren diese Ausmaße.
• ***Rubus*, Zier-Brombeere** ▶ S. 92
Brombeeren mit dekorativer Borke wie *R.* 'Benenden' werden 2 bis 3 m hoch.
• ***Sambucus*, Holunder** ▶ S. 94
Sambucus nigra und seine Sorten erreichen 3 bis 4 m Höhe.
• ***Syringa*, Flieder** ▶ S. 98
S. vulgaris, S. × hyacinthiflora, S. × prestoniae wachsen in etwa 10 Jahren 3 bis 4 m hoch.
• ***Viburnum*, Schneeball** ▶ S. 100
Die kräftigen Sorten von *V. opulus* wie 'Notcutt's Variety' und 'Xanthocarpum' werden in feuchtem, fruchtbarem Boden leicht 3 bis 4 m hoch.

Außerdem:
Amelanchier lamarckii ▶ S. 106
Arbutus unedo ▶ S. 164, 200
***Aucuba japonica* 'Aucubaefolia'** und andere Sorten ▶ S. 162

Berberis julianae ▶ S. 164
Caragana arborescens ▶ S. 180
***Cercis canadensis* 'Forest Pansy'** ▶ S. 146, 196
Chimonanthus praecox ▶ S. 126, 134
Clethra barbinervis ▶ S. 194
Corylopsis willmottiae ▶ S. 118, 126
***Corylus avellana* 'Aurea'** ▶ S. 144
***Cotinus* 'Grace'** ▶ S. 146
Decaisnea fargesii ▶ S. 160, 166
***Euonymus europaeus* 'Red Cascade'** ▶ S. 42
Hamamelis mollis* und *H.* × *intermedia ▶ S. 124
Hippophae rhamnoides ▶ S. 140
Lonicera ledebourii ▶ S. 120
Prunus lusitanica ▶ S. 162
Ptelea trifoliata ▶ S. 144
Rhus glabra* und *R. thyphina ▶ S. 156
Sorbaria tomentosa* var. *angustifolia ▶ S. 108, 180
Stuartia pseudocamellia ▶ S. 194
Tamarix ▶ S. 112

Über 4 m

• ***Cornus*, Hartriegel** ▶ S. 34
Cornus controversa und seine Sorten werden nach 15 bis 20 Jahren Wachstum große Sträucher und mit der Zeit hübsche kleine Bäume.

• ***Ilex*, Stechpalme** ▶ S. 60
Die Hybriden *I.* × *altaclerensis* sind kräftiger als gewöhnliche Stechpalmen und werden unter günstigen Klimabedingungen (und ohne Schnitt) 4 bis 5 m hoch.

• ***Magnolia*, Magnolie** ▶ S. 64
Manche *M.* × *grandiflora*, *M.* × *soulangeana* 'Lennei' oder 'Brozzoni' sowie einige kräftige Hybriden ('Star Wars', 'Iolanthe', 'Norman Gould', 'Wada's Memory' usw.) werden bei optimalen Kulturbedingungen in 15 bis 20 Jahren über 4 m hoch.

• ***Rhododendron*** ▶ S. 80
Manche kräftigen großblumigen Hybriden ('Pink Pearl', 'Cynthia', 'Boursault' usw.) erreichen 5 bis 6 m, manchmal mehr, wenn die Luftfeuchtigkeit hoch und der Boden humusreich ist.

• ***Sambucus*, Holunder** ▶ S. 94
Der wilde Schwarze Holunder sowie die Sorte 'Laciniata' überschreiten oft 4 m, wenn sie einstämmig gezogen werden.

Außerdem:

Aralia elata ▶ S. 160
Broussonetia papyrifera ▶ S. 160, 202
Clerodendrum trichotomum ▶ S. 132
Clethra barbinervis ▶ S. 194
***Corylus maxima* 'Purpurea'** ▶ S. 146
***Elaeagnus* 'Quicksilver'** ▶ S. 140
Enkianthus campanulatus ▶ S. 194
***Erica arborea* 'Alpina'** ▶ S. 50
Laurus nobilis ▶ S. 158
***Prunus laurocerasus* 'Caucasica'** ▶ S. 162
***Salix alba*, *S. daphnoides*, *S.* × *sepulcralis* 'Erythroflexuosa'** ▶ S. 170, 172
Viburnum rhytidophyllum ▶ S. 102

Bei dieser *Hydrangea paniculata* wurden die unteren Triebe am Stamm entfernt, damit darunter andere Pflanzen Platz haben.

Schatten

Standorte ohne Sonne scheinen unwirtlich zu sein, doch eine gute Zahl von Sträuchern fühlt sich gerade dort wohl. Allerdings muss man zwischen dem Schatten unterscheiden, den eine oder mehrere Mauern erzeugen und dem noch tieferen, den das Blattwerk eines großen Baumes schafft. Unter dem Blätterdach bekommen die Pflanzen nur von der Seite Licht und leiden unter starker Wurzelkonkurrenz. Diese Situation schränkt die Auswahl der Sträucher stark ein, die hier gedeihen können.

Im Baumschatten

Außer dem fehlenden Licht müssen die Sträucher auch mit starker Trockenheit im Sommer klarkommen. Pflanzen Sie am besten im Frühherbst, damit der Regen sie natürlich begießt und das Laub des Baumes eine Schutzschicht bildet. Schneiden Sie dem Baum keine dicken Wurzeln ab, damit keine Pilze eindringen oder jede Menge feiner Wurzeln wuchern.

• **Sträucher mit immergrünem Laub** ▶ S. 162
Die meisten gedeihen gut unter Bäumen, die (auch kahl) Frosteinwirkungen mildern.
• **Sträucher für saure Erde** ▶ S. 192
Alle Sträucher für saure Erde wachsen unter Bäumen, wenn der Boden kühl bleibt.
• **Sträucher mit weiß panaschiertem oder gesäumtem Laub** ▶ S. 150
Der Rand ist hier meist breiter und schöner, als wenn sich die Blätter in voller Sonne entwickeln. Ein gewöhnlicher panaschierter Holunder wird hier zum erlesenen Strauch:
Bild 1 links *Sambucus nigra* 'Variegata', rechts *Philadelphus coronarius* 'Aurea'.
Bild 2 *Kerria japonica* 'Variegata'.
Bild 3 *Cornus alba* 'Elegantissima'
• ***Buxus*, Buchsbaum** ▶ S. 26
Obwohl er lieber Sonne hat, ist er in der Lage, im Baumschatten zu wachsen. Die Sorten mit panaschiertem Laub sind hier sehr dekorativ.
• ***Camellia*, Kamelie** ▶ S. 28
Außer *C. sasanqua* können alle unter Bäumen mit hohem Wipfel stehen in lehmig-humosem, leicht saurem Boden.
• ***Cotoneaster*, Zwergmispel** ▶ S. 38
Sie können am Fuße großer Bäume leben, denn sie bahnen sich einen Weg durch die Wurzeln. *C. horizontalis* 'Variegatus' ist besonders schön.
• ***Euonymus fortunei*, Kletternder Spindelstrauch** ▶ S. 42
Ob mit grünen oder panaschierten Blättern, alle Sorten fühlen sich am Fuße von Bäumen oder dicht am Stamm wohl, an dem sie manchmal ihre Kletterkünste erproben.
• ***Ilex*, Stechpalme** ▶ S. 60
Stechpalmen wachsen von Natur aus im Unterholz. Die Sorten mit grünem Laub sind dort dunkler, die panaschierten leuchten stark.
• ***Hydrangea*, Hortensie** ▶ S. 54
Alle entwickeln sich gut unter großen Bäumen, wenn der Boden ständig kühl ist. *H. aspera* ist hier besonders schön.
• ***Viburnum*, Schneeball** ▶ S. 100
Die meisten wachsen gut im Schatten von Bäumen, vor allem, wenn der Boden lehmig-humos ist. Der ausladende Wuchs von *V. plicatum* prädestiniert ihn besonders dafür.

Eine Entdeckung wert

• ***Danae racemosa*, Alexandrinischer Lorbeer** Bild 4
Bei den beiderseits stark glänzenden, wie lackiert aussehenden, immergrünen „Blättern" handelt es sich um blattähnliche Kurzsprosse (Phyllokladien). Manchmal rote Früchte im IX. Schatten oder Halbschatten, gewöhnliche Erde (1 m × 1 m).
• ***Rhodotypos scandens*, Scheinkerrie** Bild 5
Die einfachen weißen Blüten sitzen einzeln, aber lange an den gebogenen Trieben. Wächst wie eine Himbeere (1,20 m × 1,20 m). Die abgeblühten Triebe dicht am Boden zurückschneiden. Alle Böden, Schatten oder Halbschatten.
• ***Stephanandra incisa*, Kleine Kranzspiere** Bild 6 Kleine eingeschnittene Kräuselblätter an kriechenden Trieben, die stellenweise anwurzeln. Cremeweiße Blüten im V und VI. Im Herbst kupferrotes Laub. Ausgezeichneter Bodendecker. Schatten oder Halbschatten, gewöhnliche Erde (0,40 m × 1,50 m).
• ***Xanthorhiza simplicissima*, Gelbwurz** Bild 7
Laub abwerfender Bodendecker mit sehr leichten Fiederblättern. Herrlich goldgelb im Herbst. Saurer Boden. Höhe: 30 cm.

Außerdem:

Aucuba japonica ▶ S. 162
Daphne odora, D. laureola ▶ S. 130
Leycesteria formosa ▶ S. 168
Mahonia aquifolium ▶ S. 68
Ribes laurifolium ▶ S. 86
Rubus spectabilis, R. odoratus ▶ S. 92
Sambucus nigra 'Laciniata' ▶ S. 94
Sarcococca ▶ S. 134
Symphoricarpos ▶ S. 166

1

2

3

4

5

6

7

Im Mauerschatten

Zu den vorangehenden Pflanzen kommen die folgenden Sträucher. Die meisten von ihnen passen gut zu Bambus, denn dieser schätzt ebenfalls Standorte mit wenig Sonne, die immer luftfeucht sind.

- **Sträucher mit gelbem Laub** ▶ S. 144
Der Halbschatten schützt sie vor Verbrennungen, während ihre Farbe wie Sonnenschein ist. Viele sind im Frühling besonders spektakulär.
- **Sträucher mit großen Blättern** ▶ S. 160
Im Schutz vor Wind und praller Sonne sind die großen Blätter ganz in ihrem Element und werden nicht zerrissen. *Fatsia japonica* (Kultur als Kübelpflanze) und *Aralia elata* Bild 11 (Foto: die panaschierte Sorte) leuchten hier geradezu.
- **Sträucher mit Winterblüte** ▶ S. 124
Alle diese Sträucher blühen schöner im Schatten einer Mauer, wo sie vor heftigem Temperaturwechsel geschützt sind, der an sonnigen Standorten häufig vorkommt.
- ***Acer palmatum*, Fächer-Ahorn** ▶ S. 20
Alle Sorten mit aufrechtem Wuchs bevorzugen diese Lagen, wo sie Licht von oben bekommen. Oranges oder panaschiertes Laub kommt hier besser zur Geltung als bei etwas Sonne.
- ***Camellia sasanqua*, Herbst-Kamelie** ▶ S. 28
In Gegenden mit mildem oder warmem Klima behagt ihr diese Lage ganz besonders und fördert eine lange Blütezeit.
- ***Chaenomeles*, Scheinquitte, Zierquitte** ▶ S. 32
Ohne direkte Sonne sind weniger Blüten da, die aber länger blühen. Die Lachs- und Gelbtöne sind hier hübscher.
- ***Deutzia*, Deutzie** ▶ S. 40
Schatten ist bei Sorten mit zartrosa getönten Blüten willkommen. Die weiß blühenden leuchten besonders. *D. scabra* 'Punctata' ist wunderschön.
- ***Hydrangea paniculata*** ▶ S. 54
Ihr aufrechter Wuchs kommt besser im Schatten einer Wand zur Geltung als unter einem Baum.
- ***Philadelphus*, Sommerjasmin** ▶ S. 74
Blüten und Duft stellen sich auch ohne Sonne ein. Die Blütenkronen sind spärlicher, blühen aber länger. *P. coronarius* und seine Sorten mit panaschierten oder bunten Blättern eignen sich am besten von allen Bild 8 (Foto: *P. coronarius* 'Variegatus').

Eine Entdeckung wert

- ***Azara microphylla*, Buchsblättriger Azarabaum** Bild 9
Kleine runde Blätter mit 5 mm Durchmesser und mimosengelbe Blüten im I oder II. 'Variegata' leuchtet am meisten. Winterhart bis −10 °C im Freiland. Wächst auch gut im Topf. Schatten oder Halbschatten, kalkfreie Erde (2 m × 1,50 m).
- ***Eriobotrya japonica*, Wollmispel** Bild 10
Große dunkelgrüne Blätter mit flaumiger Unterseite in Grau, dann Ocker. Sehr stattlich. Heimisch in China und S-Japan, bei uns Kultur als Kübelpflanze. Duftende Blüten und in mediterranem Klima gelbe Früchte. Alle Standorte, gewöhnliche Erde (3 m × 2 m).

Außerdem:

Amelanchier lamarckii ▶ S. 106
Daphne mezereum ▶ S. 130
Exochorda ▶ S. 106
Garrya elliptica (Kübelpflanze) ▶ S. 128
Pyracantha ▶ S. 168
Ribes sanguineum ▶ S. 86

11

8

9

10

7

Südwände

Wenn sonnige Südlagen mit der Nähe einer Mauer verbunden sind, entsteht meist ein heißer und trockener Standort, den die meisten „klassischen" Gartensträucher nur schwer vertragen. Manche von ihnen sind indes gerade darauf eingestellt und können sich gut entwickeln, ohne dass man sie dauernd gießen muss. In Gegenden, wo Sonneneinstrahlung und Hitze eher Glückstreffer sind, gestattet es eine solche Lage, kälteempfindlichere Pflanzen zu ziehen oder sich dank der durch die Mauer gespeicherten Wärme und durch den Schutz vor Nordwind an üppiger Blütenpracht zu erfreuen.

Vertragen Trockenheit

• **Sträucher mit grauem Laub** ▸ S. 140
(Bild 1 Rosmarin) Ihre mehr oder weniger dichte graue Behaarung ist eine Anpassung an pralle Sonne, an Hitze und Wasserknappheit. Sie stehen hier optimal. Von den blaublättrigen Sträuchern passen auch die Wein-Raute, der Honigstrauch und die Hecht-Rose.

• ***Buddleja*, Schmetterlingsstrauch** ▸ S. 24
Alle mögen solche Standorte, besonders aber *Buddleja fallowiana* 'Lochinch' Bild 2, der hier deutlich besser wächst und blüht.

• ***Buxus*, Buchsbaum** ▸ S. 26
Die besten Immergrünen für diese Lage (sie wachsen in der Natur an Kalksteinhängen). Vermeiden sie aber die Sorten mit panaschiertem Laub.

• ***Lavandula*, Lavendel** ▸ S. 62
Alle, besonders aber Englischer Lavendel (*Lavandula* × *intermedia*) und Schopf-Lavendel dort, wo das Klima vielleicht nur „gerade so" passt.

• ***Paeonia*, Strauch-Pfingstrose** ▸ S. 72
Die Wärme lässt die jungen Triebe gut reifen und im Jahr darauf mehr Blüten tragen. In kühleren Gegenden blühen sie in solcher Lage üppiger.

Profitieren von der Wärme

• ***Abutilon* × *suntense*, Schönmalve** Bild 7
Blüten von V bis VII. Kultur als Kübelpflanze. Winterhärter (–10 °C) und dunkler als die Verwandten *A. vitifolium* und *A. ochsenii*. Volle Sonne, durchlässige Erde (2 m × 1,50 m).

• ***Argyrocytisus battandieri* (Syn. *Cytisus battandieri*), Marokko-Ginster** Bild 3
Große graue, dreilappige Blätter und gelbe endständige Blütentrauben mit angenehmem Ananasduft ab VII. Heimisch in Marokko, bei uns Kultur als Kübelpflanze. Volle Sonne, durchlässige Erde.

• ***Genista aetnensis*, Ätna-Ginster** Bild 4
Unmengen gelber Blüten im VII und VIII. Großer Strauch oder kleiner zierlicher Baum. Kultur als Kübelpflanze in gut durchlässiger, leichter Erde, volle Sonne.

• ***Lagerstroemia*, Lagerstroemie** Bild 5
Große Blütenbüschel in Rosa, Rot oder Weiß, einfach oder gefüllt im VIII und IX am Ende der diesjährigen Triebe. Wird in sehr wintermilden Regionen südlich der Alpen oft als Baum gezogen, bei uns meist Kultur als Kübelpflanze. Wenn er ordentlich blühen soll, braucht er viel Sonne und Wärme. Gewöhnliche, nicht zu trockene Erde (1,80 m × 1,80 m mit jährlicher Radikalverjüngung im Frühling). Neue Sorten wie 'Comanche' wachsen kompakter.

• ***Vitex agnus-castus*, Mönchspfeffer** Bild 6
Endständige Blütenrispen in kräftigem Blau von VIII bis X. Große gelappte Blätter mit pfeffrigem Aroma. Volle Sonne, wintermildes Klima, durchlässiger Boden (2 m × 2 m).

Außerdem:

***Abelia* × *grandiflora* 'Edward Goucher'** ▸ S. 110
Caryopteris* × *clandonensis ▸ S. 116
Ceanothus* × *impressus ▸ S. 114
Ceanothus* × *delileanus ▸ S. 112, 114
Indigofera gerardiana ▸ S. 112
Genista tinctoria ▸ S. 46
Lavatera* × *olbia ▸ S. 112, 202
Lespedeza thunbergii ▸ S. 112
Magnolia grandiflora ▸ S. 66
Perovskia atriplicifolia ▸ S. 116
Prunus mume ▸ S. 78
Spartium junceum ▸ S. 46

Pflanztipp

Diese Sträucher haben meist wenige, kaum verzweigte, sehr tiefgehende Wurzeln. Es ist besser, ganz junge Pflanzen zu setzen und sie nach mehr als sechsmonatiger Entwicklung nicht mehr zu verpflanzen.

1

2

3

4

5

6

Saurer Boden

Oft wird der Begriff „saure Erde“ mit dem der „Heideerde“ oder „Moorerde“ in einen Topf geworfen, unter dem viele Kataloge und Gärtnereien die hier aufgeführten Sträucher einordnen. Zwar vertragen diese Pflanzen allesamt keinen Kalk im Boden, doch verlangen sie nicht unbedingt die leichte, sandige, humusreiche, mineralstoffarme Erde, wie sie in Beuteln verkauft wird. Sie kann ruhig lehmig, sandig oder kiesig sein, nur darf sie im Sommer nicht austrocknen. Achten Sie also darauf, dass stets eine dicke Mulchschicht darauf liegt, am besten aus Buchen- oder Eichenlaub, Kiefern- oder Thujanadeln (die den Boden sauer machen) – sie bringt den Oberflächenwurzeln Frische und allen Humus, den sie brauchen. Sie erspart Ihnen im Sommer das Gießen, das bei kalkhaltigem, chemisch „weicher“ gemachtem oder gechlortem Leitungswasser ohnehin schädlich ist. Die aufgelisteten Sträucher mögen auch eine kühle, feuchte Umgebung und wachsen gut im Schatten von Mauern oder (die robusteren) von großen Bäumen.

• ***Acer palmatum*, Fächer-Ahorn** ▶ S. 20
Kalkfreie und ständig kühle Erde bringt die besten Ergebnisse. Er wächst besser in lehmigem Boden als in purer „Heideerde“, die zu nährstoffarm und leicht ist.

• ***Calluna, Erica* usw., Heide** ▶ S. 48
Alle Heidekräuter lieben sauren Boden, auch wenn die Winter-Heidearten *Erica carnea* und *E.* × *darleyensis* in neutralem bis leicht alkalischem Boden wachsen können.

• ***Camellia*, Kamelie** ▶ S. 28
Alle Kamelien wachsen in saurem Boden.

• ***Hydrangea*, Hortensie** ▶ S. 54
In saurer Erde entwickeln sie sich am besten und die Sorten mit rosa Blüten werden mehr oder weniger blau oder lila.

• ***Leucothoe*, Traubenheide**
Lange bogige Äste tragen längliche immergrüne Blätter, aus deren Achseln im V die weißen Blütentrauben wachsen. Bildet Ausläufer. Lockerer Wuchs, hübsch als Bodendecker. *L. fontanesiana* (= *L. walteri*) Bild 2 ist die üblichste, recht winterharte Art. Schatten oder Halbschatten, saure, kühle Erde (1,20 m × 2 m). *L.* 'Scarletta': im Winter wunderbares knallrotes Laub, aufrechterer Wuchs. Ideal im Topf (0,50 m × 0,50 m).

• ***Magnolia*, Magnolie** ▶ S. 64
Sie wächst gut in allen kalkfreien Böden, aber noch besser, wenn sie fest und lehmig sind.

• ***Pieris*, Lavendelheide** Bild 1 (rechts)
Die immergrünen Sträucher sind vor allem reizvoll, wenn ihre jungen Triebe im IV, V und VI rot, orange oder rosa leuchten. Perlmuttweiße Glöckchenblüten von I bis III. *P. japonica* und *P. floribunda* sind die beiden wichtigsten Arten, die schwer zu unterscheiden sind, aber ähnliche Ansprüche haben. Schatten oder Halbschatten, saurer, kühler Boden (1,50 m bis 2,50 m × 1,50 m bis 3 m). Man findet eher ihre Sorten oder Hybriden:
'Bert Chandler': junge knallrosa, dann grüngelbe Triebe. 'Flamingo' ist mehr karminrot.
'Flaming Silver': leuchtend karminrote, dann grüne Blätter mit weißem Rand. Prachtvoll im Kübel!
'Havila' (= **'Mousvila'**) ist stärker rosa, dann eher creme. Beide überragen 'Variegata', die erste panaschierte Sorte.
'Little Heath': kleine, im Frühjahr kupferfarbene Blätter, dann mit feinem weißem Rand. Zwergwuchs (0,30 m × 0,50 m). Blüht nicht.
'Forest Flame' Bild 3: junge Triebe knallrot.
'Débutante': sehr kompakter, rundlicher Wuchs, beliebt wegen seiner üppigen Blüte. 'Prelude' und 'White Pearl' blühen etwas früher.
'Valley Vallentine': kräftig rosarote Blüten.
'Dorothy Wickoff': gleiche Farben. 'Christmas Cheer': Blüten nur außen rosa, wodurch sie zweifarbig sind.

• ***Rhododendron*** ▶ S. 80
Alle wachsen in saurem oder sehr saurem Boden.

• ***Skimmia*, Skimmie** Bild 1 (links)
Diese Sträucher sind sowohl wegen ihres zähen immergrünen Laubes beliebt als auch wegen der roten Früchte an weiblichen Pflanzen. Sie wachsen von Natur aus als Kugel. Ideal im Kübel. Die männlichen Pflanzen sind auch attraktiv, da sie schon im Herbst Blütenknospen bilden. Schatten, kalkfreie Erde (0,80 m × 1,20 m). *Skimmia japonica* ist die wichtigste Art. Die Sorten:
'Fragrans' (männlich): Blüten mit starkem Maiglöckchenduft im III und IV. ▶ S. 134
'Fructo albo' (weiblich): weiße Früchte, die lange hängen. 'Kew White': genauso.
'Nymans' (weiblich) Bild 4: zahlreiche, sehr dicke Früchte.
subsp. *reevesiana* (Zwitter): kompakte Pflanze (0,90 m × 0,90 m). Die Früchte bleiben.
'Rogersii' (weiblich): sehr kompakt (0,50 m × 0,50 m), verdrehte Blätter, dicke rote Früchte.
'Rubella' (männlich): sehr beliebt mit seinen rosa Knospen ab Herbst und den weißen Blüten im Frühling.

1

2

3

4

5

'Veitchii' (= 'Foremanii') (weiblich): sehr kräftige Pflanze, die schnell wächst.

Außerdem:
Cornus ▶ S. 34
Cytisus scoparius ▶ S. 46
Ilex crenata ▶ S. 60
Sambucus racemosa ▶ S. 94
Viburnum plicatum ▶ S. 100

Eine Entdeckung wert

• ***Andromeda polifolia*, Kahle Rosmarinheide**
Der kleiner Torfmoorstrauch sieht aus wie ein großes Heidekraut mit bläulich grünem Laub. Rosa oder weiße Blütenglöckchen im V und VI. Sonne, saurer, feuchter Boden (0,30 m × 0,40 m).

• ***Cephalanthus occidentalis*, Kopfbusch** Bild 6
Von VI bis VIII sitzen Blütenstände in cremeweißen Kugeln an dem Strauch mit großen, kräftig grünen Blättern. Sonne, feuchter, kalkfreier Boden (3 m × 3 m). Winterhart bis −10 °C.

• ***Clethra*, Scheineller**
Die buschig wachsenden Sträucher oder kleinen Bäume mit meist duftenden Blütenbüscheln im VII und VIII stehen gern am Waldrand unter hohen Bäumen. Sie machen Gärten mit saurem Boden auch im Sommer reizvoll. Sonne oder Halbschatten. Kühler Boden.
C. alnifolia Bild 5: aufrechte weiße Blütenstände mit zartem Duft im VII. Zartgrünes Laub, im Herbst dann goldgelb. 'Rosea': zartrosa Blüten (1,50 m × 2 m). *C. tomentosa* ähnelt ihm sehr, hat aber flaumigere, grauere Blätter und blüht später.
C. barbinervis: lange, stark duftende Trauben im VII. Baumwuchs (3 m × 3 m). −12 °C bis −15 °C.
C. fargesii: sehr lange Rispen (25 cm) aus reinweißen, stark duftenden Blüten im VII. Im Herbst goldgelbes Laub (2,50 m × 2,50 m).

• ***Edgeworthia chrysantha*** Bild 14
Kräftig duftende, blassgelbe Blütenstände im I oder II. Kübelpflanze, kalkfreier, leichter, ständig feuchter Boden. Wächst langsam (1,20 m × 1,20 m).

• ***Enkianthus campanulatus*** Bild 7 **Glockige Prachtglocke**:
Der aufrechte Strauch mit Etagenwuchs trägt im V Büschel perlmuttweißer Blütenglöckchen und im Herbst schöne Farben (je nach Jahr rost oder rot). Halbschatten (nicht unter einem Baum), kalkfreier, stets kühler Boden (4 m × 2,50 m). Sehr schön im Kübel.
E. cernuus fo. *rubens* ist ähnlich, doch die Blüten sind am Rand rosarot.

14

• ***Eucryphia*, Eucryphie** Bild 8
Die aufrechten sommer- oder immergrünen Sträucher mit großen weißen Blüten im Sommer erinnern an Sommerjasmin (mit weniger Duft). Sie brauchen Sonne zum Blühen, aber ständig kühle Wurzeln. *E. glutinosa*: der spektakulärste mit großen, reinweißen Blüten im VII und VIII. Schöne Herbstfarben, beide als Kübelpflanze kultivieren (2,50 m × 1,80 m).

• ***Fothergilla major*, Großer Federbuschstrauch** Bild 9
Hübsch im IV oder V mit seinen wie Kerzen aufgerichteten Blütenständen und wieder im Herbst mit dem bunten Laub in Gelb, Rost, Orange und Rot. Die an der Spitze abgerundeten Blätter sind dick, silbrig und auf der Unterseite flaumig. 'Blue Mist': die Blätter sind jung sehr schön bläulich.

• ***Gaultheria procumbens*, Niederliegende Scheinbeere**
Klein, sehr niedrig, Ausläufer bildend, vor allem dekorativ im Herbst mit ihren dicken roten Beeren und manchen Blättern, die rot werden. Hübsch am Fuße kleiner Rhododendren. Schatten oder Halbschatten, kühle Erde (0,50 m × 0,50 m).
G. shallon Bild 10: mittelgroß mit perlmuttweißen Blütenglöckchen im V. Große zähe immergrüne Blätter. Schwarze unauffällige Früchte, die die Vögel aber mögen (0,80 m × 1,50 m).

• ***Kalmia latifolia*, Breitblättrige Lorbeerrose** Bild 11
Erstaunliche Blütenbüschel im V und VI. Die glänzenden länglich schmalen Blätter sind immergrün. Braucht ständig kühle und feuchte Luft und Erde. Schatten oder Halbschatten (1,50 m × 1,50 m).

• ***Gaultheria mucronata*** (= Pernettya mucronata) Bild 12
Scheinbeere. Zweihäusige Pflanze mit dekorativen roten, rosa oder weißen Früchten an den weiblichen Pflanzen. Die Sortennamen sind unnötig, da man sie mit Fruchtansatz kauft. Sonne oder Halbschatten, kühle Erde (0,60 m × 0,60 m). Im Frühling schneiden, damit die Form wieder kompakt wird.

• ***Stewartia pseudocamellia*, Scheinkamelie** Bild 13
Die Borke des großen Strauchs oder kleinen Baums schält sich wie eine Platane. Zartgrüne Blätter und hübsche, weiße Blüten im VII und VIII. Schöne Herbstfarben. Halbschatten, kühle Erde (4 bis 5 m × 2 bis 3 m).

• ***Zenobia pulverulenta*, Zenobie** ▶ S. 142
Äste in hellem Zimtbraun, halbimmergrüne dicke Blätter in bläulichem Grün. Elfenbeinweiße Blütenglöckchen mit Anisduft. Immer sehr schön, besonders nach einem Auslichtungsschnitt (1,50 bis 1,80 m × 1,50 m).

6

7

8

9

10

11

12

13

Stark kalkhaltiger Boden

Stark alkalische Böden sind oft mager (sowohl in punkto Schichtdicke bzw. Mächtigkeit als auch in Bezug auf den Nährstoffgehalt für die Pflanzen). Das rasche Eindringen des Wassers, das im Frühling oder in feuchten Wintern ein Vorteil ist, da die Erde bearbeitet werden kann, wird schnell zum Handicap, denn das Wasser spült die Nährstoffe fort und versickert schnell, sobald es im Spätfrühling seltener regnet. Die am besten angepassten Sträucher besitzen zugleich Oberflächenwurzeln, die in der Lage sind, den geringsten Regentropfen aufzunehmen, und einige tiefere Wurzeln, um die Feuchtigkeit aus der Tiefe zu holen. Durch ständiges Mulchen mit Laub bleiben die Pflanzen kräftiger und blühfreudiger.

• **Die wichtigsten Blütensträucher**
Buddleja, Deutzia, Forsythia, Hibiscus, Lavandula, Malus (Zier-Apfel), *Philadelphus* (Sommerjasmin), *Prunus* (Zier-Kirsche usw.), *Ribes* (Zier-Johannisbeere), *Rosa* (Rose), *Spiraea* (Spierstrauch), *Syringa* (Flieder), *Weigela* (Weigelie) gedeihen hier unter der Bedingung, dass der Boden im Sommer nicht zu trocken wird, damit die jungen Triebe (und damit die folgende Blüte) nicht geschädigt werden.

• ***Acer campestre*, Feld-Ahorn** ▶ S. 20
Sorten mit buntem Laub ersetzen vorteilhaft japanische Ahorne, die Kalk nicht mögen.

• ***Buxus*, Buchsbaum** ▶ S. 26
B. sempervirens wächst in der Natur auf trockenen Kalksteinplateaus, also kann er auch im Garten an ähnlichen Standorten gepflanzt werden.

• ***Cotoneaster*, Zwergmispel** ▶ S. 38
Sie brauchen Kalk, um schnell und kräftig zu wachsen. Aber die verschiedenen Arten vertragen sommerliche Dürre unterschiedlich gut.

• ***Euonymus*, Spindelstrauch** ▶ S. 42
Manche Arten wie *E. planipes, E. oxyphyllus* vertragen Kalk weniger gut, doch sie sind meist auf *E. europaeus* veredelt, der kein Problem damit hat.

Die Erstaunlichsten

In der Regel kommt man nicht auf die Idee, dass diese Sträucher in der Lage wären, in Kalkböden zu wachsen, doch gedeihen sie sehr gut:

• ***Aesculus parviflora*, Strauch-Rosskastanie** Bild 1 ▶ S. 108
Sie verträgt schwach saure bis schwach alkalische Böden.

• ***Cercis canadensis* 'Forest Pansy'** Bild 3 ▶ S. 146
Weniger Abneigung gegenüber Kalk als sein Cousin *C. silliquastrum*, aber er wächst gut!

• ***Cytisus nigricans*** Bild 2 ▶ S. 46
Der einzige Ginster, der Kalkerde wirklich braucht (*Cytisus × praecox, Genista tinctoria* und *Spartium junceum* sind tolerant).

• ***Dipelta floribunda*** ▶ S. 104
Normal, sie ist verwandt mit den Deutzien!

• ***Fuchsia magellanica*, winterharte Scharlach-Fuchsie** ▶ S. 122
Sie wächst sehr gut in Kalkboden, durch die Dränage wird sie sogar winterhärter.

• ***Sarcococca*** ▶ S. 134
Nahe Verwandte des Buchsbaums, aber sie braucht stets Schatten!

• ***Stachyurus*, Perlschweif** ▶ S. 128
Viele meinen, er sei auf saure Erde angewiesen, aber das stimmt nicht!

Außerdem:

Acer pseudoplatanus **'Brillantissimum'** ▶ S. 22
Aucuba japonica ▶ S. 162
Berberis ▶ S. 120, 142 ff, 152 ff, 162 ff, 172 ff
Brachyglottis greyi **'Sunshine'** ▶ S. 140
Ceanothus ▶ S. 114
Colutea × media ▶ S. 120
Cornus mas Bild 4, ***C. officinalis*** ▶ S. 40
Elaeagnus **'Quicksilver'** ▶ S. 140
Ligustrum ▶ S. 150, 210
Lonicera ▶ S. 164
Mahonia aquifolium ▶ S. 68
Hypericum **'Hidcote'** und andere Sorten ▶ S. 118
Paeonia ▶ S. 72
Photinia × fraseri **'Red Robin'** ▶ S. 146, 211
Rosmarinus officinalis ▶ S. 114
Rubus ▶ S. 92
Symphoricarpos ▶ S. 166

Wie erkennt man Kalkboden?

Die Blätter nicht angepasster Sträucher vergilben.
Hortensien bleiben rosa.
Lupinen wachsen nicht gut.

1

2

3

4

Lehmboden

Lehmerde wird oft als schwer bezeichnet. Sie besteht aus ganz feinen Teilchen, in der Konsistenz ähnlich wie Mehl, und bildet im feuchten Zustand schnell eine teigartige Masse; wenn sie aber trocknet, kann sie unglaublich hart werden. Um in dieser Art Erde zu überleben, müssen die Sträucher sehr viele feine Wurzeln (Haarwurzeln) aufweisen, die in alle Richtungen gehen. Allerdings können Sträucher mit Oberflächenwurzeln, wie Magnolien und selbst Rhododendren, sich an Lehm gewöhnen, sobald man ihn mit Flusssand, Torf und/oder Laubkompost anreichert, um sein Austrocknen im Sommer zu verhindern. Lehmhaltige Böden gelten oft als „stark“: Sie sind ziemlich nährstoffreich und lassen junge Sträucher kräftig wachsen, was jedoch manchmal auf Kosten ihrer Langlebigkeit geht.

- **Klassische Blüten-Sträucher**
Chaenomeles, Deutzia, Forsythia, Hibiscus, Malus, Philadelphus, Potentilla, Prunus, Ribes, Spiraea, Syringa, Viburnum und *Weigela* wachsen sehr gut in Lehmerde.
- ***Cornus*, Hartriegel** ▶ S. 34
Mit Ausnahme von *C. florida*, der leichtere, humusreiche Erde bevorzugt, wachsen alle Hartriegel gut in Lehmboden, der im Sommer nicht austrocknet.
- ***Cotoneaster*, Zwergmispel** ▶ S. 38
Sie entwickeln sich in Lehm sehr schnell.
- ***Euonymus*, Spindelstrauch** ▶ S. 42
Die meisten Arten wachsen in der Natur in Lehm- oder Kalkböden.
- ***Ilex*, Stechpalme** ▶ S. 60
Stechpalmen wachsen in Lehm sehr schnell. Nehmen Sie aber lieber junge Pflanzen, denn wenn sie im Container in einem Torfsubstrat aufgezogen wurden, haben sie Mühe, im Lehmboden anzuwachsen.
- ***Mahonia*, Mahonie** ▶ S. 68
Sie wachsen gut in Lehm, aber bei zu großer Trockenheit im Sommer werden sie leicht vom Echten Mehltau befallen.
- ***Rosa*, Rose** ▶ S. 88
Damit sie lange leben und blühen, müssen Rosen auf *R. canina* oder *R. canina* var. *laxa* veredelt sein. Vermeiden Sie *R. multiflora* als Unterlage. (Normalerweise sollte das auf dem Etikett bzw. im Katalog stehen!).
- ***Rubus*, Zier-Brombeere** ▶ S. 92
Sie haben nichts gegen Lehm, ganz im Gegenteil! Beim Pflanzen legen Sie die Wurzeln der im Topf gezogenen Jungpfanzen ganz frei.
- ***Sambucus*, Holunder** ▶ S. 94
Alle wachsen gut und schnell in Lehmerde; verwenden Sie sie vor allem auf einem freien Gelände.

Die Überraschendsten

- ***Acer palmatum***: Er gedeiht in kalkarmen Lehmböden. Achten Sie darauf, die Wurzeln der im Container gezogenen Pflanzen freizulegen.
- ***Cornus kousa***: Schnelles, kräftiges Wachstum in Lehmerde, die mit viel Rindenhumus durchlässig gemacht wird.
- ***Cytisus*** und ***Genista***: Sie wachsen sehr schnell, leben aber nicht sehr lange: Verwenden Sie sie, um rasch ein neues Beet zu füllen.
- ***Hamamelis***: Sie wächst schneller in Lehmboden, der mit Rindenhumus angereichert wurde.
- ***Hydrangea***: Alle Hortensien gedeihen sehr gut in Lehmboden, wenn dieser im Sommer nicht hart wird.
- ***Magnolia***: Ihre fleischigen, aber oberflächlichen Wurzeln gewöhnen sich an stets kühlen Boden, haben aber im Sommer gern eine Mulchschicht zum Schutz.
- ***Skimmia***: Sie wachsen kräftiger als in Moorerde.

Außerdem:

Abelia 'Edward Goucher' ▶ S. 110
Aralia elata ▶ S. 160
Aronia ▶ S. 168
Aucuba japonica ▶ S. 162
Berberis ▶ S. 120, 142 ff, 152 ff, 162 ff, 172 ff
Buxus ▶ S. 26
Choisya ▶ S. 130
Corylus ▶ S. 144, 146, 154
Cotinus ▶ S. 146
Escallonia ▶ S. 204
Hypericum ▶ S. 118
Lonicera ▶ S. 164
Osmanthus ▶ S. 134, 164
Symphoricarpos ▶ S. 166

Sehr sandiger Boden

Wenn der Boden größtenteils aus Sand besteht, hält er weder das Wasser noch die Nährstoffe und wird leicht vom Wind fortgeblasen. Oft ist er sehr durchlässig (es gibt aber auch sehr feuchte Sandböden) und lässt sich sogar nach Regen leicht bearbeiten – nach ein paar Sonnentagen trocknet er jedoch sehr rasch aus. An Sand angepasste Pflanzen haben zugleich tiefreichende Wurzeln, die das Wasser aus großer Tiefe holen können, und ein sehr weit streichendes Wurzelsystem, das einerseits den geringsten Regentropfen aufnimmt, andererseits auch die Sträucher in diesem lockeren Boden festhält.

- **Heide** ▶ S. 48
Sie wächst gut in salzfreiem Sandboden, wo ausreichend Humus und Feuchtigkeit vorhanden sind.
- ***Buxus*, Buchsbaum** ▶ S. 26
Er gedeiht, wo es im Sommer nicht zu sehr an Feuchtigkeit mangelt und windgeschützt ist.

- **Ginster** ▶ S. 46
Alle Arten, besonders aber der Besenginster (*Cytisus scoparius*) und der Gewöhnliche Stechginster (*Ulex europaeus*) wachsen spontan in sandigem Heideboden.

Die Überraschendsten

- ***Berberis***: Immergrüne Arten und Sorten wachsen gut in Sandböden, die im Sommer nicht zu lange trocken bleiben.
- ***Fuchsia magellanica***: Ihre tiefen Wurzeln finden immer Wasser und eine gute Dränage verbessert ihre Winterhärte.
- ***Sambucus nigra***: Obgleich man ihn vor allem in lehmigen, feuchten Böden findet, gedeiht er auch auf nährstoffreichen, sandigen Böden, häufig am Siedlungsbereich und auf Viehweiden.
- **Rhododendren, Kamelien und andere Pflanzen für sauren Boden**: Sandige, feuchte, humusreiche Erde am Gehölzrand oder in einer feuchten Umgebung behagt ihnen absolut.

- ***Potentilla*, Fingerstrauch** ▶ S. 76
Er hat nichts gegen Sand, außer an sehr warmen Standorten, die zu viel salzigen Wind bekommen.
- ***Prunus tenella*, Zwerg-Mandel** ▶ S. 78
In dieser Art Boden bildet er viele Ausläufer und kann als „Bodendecker" vor höheren Sträuchern verwendet werden.
- ***Rosa rugosa, Rosa nitida***
Diese Rosen wachsen in der Natur auf Sandböden.

Außerdem:

Artemisia ▶ S. 140
***Brachyglottis greyi* 'Sunshine'** ▶ S. 140
Caragana arborescens ▶ S. 180
Colutea arborescens ▶ S. 120
Cotinus coggygria ▶ S. 146
Cytisus battandieri (Kultur als Kübelpflanze) ▶ S. 190
Eucalyptus gunnii (Kultur als Kübekpflanze) ▶ S. 142
Danae racemosa ▶ S. 164
Genista cinerea ▶ S. 46
Hippophae rhamnoides ▶ S. 140
Indigofera gerardiana ▶ S. 112
Lavatera ▶ S. 112
Lespedeza thunbergii ▶ S. 112
Ligustrum quihoui ▶ S. 108
Lupinus arboreus (Kultur als Kübelpflanze) ▶ S. 132
Melianthus major (Kultur als Kübelpflanze) ▶ S. 142
Phlomis fruticosa ▶ S. 140
Rhus typhina ▶ S. 156
Salix repens ▶ S. 140
Santolina chamaecyparissus ▶ S. 140
Tamarix ramosissima* (= *T. pentandra*)** und ***T. tetrandra ▶ S. 112

In sehr mildem, nahezu frostfreiem Klima

Probieren Sie es zusätzlich mit Zistrosen: *Cistus, C. × halimiocistus*.

Pflanztipp

In Sandboden pflanzt man am besten im Herbst, damit die Sträucher mit ihren tiefreichenden Wurzeln gut in den winterlich feuchten Boden eindringen können.

Sehr steiniger Boden

Wie auch immer die Bodenbeschaffenheit des Geländes sein mag – lehmig, tonhaltig oder sandig –, das Vorhandensein einer großen Menge an Steinen verändert ihre Eigenschaften, denn sie machen sie beträchtlich durchlässiger. Wenige Sträucher haben wirklich etwas gegen steinige Erde, mit Ausnahme der Pflanzen für sauren, humusreichen Boden, die faserige Erde mit einem hohen Anteil verrotteter Pflanzen bevorzugen. Am besten angepasst an diese Art Boden sind Gewächse mit (meist) wenigen, tiefgehenden Wurzeln, die sich zwischen den Steinen hindurchschieben können und manchmal sogar in die Spalten der im Boden liegenden Felsbrocken. Sie pflanzt man besser jung und versetzt sie anschließend nicht mehr.

- **Sträucher mit aromatischem Laub** ▶ S. 158
Alle aromatischen Sträucher wachsen sehr gut in steinigem Boden an warmen Standorten, wo ihr Aroma noch verstärkt wird.
- ***Buddleja*** ▶ S. 24
Sie säen sich nach Herzenslust selbst aus auf steinigen Böschungen und dem Schotter an Bahngleisen. Denken Sie an *B. alternifolia* für den Frühling!

Die Überraschendsten

- ***Arbutus unedo*, Westlicher Erdbeerbaum**: In durchlässiger steiniger Erde gedeiht dieser Strauch vom Mittelmeer auch in sehr wintermilden Regionen Mitteuropas.

- ***Eleutherococcus sieboldianus* 'Variegatus'** ▶ S. 150: Seine panaschierten Blätter erhellen Schattenplätze mit steinigem Boden.
- ***Rhododendron* 'Blue Tit'** ▶ S. 114: Er gewöhnt sich sehr gut an (kleine) Steine und Steingärten, wo sein Laub noch bläulicher wird.

- ***Buxus*, Buchsbaum** ▶ S. 26
Wenn man junge Pflanzen setzt, die tief wurzeln können, stören Steine nicht.
- ***Cotoneaster*, Zwergmispel** ▶ S. 38
In solcher Erde gehen die Wurzeln tiefer. Pralle Sonne vermeiden.
- **Ginster** ▶ S. 46
Alle können in steinreichen Böden wachsen: Sie reichern diese Böden mit Stickstoff an und erlauben die Entwicklung anspruchsvollerer Pflanzen. Sie wachsen nicht schnell, leben aber sehr lange und brauchen keinen Schnitt.
- ***Lavandula*, Lavendel** ▶ S. 62
In steinreichem, durchlässigem Boden vertragen sie besser Kälte als in lehmigem.
- ***Paeonia*, Strauch-Pfingstrose** ▶ S. 72
Lassen Sie ihnen zwei bis drei Jahre Zeit zum Anwachsen. Danach wachsen sie schneller und blühen mehr.
- ***Potentilla*, Fingerstrauch** ▶ S. 76
Ebenso blühfreudig in steinigem Boden wie in Lehmboden, achten Sie darauf, die Wurzeln im Topf gezogener Jungpflanzen ganz freizulegen.

Außerdem:

Artemisia ▶ S. 140
Berberis ▶ S. 120, 142 ff, 152 ff, 162 ff, 172 ff
Brachyglottis 'Sunshine', für mediterrane Gärten ▶ S. 140
Caryopteris × clandonensis ▶ S. 116
Ceanothus ▶ S. 114
Colutea media 'Cooper Beauty' ▶ S. 120
Cotinus coggygria ▶ S. 146
Lavatera × thuringiaca ▶ S. 112
Lespedeza thunbergii ▶ S. 112
Lonicera ▶ S. 164
Lupinus arboreus, für mediterrane Gärten ▶ S. 132
Melianthus major, für mediterrane Gärten ▶ S. 142
Parahebe catarractae, für mediterrane Gärten ▶ S. 116
Perovskia atriplicifolia ▶ S. 116
Prunus mume ▶ S. 78
Pyrus salicifolia 'Pendula' ▶ S. 140
Ribes speciosum, für mediterrane Gärten ▶ S. 86
Rosa glauca, R. spinosissima ▶ S. 142
Salvia officinalis ▶ S. 158
Viburnum lantana ▶ S. 102
Viburnum tinus ▶ S. 102
Tamarix ▶ S. 112

Stauden als Sträucher!

Ergänzen Sie die vorliegende Liste mit Stauden, die sich fast wie Sträucher „benehmen“: *Euphorbia characias, Yucca filamentosa, Erysimum* 'Bowle's Mauve' usw.

Ständig feuchter Boden

Feuchte Böden, die das ganze Jahr über einen hohen Vorrat an Wasser verfügen, enthalten nicht viel Luft, was zahlreiche Pflanzen abschreckt, natürlich mit Ausnahme derer, die besonders darauf eingestellt sind. Sie verfügen meist über ein mächtiges, ausgedehntes Wurzelsystem, das es ihnen ermöglicht, die notwendige Luft von entfernter liegenden Bereichen zu holen, aber auch, eventuelle sommerliche Trockenheit zu überstehen. Statt die etwas feuchten Stellen im Garten trockenzulegen, richten Sie das Arrangement lieber nach diesen Arten aus, die gut zu allen mehrjährigen Feuchtpflanzen passen.

- ***Cornus alba*, Tatarischer Hartriegel** ▶ S. 34
Alle Sorten mit buntem Geäst oder Laub eignen sich wunderbar für feuchte Standorte. *C. sericea* kann sogar mit den Füßen im Wasser stehen. Jährliche radikale Verjüngung empfiehlt sich, denn sie wachsen sehr schnell, wenn sie immer Wasser haben. Ihre Herbstfarben sind weniger rosé.
- ***Viburnum opulus*, Gewöhnlicher Schneeball** ▶ S. 100
In der Natur wächst er oft an Wasserläufen oder Tümpeln und dort ist er weniger anfällig für Blattläuse als in „normalem" Boden (unten: *V. opulus* 'Notcutt').

- ***Sambucus*, Holunder** ▶ S. 98
Holunder schätzt frische bis feuchte Erde, aber er verträgt längere Überschwemmungen nicht gut.
- ***Spiraea* × *billardii*, Billards Spierstrauch** ▶ S. 96
Alle Spiersträucher dieser Gruppe wachsen in der Natur am Rand von Sümpfen. Alle anderen Arten und Sorten sowie *Holodiscus discolor* und *Sorbaria sorbifolia*, die nahe Verwandte sind, passen sich auch nassen oder Überschwemmungsgebieten an.

Außerdem:

Amelanchier lamarckii ▶ S. 106
Aronia ▶ S. 168
Calycanthus occidentalis ▶ S. 122
Clethra alnifolia ▶ S. 194
Diervilla sessiliflora 'Butterfly' ▶ S. 118
Gaultheria shallon ▶ S. 194
Neillia thibetica ▶ S. 110
Salix alba ▶ S. 170
Symphoricarpos albus ▶ S. 166

Die Überraschendsten

- ***Hippophae rhamnoides*, Gewöhnlicher Sanddorn** ▶ S. 140
Oft sieht man ihn im Sand, er wächst aber da, wo seine Wurzeln leicht an Wasser herankommen. Er erträgt an Flussläufen kurzzeitige Überschwemmungen.
- ***Physocarpus opulifolius*, Schneeball-Blasenspiere** ▶ S. 144, 146
Dieser nahe Verwandte der Spiersträucher liebt Wasser und wächst sehr schnell, wenn es daran nicht mangelt. Probieren Sie die Sorten mit gelbem oder purpurrotem Laub.
- ***Prunus spinosa*, Gewöhnliche Schlehe, Schwarzdorn** ▶ S. 78
Die Wildpflanze passt sich vielen Lagen an, besonders den feuchtesten, und auch die purpurrote Sorte mag es so.

Wie erkennt man ständig feuchte Erde?

Auf dem Boden ist immer Moos.
Graben Sie ein Loch: Wasser kommt und bleibt darin.
Rosen wachsen nicht, die Blätter vergilben und fallen ab.
Weiden und Erlen wachsen reichlich in der Umgebung.

Beim Pflanzen

Pflanzen Sie junge Sträucher auf einen kleinen Erdhügel, damit ihr Wurzelhals deutlich oberhalb des Wasserspiegels bleibt, bis sie ordentlich bewurzelt sind.

Trockener Boden

Ein Boden, der über acht Monate im Jahr trocken bleibt, ist schwierig zu bepflanzen, es sei denn, man verfügt über ein automatisches Bewässerungssystem, das aber teuer und wenig ökologisch ist. Doch eine stattliche Menge Sträucher sind ausgezeichnet an diese Problematik angepasst, besonders dank ihrer Pfahlwurzeln, die Wasser aus der Tiefe holen können, dazu graues oder „lackiertes" Laub, das durch reduzierte Verdunstung Wasser spart. Wir führen hier die Pflanzen auf, die in vollem Licht wachsen. Für den trockenen Schatten schauen Sie im Kapitel „Im Baumschatten" nach.

- **Sträucher mit grauem Laub** ▸ S. 140
Die Farbe dieser Sträucher kommt von der mehr oder weniger dichten Behaarung, die die Transpiration der Blätter herabsetzt.
- **Sträucher mit blauem Laub** ▸ S. 142
Ihre Farbe resultiert meist aus einer Schutzschicht, die ebenfalls den Wasserverlust der Blätter reduzieren, also die Widerstandskraft der Pflanzen gegenüber Trockenheit erhöhen soll.
- **Sträucher mit aromatischem Laub** ▸ S. 158
Alle vertragen gut sommerliche Trockenheit, wenn sie gut angewachsen sind.
- ***Buddleja*, Schmetterlingsstrauch** ▸ S. 24
B. followiana für mediterrane Gärten sowie *B. davidii* var. *nanhoensis* eignen sich am besten für trockene Standorte.
- ***Buxus*, Buchsbaum** ▸ S. 26
Angewachsen verträgt Buchsbaum recht gut Trockenheit. Im Topf nimmt er es nicht übel, wenn man ihn lange vergisst.
- ***Cotoneaster*, Zwergmispel** ▸ S. 38
Niedrige kriechende Arten sind sehr widerstandsfähig gegen Dürre, wenn sie angewachsen sind.
- ***Euonymus*, Spindelstrauch** ▸ S. 42
Die immergrünen Arten *E. japonicus* und *E. fortunei* sowie ihre Sorten können ohne Schaden sehr lange Dürreperioden überstehen, wenn sie nicht an zu heißen Standorten stehen.
- ***Lavandula*, Lavendel** Bild 1 ▸ S. 62
Wenn der Boden nicht zu nährstoffarm ist, verträgt Lavendel problemlos Trockenheit.
- ***Lavatera × olbia*, Strauchmalve** Bild 2
Die großen Blüten von VI bis X erinnern an Hibiskus. Das grüne Laub ist flaumig. Volle Sonne, gewöhnliche, durchlässige Erde. Alte Pflanzen erfrieren bei −10 °C. Im Frühjahr dicht am Boden schneiden (1,80 m × 1,80 m).
- ***Paeonia*, Strauch-Pfingstrose** ▸ S. 72
Je trockener die Erde ist und je mehr Sonne sie bekommt, um so länger blühen und leben Pfingstrosen! Nur wachsen sie dann nicht so schnell.
- ***Potentilla*, Fingerstrauch** ▸ S. 76
Einmal angewachsen sind sie hier unzerstörbar!

Die Überraschendsten

- ***Broussonetia*, Papiermaulbeerbaum** ▸ S. 160
Bei den großen Blättern der Art könnte man meinen, sie brauche Feuchtigkeit, aber sie fühlt sich in langen Dürrezeiten im Sommer wohl.
- ***Magnolia grandiflora*** ▸ S. 64
Trotz ihrer großen Blätter und des üppigen Wachstums zeigt sie (gut angewachsen) unglaubliche Widerstandskraft gegenüber Trockenheit, im Kübel wie im Freiland.
- ***Rhus typhina*, Essigbaum** Bild 1 ▸ S. 156
Das leuchtende Laub ändert nichts daran, dass er gut trockene bis sehr trockene Perioden übersteht.
- ***Salix repens*, Kriech-Weide** ▸ S. 140
Wie viele kleine, graue Weiden fühlt sich diese wohler in trockenem als in feuchtem Boden!

Außerdem:

Arbutus unedo, für sehr wintermilde Standorte ▸ S. 164
Caragana arborescens ▸ S. 180
Caryopteris × clandonensis ▸ S. 116
Ceanothus thyrsiflorus, für mediterrane Gärten ▸ S. 114
Ceratostigma ▸ S. 116
Choisya ternata, für wintermilde Standorte ▸ S. 130
Laurus nobilis, für Kübel oder sehr wintermilde Standorte ▸ S. 158
Lonicera ▸ S. 164
Lupinus arboreus, für mediterrane Gärten ▸ S. 132
Phlomis fruticosa ▸ S. 140
Poncirus trifoliata ▸ S. 132
Rosa spinosissima ▸ S. 90
Viburnum nudum, V. tinus ▸ S. 102
Vitex agnus-castus ▸ S. 116, 190

Pflanztipp

Erleichtern Sie den Sträuchern das Anwachsen dadurch, dass Sie sie im eher feuchten Herbst pflanzen. Reichern Sie den Boden mit möglichst viel Kompost, zersetztem Mist, Lauberde an, also Material, das Wasser in Wurzelnähe halten kann. Mulchen Sie!

1

2

3

Wind und Gischt

Wind kann viele Ziersträucher schwer schädigen, indem er ihre Äste abknickt und ihre Blüten und Blätter austrocknet. Man sollte also besser seinen Garten durch Hecken und Zäune ringsherum schützen. Wenn dadurch jedoch der Blick über eine außergewöhnliche Landschaft behindert wird, ist es sinnvoller, Pflanzen zu wählen, die von Natur aus windbeständig sind und ein natürlicheres Arrangement bilden.

Windbeständige Sträucher

- **Sträucher mit grauem Laub** ▶ S. 140
Der graue Flaum ist ein ausgezeichneter Schutz.
- **Sträucher mit Purpur-Laub** ▶ S. 146
Alle außer purpurroter Japanischer Ahorn.
- **Sträucher mit aromatischem Laub** ▶ S. 158
Alle außer panaschierte Sorten.
- **Sträucher mit Kugelwuchs** ▶ S. 176
Ihre kompakte Form bietet dem Wind wenig Angriffsfläche. Am besten sind „Halbkugeln". Zu vermeiden: auf kurze Stämme veredelte Pflanzen.
- **Heide** ▶ S. 48
- ***Caragana arborescens*, Gewöhnlicher Erbsenstrauch** ▶ S. 180
- ***Colutea arborescens*, Gewöhnlicher Blasenstrauch** ▶ S. 120
- ***Buxus*, Buchsbaum** ▶ S. 26
- **Ginster** ▶ S. 46
- ***Lavandula*, Lavendel** ▶ S. 62
- ***Ligustrum vulgare*, Gewöhnlicher Liguster** ▶ S. 210
- ***Potentilla*, Fingerstrauch** ▶ S. 76

Außerdem:

Caryopteris* × *clandonensis ▶ S. 116
Fuchsia magellanica ▶ S. 122
Hydrangea macrophylla ▶ S. 54
Rosa rugosa*, *R. nitida*, *R. virginiana*, *R. glauca ▶ S. 88, 142

Absolut vermeiden

Sträucher mit großen Blättern, die zerreißen und austrocknen, was ein trauriges Bild ergibt …

Sträucher, die noch dazu Gischt vertragen

- ***Baccharis halimifolia*, Kreuzstrauch** Bild 1
Graugrünes Laub an rapide wachsenden Trieben, im Spätsommer endständige Blüten. Nicht sehr dekorativ, aber nützlich an vorderster Front.
- ***Escallonia* × *virgata*, Weiße Escallonie** Bild 2
Immergrüne duftende Blätter; kleine Blüten den ganzen Sommer und Frühherbst. Wächst kräftig, auch in kargen Böden. Kann als strenge Hecke geschnitten werden. Viele weiß, rosa oder rot blühende Hybriden. Sonne, alle Böden, Wurzelstock winterhart bis –10 °C (2,50 m × 2,50 m).
- ***Griselliana littoralis*** Bild 3
Dicke breite abgerundete Blätter in schönem Apfelgrün. Ideal in freier oder geschnittener Hecke. Kann an Orten mit wenig Frost ein kleiner Baum werden. Sonne, leichter Boden, winterhart bis –5 °C (2 m × 2 m). 'Variegata': gelb und zartgrün gesprenkeltes Laub. Sehr hübsch.
- ***Hippophae rhamnoides*, Gewöhnlicher Sanddorn** ▶ S. 140
- ***Olearia* × *haastii*, Maßliebchenstrauch** Bild 4
Die kleinen zähen Blätter erinnern an Buchsbaum, sind aber bleigrau. Im VII Massen weißer Blüten, im Herbst dekorative Früchte. Der winterhärteste der Familie wächst langsam. Sonne, gewöhnlicher oder Sandboden, winterhart bis –15 °C (1,80 m × 1,80 m).
- ***Phillyrea angustifolia*, Schmalblättrige Steinlinde** Bild 5
Längliche schmale Blätter in Dunkelgrün sitzen auch im Winter an dem rundlichen, kompakten Busch. Im V und VI unscheinbare, aber stark duftende gelbe Blüten. Verträgt Schnitt. Obwohl pflegeleicht und sehr winterhart, ist er kaum bekannt. Alle Lagen, alle Böden (1,50 m × 1,50 m). Winterhart bis etwa –10 °C.
- ***Prunus spinosa*, Gewöhnliche Schlehe** ▶ S. 78
Die stachligen Äste sitzen im III oder IV voll weißer Blüten. Sehr wirksam als Windbrecher. Sonne, alle Böden, auch sehr kalkhaltige.
- ***Quercus ilex*, Stein-Eiche** Bild 6
In Südfrankreich ein Baum, sonst überall Strauchwuchs, wächst schnell, wenn er alle 3 bis 5 Jahre radikal zurückgeschnitten wird. Sehr wirksam in der Hecke. Sonne, sandige Erde (2,50 m × 2,50 m). Winterhart bis etwa –10 °C.

Außerdem:

Brachyglottis greyi, für mediterrane Gärten ▶ S. 140
Elaeagnus* × *ebbingei ▶ S. 134
Euonymus japonicus ▶ S. 42
Garrya elliptica, für sehr wintermilde Lagen ▶ S. 128
Lavatera ▶ S. 112
Tamarix ramosissima und ***T. tetrandra*** ▶ S. 112

Pflanztipp

Auch die widerstandsfähigsten Sträucher brauchen in den ersten zwei oder drei Jahren etwas Schutz (Netz, Zaun).

1

2

3

4

5

6

Niedrige Hecken

Niedrige Hecken trennen die verschiedenen Teile des Gartens, betonen einen Rasen, rahmen eine Terrasse ein oder kennzeichnen die Grenze zwischen Bürgersteig und Garten. Je nach Kontext und Stil des Gartens entscheiden Sie sich für eine Art oder Sorte mit immergrünem oder farbigem Laub oder Blüten während eines Teils des Jahres. Die nachfolgend aufgeführte Auswahl umfasst ausschließlich robuste Sträucher, die systematischen Schnitt (mit der Heckenschere) vertragen können. Pflanzen Sie sie am besten jung, mit 30 cm Abstand voneinander, um eine dichte, gleichmäßige Linie zu erhalten. Abgesehen von langsam wachsenden Sträuchern wie Buchsbaum oder purpurroter Zwerg-Berberitze bekommt ihnen ein Rückschnitt bis zum Boden alle 4 bis 5 Jahre gut, durch den sie sich völlig verjüngen.

- ***Buxus*, Buchsbaum** Bild 1 ▶ S. 26
B. sempervirens 'Suffruticosa' ist die traditionelle Sorte für niedrige Hecken und Randbepflanzungen, aber manch andere kann auch passen, besonders 'Faulkner', die ganzjährig ihr schönes smaragdgrünes Laub behält.
- ***Chaenomeles*, Zierquitte** ▶ S. 32
Die klein bleibenden Sorten wie 'Nicoline' oder 'Cameo' bilden niedrige Hecken von 0,80 m Höhe, die ebenso hübsch frei wachsend wie geschnitten sind.
- ***Cornus*, Hartriegel** ▶ S. 34
0,60 m hoch und breit sind Hecken aus *C. sericea* 'Kelsey' in kühler Erde. Pflanzen Sie sie in 0,50 m Abstand.
- ***Euonymus*, Spindelstrauch** ▶ S. 42
Mit *E. fortunei* und seinen Sorten lassen sich hübsche grüne oder panaschierte immergrüne und recht winterharte Hecken gestalten. Sehr nützlich an schwierigen Standorten unter großen Bäumen usw. Denken Sie auch an *E. alatus* 'Compactus' für eine Hecke mit herrlichen Herbstfarben.

1

- ***Ilex*, Stechpalme** ▶ S. 60
„Blaue" Stechpalmen (*I.* × *meserveae*) und in saurer Erde buchsbaumblättrige Japanische Stechpalme (*I. crenata*).
- ***Lavandula angustifolia*, Lavendel** ▶ S. 62
Nehmen Sie Lavendel, der sich gut schneiden lässt, wie 'Hidcote', der dank eines Säuberungsschnitts im September und einem strengeren Rückschnitt im April kompakt bleibt.
- ***Potentilla fruticosa*, Fingerstrauch** ▶ S. 76
Wählen Sie Sorten mit aufrechtem Wuchs ('Goldfinger', 'Primerose Beauty') für eine schmale, etwa 1 m hohe Hecke, die kugelig wachsenden ('Abootswood', 'Elisabeth') für eine „rundere" Hecke.
- ***Rosa*, Rose** ▶ S. 88
Widerstandsfähige Sorten wie 'The Fairy', 'Schneezwerg', 'Lavender Dream' usw.
- ***Spiraea*, Spierstrauch** ▶ S. 96
Bevorzugen Sie Sommer-Spiersträucher (*S. japonica* und seine Sorten), denn die weißen Frühlingsblüher verströmen einen eher unangenehmen Geruch.
- ***Weigela*, Weigelie** ▶ S. 104
Die Zwergsorten wie 'Pink Poppet', 'Alexandra' und *W. florida* 'Purpurea' bilden hübsche Hecken und blühen besser, wenn sie gleich nach der Blüte streng zurückgeschnitten werden.

Außerdem:
Berberis thunbergii 'Atropurpurea Nana' ▶ S. 146
Caryopteris × *clandonensis* 'Heavenly Blue' ▶ S. 116
Hedera helix 'Arborescens' ▶ S. 164
Hypericum 'Hidcote' ▶ S. 118
Lonicera pileata ▶ S. 164
Mahonia aquifolium 'Apollo' ▶ S. 68
Prunus laurocerasus 'Otto Luycken' ▶ S. 162
Prunus × *cistena* ▶ S. 78
Viburnum opulus 'Nanum' ▶ S. 100
Viburnum tinus 'Compactum' oder 'Spirit' ▶ S. 102, für wintermilde Lagen

Formschnitte

In diesem Kapitel ist von Sträuchern die Rede, die durch Schnitt eine geometrische Form bekommen (Würfel, Kugel, Kegel) oder sich zum Beispiel in einen „Pfau" oder ein „Eichhörnchen" verwandeln können. Zahlreiche immergrüne Sträucher vertragen den Schnitt ausreichend gut, um sich der Fantasie der Gartenschere zu unterwerfen, die recht langsam wachsenden jedoch mit kleinen Blättern ergeben regelmäßigere und dauerhaftere „grüne Skulpturen".

- ***Buxus*, Buchsbaum** Bild 1 ▶ S. 26
Alle Sorten lassen sich sehr gut schneiden. Die kleinblättrigen eignen sich besser für kleine Formen.
- ***Ilex*, Stechpalme** ▶ S. 60
Zu Stechpalmen passen gut Pyramiden- oder kompliziertere Formen (am besten im Freiland). Denken Sie an *Ilex crenata* für Töpfe und Kästen oder als Ersatz für *Buxus* in sehr saurem Boden.
- ***Cotoneaster*, Zwergmispel** ▶ S. 38
Niedrige Arten und Sorten können leicht zu Kugeln oder in weniger geometrische Formen geschnitten werden. Man kann ihre biegsamen Äste auch um eine Gitterform binden.
- ***Euonymus*, Spindelstrauch** ▶ S. 42
Die Sorten von *E. japonicus* (für wintermilde Lagen) und *E. fortunei* eignen sich gut für alle Formen; der letztere kann auch gut auf eine Gitterform spaliert werden.
- ***Magnolia grandiflora*, Immergrüne Magnolie** ▶ S. 66
Man schneidet sie in sehr wintermilden Lagen vor allem zu großen Pyramiden, die wegen des Schnitts kaum blühen. Nehmen Sie kompakte, langsamer wachsende Sorten wie 'Exmouth' oder 'Carradoc'.
- ***Prunus lusitanica*, Portugiesische Lorbeerkirsche** ▶ S. 162
Nimmt sehr leicht Pyramidenform an, in wintermilden Lagen im Freiland sonst im Kübel.

Außerdem:

Sträucher für niedrige Hecken ▶ vorangehende Seite
***Acer campestre* 'Nanum'** ▶ S. 22
***Berberis thunbergii* 'Atropurpurea Nana'** Bild 1, **'Bagatelle', 'Bonanza Gold'** ▶ S. 146
Berberis darwinii ▶ S. 120
Ceanothus thyrsiflorus, für wintermilde Lagen ▶ S. 114
Cornus mas ▶ S. 40
Elaeagnus ▶ S. 134
***Hedera helix* 'Arborescens'** ▶ S. 164
Ligustrum vulgare ▶ S. 210
Lonicera pileata und ***L. nitida*** ▶ S. 164
Osmanthus × burkwoodii ▶ S. 130

Schnittperioden

Formschnitte geraten schnell „aus der Fassung", sobald die jungen Triebe über 10 cm lang sind. Schneiden Sie sie also häufig: zwei-, drei-, ja viermal im Jahr zwischen Juni und Oktober.

Achtung, Sonnenbrand!

Bedecken Sie die frisch gestutzten Sträucher einige Tage mit Frühbeetvlies, bis sich das Laub, das vorher im Schatten der jungen Triebe stand, an die volle Sonne gewöhnt hat.

1

Freiwachsende Hecken

Freie Hecken trennen Gartenteile voneinander, betonen einen Rasen, umrahmen eine Terrasse oder kennzeichnen die Grenze zwischen Bürgersteig und Garten.

• ***Camellia*, Kamelie** ▶ S. 28
In wintermildem Klima ergibt *C. sasanqua* wunderbare Hecken, die von IX bis XII oder I blühen. Die anderen Arten eignen sich auch, wenn Boden und Klima ihnen zusagen.

• ***Chaenomeles*, Zierquitte** Bild 2 ▶ S. 32
Kräftige Sorten ('Nivalis', 'Pink Lady', 'Rubra Grandiflora') bilden sehr schöne Hecken.

• ***Cornus*, Hartriegel** ▶ S. 34
C. alba, C. sericea und *C. sanguinea* verwendet man allein (mit Mischung der Ast- oder Laubfarben) oder zusammen mit Weiden.

• ***Cotoneaster*, Zwergmispel** ▶ S. 38
Die über 1 m großen Sorten passen sehr gut zu anderen Sträuchern mit dekorativen Beeren.

• **Ginster** ▶ S. 46: *Cytisus* oder *Genista* bilden in 2 Jahren einen schönen provisorischen Hintergrund, nützlich an windigen, sandigen oder kargen Standorten.

• ***Euonymus*, Spindelstrauch** ▶ S. 42
E. europaeus ist ideal als freie Hecke, die ausgefalleneren Arten sind aber auch empfehlenswert.

• ***Ilex*, Stechpalme** Bild 4 ▶ S. 60: *Ilex aquifolium* 'Mme Briot' mit *Prunus lusitanica* 'Variegata'.

• ***Mahonia*, Mahonie** ▶ S. 68
M. aquifolium ist ideal am Fuße der freien Hecke zwischen dieser und höheren Sträuchern.

• ***Malus*, Zier-Apfelbaum** ▶ S. 70
Alle sind nützlich wegen ihrer Blüten und Früchte.

• ***Rosa*, Rose** ▶ S. 88. Vor allem *R. rugosa* (z. B. 'Roseraie de l'Hay') Bild 3, 'Blanc Double de Coubert'), die widerstandsfähig und nie krank ist.

• ***Rhododendron*, Rhododendron** ▶ S. 80
Kräftige Arten und Sorten (Hybriden) bilden bei saurem Boden in kurzer Zeit schöne immergrüne Hecken im Schatten oder Halbschatten.

• ***Prunus*, Zier-Pflaumen und -kirschen** ▶ S. 78
Die meisten können in freie Hecken integriert und ab und zu radikal verjüngt werden. Die Schlehe *P. spinosa* 'Purpurea' Bild 1 (auf dem Foto mit einer Zier-Johannisbeere im Vordergrund) ist interessant, weil sie Ausläufer bildet.

• ***Rubus*, Zier-Brombeere** ▶ S. 92
Alle eignen sich, vor allem die ausläuferfreudigsten, die die kahle Basis höherer Sträucher „füllen".

• ***Sambucus*, Holunder** ▶ S. 94
In der Hecke wachsen sie am liebsten (Bild 1: ganz vorn). Vermeiden Sie Sorten mit panaschiertem Laub. *S. nigra* 'Purpurea' und 'Laciniata' sind vollkommen.

• ***Spiraea*, Spierstrauch** ▶ S. 96
Frühlings-Spiersträucher passen besser in eine freie Hecke als die Sommerblüher.

• ***Viburnum*, Schneeball** ▶ S. 100
Alle eignen sich wunderbar zu diesem Zweck. Wählen Sie am besten Sorten, die im Herbst dekorative Früchte ansetzen.

• ***Syringa*, Flieder** ▶ S. 98
S. microphylla 'Superba' und *S.* × *persica* lassen sich in mittelhohe Hecken integrieren; *S. vulgaris* und *S.* × *prestoniae* wollen 3 m hoch werden, um zur Geltung zu kommen.

Außerdem:

***Acer campestre* 'Nanum'** ▶ S. 22
Abelia* × *grandiflora ▶ S. 110
Arbutus unedo ▶ S. 164
Aucuba japonica ▶ S. 162
Amelanchier lamarckii Bild 5 ▶ S. 106
***Berberis*, immergrün** ▶ S. 162
***Callicarpa bodinieri* var. *giraldii* 'Profusion'** ▶ S. 166
Choisya ternata ▶ S. 130
Corylus ▶ S. 144, 146
Colutea* × *media ▶ S. 120
Elaeagnus* × *ebbingei*, *E.* × *pungens ▶ S. 152
Hippophae rhamnoides ▶ S. 140
Physocarpus ▶ S. 144, 146
Poncirus trifoliata ▶ S. 132
***Prunus spinosa* 'Purpurea'** ▶ S. 78
Symphoricarpos ▶ S. 166

Der richtige Abstand

Rechnen Sie etwa 1 m Abstand zwischen den hohen Sträuchern der Hecke und füllen Sie die Lücken z. B. mit Mahonien, Schneebeeren usw.

1

2

3

4

5

Geschnittene Hecken

Neben klassischen Gehölzen für diesen Zweck lassen sich auch aus vielen anderen Sträuchern Hecken schneiden. Immergrüne sind hier erste Wahl, doch manche Blüten- oder Blattsträucher eignen sich ebenso. Mischen Sie getrost die Arten unter, die im geschnittenen Zustand wie ein interessanter Wandteppich wirken. Normalerweise schneidet man Hecken zweimal jährlich mit Frühlings- und Herbstbeginn. Zahlreiche Sträucher jedoch begnügen sich mit nur einem Schnitt pro Jahr Anfang August. Welche Form Sie auch immer der Hecke geben, denken Sie daran, sie unten stets breiter zu lassen als oben, damit sie schön füllig bleibt.

- ***Acer campestre*, Feld-Ahorn** ▶ S. 22
Wenn er durch Aussaat vermehrt wurde, wächst er sehr schnell und wird im Herbst schön gelb. Sorten mit hübschem Laub können am Spalier gezogen und zweimal jährlich geschnitten werden.
- ***Buxus*, Buchsbaum** ▶ S. 26 (Bild **1** auf dem Foto im Vordergrund. Hinten: *Taxus baccata* – Europäische Eibe). Denken Sie an groß- und schnellwüchsige Sorten, die schöne, sehr langlebige Hecken ergeben (*B. sempervirens* 'Rotundifolia', 'Handworthiensis' usw.).
- ***Chaenomeles*, Zierquitte** ▶ S. 32
Der Schnitt zur Hecke wertet die Blüten noch mehr auf, die am alten Holz wachsen. Nehmen Sie kräftige Sorten, allein oder mit Stechpalmen oder Buchsbaum gemischt, damit die frühen Blüten einen grünen Hintergrund haben.

Hainbuche, Buche und Weißdorn
Die großen Klassiker der Hecken sind eigentlich Bäume, die durch den Schnitt in Strauchform gehalten werden. Sie werden in 25 cm Abstand voneinander gepflanzt und durch einen oder zwei jährliche Schnitte (Ende VI und Ende IX; erst 2 Jahre nach dem Pflanzen anfangen!) schmal gehalten. Bis 3 oder 4 m Höhe.
- ***Carpinus betulus*, Hain- oder Weißbuche** Bild **4** (auf dem Foto die hohe Hecke hinten. Vorn: Eibenhecke, *Taxus baccata*). Die plissierten, gezahnten Blätter in Zartgrün trocknen im Winter hellbraun. Alle, auch windige Standorte, alle Böden außer Sand.
- ***Fagus sylvatica*, Rot-Buche** Bild **3** (auf dem Foto zusammen mit der purpurrot belaubten Form fo. *purpurea*). Glatte, am Rand behaarte Blätter in kräftigem Grün, sie bleiben über Winter oft trocken haften. Alle windgeschützten, nicht zu trockenen Standorte, alle Böden außer sandigen und zu trockenen.
- ***Crataegus laevigata*, Zweigriffeliger Weißdorn**
Gelappte Blätter, dornige Zweige. Durch den Heckenschnitt werden Blüte und Fruchtbildung unterdrückt, die an frei wachsenden Pflanzen bemerkenswert sind. Alle Standorte, auch Wind, alle Böden, auch Kalk. Ausgezeichnete, undurchdringliche Hecke.

- ***Cotoneaster*, Zwergmispel** ▶ S. 38
C. francettii eignet sich am besten, nichts kann Sie aber daran hindern, die übrigen Arten zu stutzen. Besser, sie werden mit anderen Sträuchern gemischt.
- ***Euonymus*, Spindelstrauch** ▶ S. 42
Der Japanische Spindelstrauch *E. japonicus* wird in Gegenden mit wintermildem Klima oder in der Stadt, wo kalter Luftzug nicht zu befürchten ist, häufig für Hecken (geschnitten oder nicht) verwendet.
- ***Ilex*, Stechpalme** ▶ S. 60
Pyramidenförmige Stechpalmen bilden rasch undurchdringliche Hecken. Im Kontinentalklima bevorzugen Sie „blaue" Stechpalmen (*Ilex* × *meserveae*), die kälteresistenter sind.
- ***Viburnum*, Schneeball** ▶ S. 102
V. × *pragense* ist ein ausgezeichneter, sehr winterharter Heckenstrauch, der mit der Gartenschere geschnitten wird. In wintermildem Klima: Immergrüner Schneeball (*Viburnum tinus*).

Außerdem:
Berberis julianae, B. × *hybrido-gagnepainii* 'Chenault' ▶ S. 164, 166
Berberis × *ottawensis* 'Purpurea', *B. thunbergii* ▶ S. 144, 146, 148
Cornus mas ▶ S. 40
Elaeagnus × *ebbingei* ▶ S. 152
Laurus nobilis, in sehr wintermilden Lagen ▶ S. 158
Ligustrum ovalifolium 'Argenteum', 'Aureum', *L. vulgare* Bild **2** ▶ S. 150
Lonicera nitida, L. pileata ▶ S. 164
× *Mahoberberis* ▶ S. 164
Osmanthus heterophyllus ▶ S. 164
Photina × *fraseri* 'Red Robin' Bild **5** ▶ S. 146
Prunus laurocerasus ▶ S. 162
Prunus lusitanica, in sehr wintermilden Lagen ▶ S. 162

Der richtige Abstand

Für ein zugleich schnelles und dauerhaftes Ergebnis setzen Sie 60 bis 80 cm hohe Pflanzen in 50 cm Abstand. Wenn Sie sie kleiner nehmen, lassen Sie 30 cm Platz dazwischen, bei größeren 80 cm, jedoch nicht mehr, sonst hat die Hecke nicht genug „Zusammenhalt".

1

2

3

4

5

Patios oder Höfe

Je geringer und kostbarer der Platz ist, desto sorgfältiger müssen Sträucher für vielfache Eigenschaften ausgewählt werden: sehr lange Blütezeit, auffälliges, buntes Laub, aber vor allem eine Form, eine besondere „Erscheinung“. Da ein Patio allgemein auch ein sehr wind- und kältegeschützter Ort ist, können hier Sträucher gezogen werden, die anderswo im Garten nicht winterhart sind. Diese Liste von Vorschlägen soll natürlich keine Begrenzung darstellen.

- ***Acer palmatum***, Fächer-Ahorn ▶ S. 20
Die „baumförmigen“ Sorten wie ‘Bloodgood’ und ‘Atropurpureum’ ersetzen vorteilhaft echte Bäume.
- ***Camellia*, Kamelie** ▶ S. 28
Denken Sie daran, die kälteempfindlichen Sorten von *C.* × *williamsii* mit ihren langen dünnen Trieben an Wände zu spalieren.
- ***Buddleja*, Schmetterlingsstrauch** ▶ S. 24
Buddleja alternifolia ‘Argentea’ findet hier einen windgeschützten Standort.
- ***Buxus*, Buchsbaum** ▶ S. 26
Richten Sie Ihr Augenmerk in wintermilden Klimazonen auf ungewöhnliche Arten und Sorten wie *B. balearica* oder *B. sempervirens* ‘Aurea Pendula’, die dekorativer sind als die „normalen“.
- ***Chaenomeles*, Zierquitte** ▶ S. 32
Denken Sie daran, die kleinwüchsigen Sorten an Wände zu spalieren (‘Nicoline’, ‘Flocon Rose’, ‘Yuki Goten’, ‘Kinsindin’).
- ***Cornus*, Hartriegel** ▶ S. 34
Kornelkirschen sind sehr interessant, besonders die mit buntem Laub. *C. alternifolia* ‘Argentea’ reproduziert kleiner und zarter den Etagenwuchs von *C. controversa* ‘Variegata’. Alle Blumenhartriegel sind ideal.
- ***Hydrangea*, Hortensie** ▶ S. 54
H. aspera Villosa-Gruppe ist wirklich herrlich an einem windgeschützten Platz zusammen mit Bambus.
- ***Ilex*, Stechpalme** ▶ S. 60
Ilex crenata und ihre Sorten können Buchsbaum ersetzen.
- ***Magnolia*, Magnolie** ▶ S. 64
Die neuen „baumförmigen“ Magnolien wie ‘Star Wars’, ‘Heaven Scent’ sowie die Magnolien mit gelben oder hängenden Blüten (*M. sieboldii*) sind sehr hübsche „kleine Bäume“ für einen Innenhof.
- ***Mahonia*, Mahonie** ▶ S. 68
Die großen Mahonien mit winterlicher Blüte (*M. lomariifolia*, *M. japonica*, *M.* × *media*) sind in wintermilden Regionen herrlich in einem Patio, wenn sie nicht zu dicht an einem Weg stehen.
- ***Paeonia*, Strauch-Pfingstrose** ▶ S. 72
Die gelb blühenden Hybriden sind dank ihres ausladenden Laubes besonders attraktiv.
- ***Prunus*, Kirsche usw.** ▶ S. 78
Prunus incisa und *P. mume* sind hübsche Sträucher oder kleine Bäume, die den ganzen Winter schön sind. *P. nipponica* var. *kurilensis* ‘Ruby’ ist die beste Zier-Kirsche für wenig Platz.
- ***Rhododendron*** ▶ S. 80
Natürlich denkt man zuerst an die Zwerg-Arten und -Sorten, doch ein großer Rhododendron wirkt auf engem Raum auch, vor allem, wenn er hübsches Laub hat (‘Polar Bear’).
- ***Viburnum*, Schneeball** ▶ S. 100
Der Immergrüne Schneeball *V. tinus* scheint der passendste, viele andere wie *V. plicatum* ‘Pink Beauty’, *V.* × *burkwoodii* oder *V. opulus* ‘Aureum’ sind aber auch sehr schön.
- ***Weigela*, Weigelie** ▶ S. 104
Empfehlenswert sind Weigelien mit panaschiertem oder gelbem Laub, die die ganze schöne Jahreszeit über dekorativ sind. Die „Zwerge“ eignen sich besser für Töpfe und Kästen.

Aralia elata, *Hydrangea aspera* subsp. *sargentiana*, Bambus und *Alocasia macrorrhiza in* frostfreien Gefilden

Außerdem:
Sträucher für Kübel ▶ Siehe unten
Abelia × *grandiflora* ▶ S. 110
Aralia elata ▶ S. 160
Arbutus unedo ▶ S. 164
Broussonetia papyrifera ▶ S. 160, 202
Cercis canadensis 'Forest Pansy' ▶ S. 146
Choisya 'Aztec Pearl' ▶ S. 130
Clerodendrum trichomotum ▶ S. 132
Decaisnea fargesii ▶ S. 160
Dipelta floribunda ▶ S. 104
Kolkwitzia amabilis ▶ S. 104
Exochorda × *macranthera* 'The Bride' ▶ S. 106
Fatsia japonica, für mediterrane Gärten ▶ S. 160
Fuchsia magellanica ▶ S. 108, 122
Hedera helix 'Arborescens Nana' ▶ S. 164
Itea virginiana ▶ S. 132
Kerria japonica ▶ S. 118
Melianthus major, für mediterrane Gärten ▶ S. 142
Rhamnus alaternus 'Variegatus', für mediterrane Gärten ▶ S. 150
Sarcococca ▶ S. 126
Ulmus parviflora 'Frosty' ▶ S. 150

Eine Entdeckung wert

***Nandina domestica*, Himmelsbambus**
Trotz des Namens und der bambusähnlichen Triebe ist dies ein Berberitzengewächs. Die breiten zähen Blätter bestehen aus immergrünen Einzelblättern und erinnern an die von Aralien, nur kleiner. Im Sommer sitzen am Triebende weiße Blütentrauben, danach rote Früchte. Vor Zugluft geschützt winterhart bis –10 °C. Gewöhnliche, humusreiche, kühle Erde; Halbschatten oder nicht zu heiße Sonne (1,50 m × 1,50 m). 'Aurea': Züchtung mit gelbgrünem Laub. 'Purpurea': das ganze Jahr purpurrot. 'Firepower': Zwergform mit rötlichem Laub einen Großteil des Jahres. Ist nicht so graziös wie der ursprüngliche Strauch.

Töpfe und Kübel

Die meisten Sträucher könnten in Töpfe oder Kübel gepflanzt werden – in der Baumschule sind sie es übrigens, bevor Sie sie in der Gärtnerei kaufen. Doch wenn Sie einen Balkon, eine große Terrasse, einen Hof oder Patio ohne „Freiland" bestücken wollen, wählen Sie am besten die dekorativsten aus, die Ihre Aufmerksamkeit mehrmals im Jahr auf sich ziehen können. Außerdem dürfen sie nicht zu üppig sein, müssen vorübergehende leichte Trockenheit aushalten (Gießen vergessen, Urlaub) und keine zu fruchtbare Erde verlangen. Hier also eine begrenzte Auswahl, die sich aber aus „bewährten" Sträuchern zusammensetzt.

Sonne

• ***Buxus*, Buchsbaum** ▶ S. 26
Alle (frei wachsend oder als Kugel, Kegel usw. geschnitten) sind ideal. Am besten grüne Sorten für Sonne, panaschierte für Schatten.

• ***Cotoneaster*** ▶ S. 38
Die kriechenden Arten und Sorten machen sich gut am Rand großer Kästen.

• ***Lavandula*, Lavendel** ▶ S. 62
Schopf-Lavendel wächst besser im Topf, der in Gegenden mit kaltem Winter hereingeholt werden kann.

• ***Potentilla*, Fingerstrauch** ▶ S. 76
Am besten kompaktere, kugelige Sorten wie 'Elisabeth', 'Kobold' oder 'Beesii'.

• ***Rosa*, Rose** ▶ S. 88
Kleinwüchsige Sorten ('The Fairy', 'Swany', 'Little White Pet', 'Schneezwerg', 'Lavender Dream' usw.), auf *R. multiflora* veredelt, können lange im Topf leben, wenn sie regelmäßig gegossen und von April bis August monatlich gedüngt werden.

Nerium oleander, Oleander

Oleander, der den ganzen Sommer in Blüte steht, ist ein Favorit der Patios, kleinen Gärten und Terrassen. Außerhalb des Mittelmeerraumes zieht man ihn besser im Topf, um ihn im Winter in einen frostgeschützten, aber kaum geheizten Raum (Wintergarten) zu holen. Er braucht Sonne, gewöhnliche Erde. Nehmen Sie Zwergsorten (1 m × 1 m), die sich besser für die Topfkultur eignen. Im Spätwinter Auslichtungsschnitt.

- ***Spiraea*, Spierstrauch** ▶ S. 96

Spiraea japonica-Sorten mit goldenem Laub ('Goldflame', 'Golden Princess', 'Magic Carpet') sind das ganze Jahr schön.

- ***Weigela*, Weigelie** ▶ S. 104

Die Zwergsorten ('Alexandra', 'Pink Popper') sowie die panaschierten sind sehr interessant im Kübel.

Außerdem:

***Berberis thunbergii* 'Atropurpurea Nana'** und **'Bagatelle'** ▶ S. 146
***Forsythia* 'Marée d'Or'** ▶ S. 44
***Euonymus alatus* 'Compactus'** ▶ S. 42
***Malus* 'Pomsai'** ▶ S. 70
Prunus × cistena ▶ S. 78
***Syringa microphylla* 'Superba'** ▶ S. 98
***Viburnum plicatum* 'Summer Snowflake'** ▶ S. 100

Schatten

- ***Acer palmatum*, Fächer-Ahorn** Bild 1 ▶ S. 20

Alle Sorten mit buntem oder panaschiertem Laub und/oder kleinem Wuchs ergeben ausgezeichnete Topfsträucher.

- ***Camellia*, Kamelie** ▶ S. 28

Nehmen Sie Sorten mit kompaktem Wuchs wie *C. japonica* 'Nobilissima'. *C. sasanqua* und ihre Sorten zeichnen sich durch Herbstblüten und Duft aus.

- ***Hydrangea*, Hortensie** Bild 2 ▶ S. 54

Mit Ausnahme der großen Samt-Hortensien können alle im Topf gezogen werden, besonders die kompakten Sorten. Für Gegenden mit kaltem Winter ist *H. arborescens* 'Annabelle' die beste.

- ***Euonymus*, Spindelstrauch** ▶ S. 42

Am besten immergrüne Sorten von *E. fortunei* und *E. japonicus* mit panaschiertem Laub, um triste Ecken zu beleben.

- ***Rhododendron*, Rhododendron** ▶ S. 80

Wählen Sie ihn außerhalb der Blütezeit aus, um Wuchs und Laub besser beurteilen zu können, es sei denn natürlich, die Blütenfarbe sei die Hauptsache für Sie.

Außerdem:

***Aucuba japonica* 'Rozannie'** ▶ S. 162
***Daphne odora* 'Aureomarginata'** ▶ S. 126
***Kerria japonica* 'Picta'** ▶ S. 150
Ilex crenata ▶ S. 60
Leucothoe ▶ S. 192
Osmanthus heterophyllus ▶ S. 134
***Prunus lusitanica* 'Variegata'** ▶ S. 162
Skimmia ▶ S. 192

1

2

Schnell wachsende Sträucher

Abgesehen von einigen Ausnahmen wie Stechpalme, baumförmiger Hartriegel usw., braucht ein Strauch normalerweise nur vier bis fünf Jahre, bis er etwa seine endgültigen Ausmaße erreicht hat. Manche von ihnen schaffen dies bereits im ersten Jahr nach der Pflanzung, bringen also ein „sofortiges Ergebnis". Sie sind besonders nützlich, wenn Sie einen noch leeren Garten bepflanzen wollen oder oft umziehen (die meisten lassen sich leicht durch Stecklinge im Sommer oder Winter vermehren).

1

- ***Buddleja*, Schmetterlingsstrauch** ▶ S. 24
Mit Ausnahme des Schmalblättrigen Sommerflieders (*B. alternifolia*) wachsen alle sehr schnell und blühen üppig vom ersten Sommer an.
- ***Cornus*, Hartriegel** ▶ S. 34
Strauch-Hartriegel (*C. alba, C. sericea* und *C. sanguinea*).
- **Ginster** ▶ S. 46 Besonders Sommerblüher: *Genista tinctoria, G. nigricans* und *Spartium junceum*.
- ***Hydrangea*, Hortensie** ▶ S. 54
H. arborescens 'Annabelle' und *H. paniculata* wachsen sehr rasch und blühen reichlich schon im ersten Jahr.
- ***Lavandula*, Lavendel** ▶ S. 62
Im April oder Mai gepflanzt, blüht junger Lavendel bereits im nächsten Sommer.
- ***Potentilla*, Fingerstrauch** ▶ S. 76
Alle erreichen fast ihre endgültige Größe im ersten Jahr.
- ***Prunus*, Pflaumen-, Mandel-, Kirschbaum** ▶ S. 78
Zwergsorten (*P.* × *cistena, P. tenella, P. fruticosa*) sind mit Blüten und/oder Laub von der Pflanzung an reizvoll.
- ***Rosa*, Rose** ▶ S. 88
Alle genannten Rosen, die sorgfältig im Frühjahr gepflanzt werden, blühen schon im ersten Sommer und sind nach 2 bis 3 Jahren ausgewachsen.
- ***Sambucus*, Holunder** Bild 1 ▶ S. 94
Ein junger Holunder bringt schon im Pflanzjahr 1,50 bis 2 m hohe Triebe hervor. In 3 Jahren kann er einen kleinen Baum bilden, dessen raue Borke über 10 Jahre alt scheint.
- ***Spiraea*, Spierstrauch** ▶ S. 96
Spiersträucher mit Sommerblüte sind bereits im ersten Jahr sehr blühfreudig; die mit goldenem Laub bringen gleich schöne Farben.

So wachsen sie schneller:

Heben Sie ein großes Loch aus, so dass der Boden tief aufgelockert wird. Mischen Sie viel Kompost unter die vorhandene Erde und lassen Sie eine dicke Laubschicht auf dem Boden liegen, damit er die ganze schöne Jahreszeit über seine Feuchtigkeit bewahrt.

- ***Viburnum*, Schneeball** ▶ S. 100
Kleinstrauchige Sorten wie *V. plicatum* 'Summer Snowflake' oder *V. opulus* 'Compactum' sind von Anfang an dekorativ.

Außerdem:

***Abelia* × *grandiflora* 'Edward Goucher'** ▶ S. 100
Aralia elata ▶ S. 160
***Berberis* × *ottawensis* 'Auricoma'**
***Caryopteris* × *clandonensis* 'Heavenly Blue'** ▶ S. 116
Clerodendrum bungei, in mediterranen Gärten ▶ S. 132
Caragana arborescens ▶ S. 180
Ceanothus* × *delilianus ▶ S. 114
Colutea* × *media ▶ S. 120
Cotinus coggygria ▶ S. 146
Elaeagnus* × *ebbingei ▶ S. 134
Eucalyptus gunnii, in mediterranen Gärten ▶ S. 142
***Hypericum* 'Hidcote'** ▶ S. 118
Indigofera gerardiana ▶ S. 112
Lespedeza thunbergii ▶ S. 112
Leycesteria formosa ▶ S. 168
Lavatera ▶ S. 112
Ligustrum vulgare ▶ S. 210
***Perovskia atriplicifolia* 'Blue Spire'** ▶ S. 116
***Prunus laurocerasus* 'Caucasica'** ▶ S. 162
Salix alba ▶ S. 170, 172
Tamarix ramosissima ▶ S. 112

Bodendecker-Sträucher

Im weitesten Sinne sind alle Sträucher Bodendecker: Ihre sich ausbreitenden Äste beschatten die Erde und hemmen so das Wachstum von Unkräutern und anderen Pflanzen. In der Praxis wendet man diese Bezeichnung jedoch vor allem auf niedrige Sträucher mit breitem Wuchs oder Ausläuferbildung an, die also den Boden nach und nach besiedeln. Durch die bedeckte Erde und die Konkurrenz der Wurzeln wird die Entwicklung von Unkraut je nach Dichte des Astwerks verlangsamt oder verhindert. Natürlich kann solch eine Decke auch dekorativ sein, wenn man Sträucher mit hübschen Blüten oder Blättern auswählt und sie so setzt, dass sie ihre Umgebung zur Geltung bringen.

• **Heide** ▶ S. 48
In 0,30 bis 0,50 m Abstand voneinander gepflanzt, bilden die meisten *Erica*- und *Calluna*-Arten sowie deren Sorten durchgehende Teppiche, die kaum noch Unkraut durchlassen. Ein Schnitt nach der Blüte erhält das Polster dichter und wirksamer.

• ***Buxus*, Buchsbaum** ▶ S. 26
Asiatische Buchsbaumsorten (*B. microphylla*) wie 'Morris Dwarf' und 'Morris Midget' bilden auf kleiner Fläche sehr wirksame Bodendecker (Abstand: 0,40 m).

• ***Chaenomeles*, Zierquitte** ▶ S. 32
Ausladende Sorten wie 'Nicoline' oder Ausläufer bildende wie 'Cameo' sind ideal am Hang (Abstand: 0,80 m). Pflanzen Sie ergänzend Efeu darunter.

• ***Cornus*, Hartriegel** ▶ S. 34
C. stolonifera 'Flaviramea' wird immer mehr als Bodendecker verwendet; setzen Sie junge Pflanzen im Abstand von 0,50 m. Dabei geht der Sinn der Kugelform verloren, aber es entsteht ein hübscher, im Sommer grüner, im Winter roter Teppich. *C. canadensis* ist der andere ausgezeichnete Bodendecker der Gattung, doch nur in saurem Boden.

• ***Cotoneaster*, Zwergmispel** ▶ S. 38
C. dammeri und *C. horizontalis* sind die besten Bodendecker der Gattung, vor allem nützlich am Hang. Abstand: 0,80 bis 1 m.

• ***Euonymus*, Spindelstrauch** ▶ S. 42
E. fortunei ist einer der besten Bodendecker, vor allem die kräftigen Sorten wie 'Coloratus' und 'Dart's Blanket'. 'Emerald Gaiety' ist ausgezeichnet im Schatten. Abstand: 0,50 m.

• ***Mahonia*, Mahonie** ▶ S. 68
M. repens verdient es, an schattigen, kühlen Standorten eingesetzt zu werden. *M. aquifolium* 'Apollo' deckt auch gut, ist aber höher. Abstand: 0,50 bis 1 m.

• ***Rubus*, Brombeere** ▶ S. 92
R. tricolor, *R. calicynoides* und die Sorte 'Betty Ashburner' sind ausgezeichnete Bodendecker mit ähnlicher Wirkung wie Efeu, in Schatten oder Sonne. Abstand: 0,60 m.

Außerdem:

Sträucher mit ausladendem Wuchs ▶ S. 178
***Forsythia* 'Marée d'Or'** ▶ S. 44
Gaultheria shallon, G. procumbens ▶ S. 194
Genista lydia, G. pilosa ▶ S. 46
Hypericum calycium
Lonicera pileata ▶ S. 164
***Prunus laurocerasus* 'Zabeliana', 'Cherry Brandy', 'Dart's Low Green'** ▶ S. 162
***Salix repens* 'Argentea'** ▶ S. 140
***Stephanandra incisa* 'Crispa'** ▶ S. 186

Eine Entdeckung wert

• ***Symphoricarpos × chenaultii* 'Hancock'**
Die langen Triebe, die mit kleinen ovalen Blättern bedeckt sind, bewurzeln sich bei geringster Bodenberührung und bilden in kurzer Zeit eine undurchdringliche Decke. Unverzichtbar auf Böschungen oder zur „Bekleidung“ des Bodens unter großen Bäumen. Im X und XI kleine Beeren in Pink. Leicht zu schneiden. Sonne oder Halbschatten, alle Böden (1,20 m × 2 m; Abstand 1 m).

Sträucher, die Schmetterlinge und Bienen anlocken

Schmetterlinge werden oft mit „fliegenden Blüten“ verglichen und beleben wunderhübsch den Garten. Manche gut ausgewählte Sträucher locken sie den ganzen Sommer an. Diese erste Liste wird ergänzt durch eine weitere mit Nektar bildenden Pflanzen, die Bienen anziehen und ernähren. Auch wenn Sie keine Bienenstöcke besitzen, ist es wichtig, sie zu kennen, zum Beispiel um zu vermeiden, dass sie zu nahe an die Terrasse gepflanzt werden.

Schmetterlinge

- ***Buddleja*, Schmetterlingsstrauch** ▶ S. 24

B. davidii und seine zahlreichen Sorten spielen hier die Hauptrolle, die anderen Arten weniger.

- ***Heide*** ▶ S. 48

Baum-Heide (*Erica arborea*) lockt die ersten Schmetterlinge im Frühling an, dann folgt die Sommerheide, besonders *Calluna vulgaris* und *Erica vagans*, auf die Schmetterlinge „fliegen“.

- ***Cotoneaster*, Zwergmispel** ▶ S. 38

Für uns ist die Blüte dieser Sträucher unauffällig, für Insekten aber unwiderstehlich.

- ***Lavandula*, Lavendel** ▶ S. 62

Alle Sorten ziehen mitten im Sommer Insekten an, abgesehen vielleicht vom Schopf-Lavendel (*L. stoechas*), der weniger „anziehend“ ist.

- ***Spiraea*, Spierstrauch** ▶ S. 96

Alle Sorten von *S. japonica* locken Schmetterlinge an, doch ‘Crispa’ erweist sich als verlockendste. Spiersträucher mit Rispenblüten (*S.* × *billardii* usw.) sind genauso reizvoll wie Schmetterlingssträucher (die sie in feuchtem Boden ersetzen).

Außerdem:

Arbutus unedo, in wintermilden Zonen ▶ S. 164
Caryopteris ▶ S. 116
Clethra ▶ S. 194
Clerodendron bungei ▶ S. 112
***Escallonia*, Escallonie** ▶ S. 204
***Hedera helix* ‘Arborescens’** ▶ S. 164
Lespedeza thunbergii ▶ S. 112
Ligustrum ▶ S. 108, 150
Salvia officinalis ▶ S. 125
Thymus vulgaris ▶ S. 158

Bienen

Wenige Sträucher werden von den Bienen übersehen, doch die nachfolgenden locken sie (zusammen mit den vorangehenden) dank ihres reichlichen Pollens oder Nektars besonders an.

- ***Buxus*, Buchsbaum** ▶ S. 26

Die fast unsichtbare Blüte des Buchsbaums wird nur vom Summen der Insekten und dem Honigduft, den sie verströmt, verraten. Ungeschnittene Sträucher blühen üppiger und die Bienen kommen besser an die Blüten.

- ***Chaenomeles*, Zierquitte** ▶ S. 32

Sorten mit einfachen Blüten bilden mehr Nektar als die gefüllten, die übrigens selten Früchte tragen.

- **Ginster** ▶ S. 46

Ihre massive Blüte, die sich über die ganze schöne Jahreszeit hinzieht, ist eine ständige Speisekammer.

- ***Malus*, Zier-Apfelbaum** ▶ S. 70

Außer den Sorten mit gefüllten Blüten (‘Van Eseltine’) sind alle für reichliche Fruchtbildung auf Bienen angewiesen.

- ***Rosa*, Rose** ▶ S. 88

Einfache Rosen sind bei Bienen beliebter als gefüllte, da sie hier mehr Pollen finden.

- ***Viburnum*, Schneeball** ▶ S. 100

Abgesehen von den sterilen Sorten bieten die flachen Blütenstände gute „Landepisten“ für Bienen und viele andere Insekten.

- ***Weigela*, Weigelie** ▶ S. 104

Ihre Glöckchenblüten werden eher von Hummeln besucht, deren Gesumm und Gebrumm eine Freude ist.

Außerdem:

Duftende Blüten ▶ S. 130
Aesculus parviflora ▶ S. 108
Amelanchier lamarckii ▶ S. 106
Aralia elata ▶ S. 160
Berberis ▶ S. 120, 142 ff, 152 ff, 162 ff, 172 ff
Caragana arborescens ▶ S. 180
Ceanothus ▶ S. 114
Lavatera ▶ S. 112
Pyracantha ▶ S. 168
Sträucher mit aromatischem Laub ▶ S. 158
Sträucher mit Winterblüte ▶ S. 124

Adressen

Deutschland

Ahornblatt GmbH, Postfach 1125, 55001 Mainz – Tel: 06131–72354 – www.ahornblatt-garten.de
Baumschule, Alfred Bellinghausen, Dollendorfer Straße 230, 53639 Königswinter-Thomasberg – Tel: 02244–6528 – www.bellinghausen.de
Baumschule Bräuninger GbR, Lammstraße 21, 75196 Remchingen – Tel: 07232–71379
Baumschule, Peter Kessler, Eisenlohrstraße 6, 79664 Wehr – Tel: 07762–8319
Baumschule, Rudolf Rombach jun., Brechterstal 1, 79336 Herbolzheim-Wagenstadt – Tel: 07643–912050 – www.baumschule-rombach.de
Baumschulen, Böhlje, Oldenburger Straße 9, 26655 Westerstede – Tel: 04488–99860 – www.boehlje.de
Baumschule Boysen, Peter Schmidts Weg 13, 25899 Niebüll – Tel: 04661–3417 – www.baumschule-boysen.de
Baumschulen, Conrad Appel GmbH, Brandschneise 1, 64295 Darmstadt – Tel: 06155–83660
Baumschulen, Dürholt, Holthauser Straße 135, 42369 Wuppertal – Tel: 0202–461212
Baumschulen, Eggert, Baumschulenweg 2–6, 25594 Vaale – Tel: 04827–95055 – www.eggert-baumschulen.de
Baumschule Georg Engelhardt, Weidelbach 29, 91550 Dinkelsbühl – Tel: 09857–503
Baumschulen, Herbert Grübele, Martin-Luther-Weg 14, 71554 Weissach im Tal, Tel: 07191–51234, www.gruebele.de
Baumschulen, H. Hachmann, Brunnenstraße 68, 25355 Barmstedt in Holstein – Tel: 04123–2470 – www.hachmann.de
Baumschulen, Uwe Horstmann, Rotenburger Straße, 29640 Schneverdingen – Tel: 05193–4468
Baumschulen, Wilhelm Müller, Paul-Lincke-Weg 2, 69245 Bammental – Tel: 06223–40637
Baumschulen – Gartenpark, Steinegger, Staffelweg 10, 79618 Rheinfelden – Tel: 07623–3148
Baumschulen – Staudenkulturen, Karl Schneider, (Inh. Karl-Heinz Schneider), Ringstraße 1, 65205 Wiesbaden-Erbenheim – Tel: 0611–711171 – www.karlschneider.de
Baum- und Rosenschulen, Zirener, Bergstraße 12, 50226 Frechen-Neufreimersdorf – Tel: 02234–61741
Bioland Rosenschule Ruf, Zum Sauerbrunnen 35, 61231 Bad Nauheim – Tel: 06032–81893
Bosman Baumschulen, Harald Bosmann, Beutelshufe 30, 42929 Wermelskirchen – Tel: 02196–81153
Brossmer Baumschule GbR, J.B. von Weißstraße 28, 77955 Ettenheim – Tel: 07822–2278 + 8970 0 – www.brossmer.de
Bruns, Pflanzen-Export-GmbH, Johann-Bruns-Allee 1, 26160 Bad Zwischenahn – Tel: 04403–6010 – www.bruns.de
Etzer Baumschule + Pflanzenhandel, Hermann Osterhoff, Appener Straße 16 A, 25482 Appen-Etz – Tel: 04101–693037
Euro-Baumschule, Rudolf Schmidt, Holstenstraße 100, 25469 Halstenbek – Tel: 04101–4080 – www.euro-baum.de
Flora Toskana, Tanja Ratsch & Hans-Peter Maier, Böfinger Weg 10, 89075 Ulm – Tel: 0731–9267095 – www.flora-toskana.de
Gartenbau, Ramsauer, Zitterhuck 6 a, 47608 Geldern-Kapellen – Tel: 02838–778288 – Internet: home.t-online.de/home/bjramsauer
Gartenbaumschule, Knut Kreiser, Brandmühlenstraße 7, Kreischa, 01731 Bombsen (Kreischa) – Tel: 035206–21004
Garten-Baumschule Menger GbR, Fürstenweg 18, 91058 Erlangen-Bruck – Tel: 09131–71660 – www.menger.baumschule.net
Gartenkontor Kirschgarten, Korn und Goossens GdbR, Haichera 70/72, 96194 Walsdorf bei Bamberg – Tel: 09549–981187
Gärtnerei – Baumschule, Peter Reimer, Alte Zollstraße 18, 77694 Kehl – Tel: 07851–2583 – Internet: home.t-online.de/home/reimer-garten/reimer.htm
Gärtnerei „Immengarten", Gartengestaltung u. Imkerei, Bernhard Jaesch, Allerfeldstraße 9, 31832 Springe – Tel: 05045–8383 – www.immengarten.de
Gärtnerhof Badenstedt, Tarmstedter Straße 24, 27404 Zeven-Badenstedt – Tel: 04281–6377
Hans-Georg Buchtmann, Hafenstraße 14, 26316 Varel/Jadebusen – Tel: 04451–4936
Havelländische Baumschulen, Vertriebs GmbH, Chausseestraße 13 a, 14542 Plessow – Tel: 03327–40902
Häussermann, Stauden + Gehölze, Im Kornfeld 4, 71696 Möglingen – Tel: 07141–49990 – www.haeussermann.com
H. Lorberg Baumschulerzeugnisse GmbH&Co.KG, www.lorberg.com
Zachower Straße 4, 14669 Ketzin OT Tremmen – Tel: 033233–840
Am Fuchsberg 2–4, 12529 Schönefeld OT Kleinziethen – Tel: 03379–20550
Kayser & Seibert, Odenwälder Pflanzenkulturen, Wilhelm-Leuschner-Straße 85, 64380 Roßdorf – Tel: 06154–9068 – www.kayserundseibert.de
Kordes-Jungpflanzen, Handels GmbH, Mühlenweg 8, 25485 Bilsen – Tel: 04106–4011
Dipl. Chem. Wolfgang Linnemann, Rheindorfer Straße 49, 53225 Bonn – Tel: 0228–471448 – www.paonien.de
Lorenz von Ehren GmbH & Co. KG, Maldfeldstraße 4, 21077 Hamburg – Tel: 040–761080 – www.LvE.de
Markenbaumschulen, Wörlein GmbH, Baumschulweg 9, 86911 Dießen am Ammersee – Tel: 08807–92100
Müller Baumschulen, Baumschulenstraße 2–6, 63589 Linsengericht – Tel: 06051–97260
Niehues – Allerweltsgrün, Arboretum „Großes Bruch", Hansaring 88, 50670 Köln – Tel: 0221–122417
Ostholsteiner Baumschulen, Hans-W. Töbing, Postfach 110, 23710 Malente-Timmdorf – Tel: 04523–2432
Pflanzen-Ernst, Ernst Todt, Landhausweg 77, 71093 Weil im Schönbuch – Tel: 07157–66296
Pflanzenforum, Roswitha Dirr, Veitlesweg 18, 86663 Asbach-Bäumenheim – Tel: 0906–91552
Rosen + Clematis, Rosen Jensen GmbH, Am Schloßpark 2 b, 24960 Glücksburg – Tel: 04631–60100
Rosenschulen, Walter Schultheis, 61231 Bad Nauheim – Steinfurth – Tel: 06032–81013

Rosen-Union eG, Steinfurther Hauptstraße 27, 61231 Bad Nauheim-Steinfurth, Tel: 06032–965301 – www.rosen-union.de
Soltauer Baumschulen, Robert Nielsen, Wiedinger Weg 12, 29614 Soltau – Tel: 05191–3450
Sortiments- und Versuchsgärtnerei Werner Simon, Staudenweg 2, 97828 Marktheidenfeld – Tel: 09391–3516 – www.gaertnerei-simon.de
Staudengärtnerei, Heinz-Richard Klose, Rosenstraße 10, 34253 Lohfelden – Tel: 0561–515555
Terra-Green, An der Landstrasse 3111, Postfach 1102, 68542 Heddesheim-Muckensturm – Tel: 06204–9195842
Versandbaumschule, Garten Lunge, Kieler Straße 5, 25474 Hasloh – Tel: 04106–2031
Waller Baumschulen GmbH, Tüngentaler Straße 115, 74523 Schwäbisch Hall – Tel: 0791–930950
Wildstauden und Wildgehölze, Monika Strickler, Lochgasse 1, 55232 Alzey-Heimersheim – Tel: 06731–3831
Wilhelm Ley GbR, Inh. Karl u. Fritz Ley, Postfach 1208, 53334 Meckenheim – Tel: 02225–91440 – www.ley-baumschule.de

Österreich

Alexander Mrkvicka, Siebzehn-Föhrengasse 7, 2380 Perchtoldsdorf, EMail: alex.mrkvicka@altavista.net
Alpengarten, Alfred Zenz, Rosenhain 5, 8071 Grambach bei Graz – Tel: 0316–401239
Baum- und Rosenschulen Alois Stöckl, A-4755 Zell a.d. Pram – Tel: 07764–83350
Dipl. Ing. Karin Böhmer, 3623 Voitsau 8 – Tel: 02873–7306
Exotische Samen und Pflanzen, Silvia Tunkl, Hauptplatz 8, 2242 Prottes – Tel: 02282–3958
Gartenbau H.&H. Wagner, Gutendorf 36, 8353 Kapfenstein – Tel: 03157–2395
Gärtnerei Viellieber, Dr.-Pfaff-Gasse 5, A-8042 Graz – Tel: 0316–471319
Naturgarten, Martin Mikulitsch Landschaftsbau KG, Andreas-Lechner-Straße 5, A-1140 Wien, Tel: 01979–1798
Novartis Seeds GmbH, Österreich, Linzer Straße 14, A-4070 Eferding, Tel: 07272–37510
PRASKAC Pflanzenland, Ingrid u. Franz Praskac, Praskacstraße 101–108, A-3430 Tullen/Donau – Tel: 02272–62460
Wasserpflanzengärtnerei, Angelika Kern, Einödhofweg 20, A-8042 Graz, Tel: 0316–461651

Schweiz

Alpenpflanzengärtnerei, Jakob Eschmann, Gärtnerei Waltwil, CH-6032 Emmen – Tel 041–2606473
Alpin Gartencenter, Jakob Schutz AG, CH-7477 Filisur, Tel: 081–721170
Baumschulen, Eisenhut, CH-6575 San Nazarro/Tessin – Tel: 091–7951867 – www.eisenhut.ch
Baumschulen, Richard Huber, CH-5605 Dottikon AG – Tel: 056–6241827
Baumschulen – Rosenkulturen, Hauenstein AG, Landstrasse 42, CH-8197 Rafz – Tel: 01–8791122
Baumschulen – Staudengärtnerei, Hansuli Friedrich, CH-8476 Stammheim – Tel: 052–7440044
Baumschulen, W. Rusterholz AG, Alte Landstrasse 78, CH-8942 Oberrieden/Zürich – Tel: 01720–4031 – www.rusterholzag.ch
D. Labhart, Pflegeleichte Pflanzen für Garten & Dach, Hauptstrasse 14, CH-5502 Hunzenschwil – Tel: 062–8973570
Frei, Weinland-Stauden, Breitestrasse 5, CH-8465 Wildensbuch – Tel: 052–3191230
Häberli AG, Obst- und Beerenzentrum AG, CH-9315 Neukirch-Egnach, Tel: 071–4747070 – www.haeberli-beeren.ch
Heggidorn – Baumschule, Harry Künzi, CH-3202 Frauenkappelen – Tel: 031–7511011 – www.heggidorn.ch
Novartis Seeds GmbH, Schweiz, Postfach, CH-4142 Münchenstein 1 – Tel: 061–4118483
Staudengärtnerei, Frikarti Stauden AG, Oberzelg, CH-8627 Grüningen – Tel: 01935–1383 – Internet: frikarti.ch
Staudengärtnerei Adolf Meyer, Herrenmattstrasse 21, CH-3175 Flamatt – Tel: 031–7411104

Acer palmatum, dessen Hauptäste durch einen Auslichtungsschnitt freigelegt wurden.

Verzeichnis der Pflanzennamen

KLETTERPFLANZEN, DIE MAN AUF DIESE WEISE SCHNEIDEN KANN

Campsis (Trompetenblume)
Clematis-Arten (Waldrebe)
Hydrangea petiolaris (Kletterhortensie)
Lonicera periclymenum (Waldgeißblatt)
Lonicera caprifolium (Jelängerjelieber)
Lonicera × *heckrotti* (Geißblattart)
Parthenocissus (Jungfernrebe)
Polygonum aubertii (Schlingender Knöterich)
Vitis (Weinrebe)

Hat man die Rankenpflanze von der Stützvorrichtung entfernt, so prüft man, ob der Haupttrieb sehr alt ist. Ist dies der Fall, schneidet man ihn bis an einen jungen Trieb in der Nähe der Basis zurück. Ist der Haupttrieb erst wenige Jahre alt, läßt man ihn stehen und entfernt alle Seitentriebe

Nach dem Regulierungsschnitt wird die Rankenpflanze wieder an der Stützvorrichtung festgebunden. Blühfähige Rankenpflanzen tragen dann normalerweise im nächsten Jahr wieder Blüten

itten werden

urückgeschnitten, um neues Wachstum anzuregen

Die Buddleja alternifolia trägt Blüten an den Trieben des letzten Jahres. Sobald die Pflanze nicht mehr blüht, schneidet man die Blütentriebe bis auf den starken, jungen Trieb zurück. Bei jungen Pflanzen läßt man jedoch das ältere Holz in den ersten Jahren stehen, damit der Strauch eine gute Grundform erhält. Erst bei älteren Pflanzen schneidet man die verholzten Triebe zurück

man ihn nicht jedes Frühjahr zurückschneidet

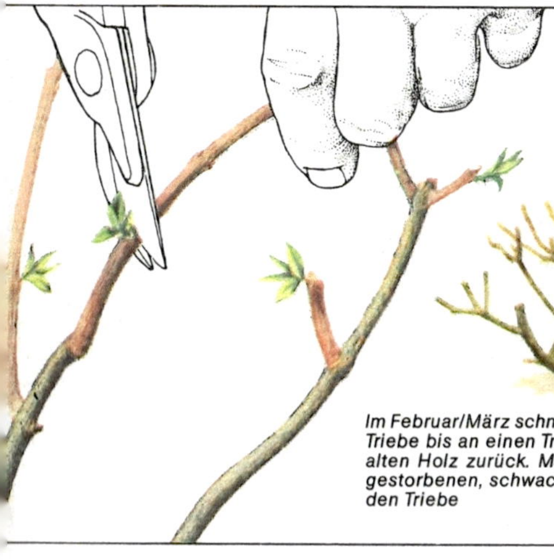

Im Februar/März schneidet man die vorjährigen Triebe bis an einen Triebansatz etwa 3 cm vom alten Holz zurück. Man entfernt auch alle abgestorbenen, schwachen oder zu dicht stehenden Triebe

Sträucher – und wie sie geschn

Buddleja alternifolia Nach der Blüte werden die alten Triebe

Buddleja alternifolia

Caryopteris Dieser Halbstrauch trägt nur kleine Blüten, wen

Caryopteris × clandonensis

VI Schnitt zur Beschränkung des Wachstums

Die meisten Kletterpflanzen werden erst dann geschnitten, wenn sie zu groß geworden sind. Der Regulierungsschnitt erfolgt nach der Blüte, bei nicht blühenden Sorten im Frühjahr.

Wurzelkletterer, die sich selbst verankern, z. B. der Efeu und die Kletterhortensie, können direkt an einer Mauer zurückgeschnitten werden. Rankenpflanzen, die eine Stützvorrichtung brauchen, z. B. das Geißblatt und die Waldrebe, sollten zuerst von dieser Stütze abgenommen werden. Sodann schneidet man alle Seitentriebe ab und läßt nur die Haupttriebe stehen. Wenn die Haupttriebe sehr alt aussehen, schneidet man sie ebenfalls ab.

Wurzelkletterer können wie eine Hecke nach der Blütezeit oder, wenn sie keine Blüten tragen, im Frühjahr geschnitten werden. Sträucher, die eine Stützvorrichtung brauchen, werden vor dem Schnitt abgenommen

Viburnum lantana 'Aurea'

Verzeichnis der lateinischen Pflanzennamen